高等继续教育财经类专业精品系列教材



GUOJI JINRONGXUE

# 国际金融学

贾新民 崔晓燕 主编

东北财经大学出版社
Dongbei University of Finance & Economics Press
大连

**图书在版编目（CIP）数据**

国际金融学 / 贾新民，崔晓燕主编．—大连：东北财经大学出版社，2024.8．—（高等继续教育财经类专业精品系列教材）．—ISBN 978-7-5654-5329-8

Ⅰ．F831

中国国家版本馆CIP数据核字第2024M210L9号

东北财经大学出版社出版

（大连市黑石礁尖山街217号　邮政编码　116025）

网　址：http://www.dufep.cn

读者信箱：dufep@dufe.edu.cn

大连图腾彩色印刷有限公司印刷　东北财经大学出版社发行

幅面尺寸：185mm×260mm　字数：271千字　印张：12.5

2024年8月第1版　2024年8月第1次印刷

责任编辑：张晓鹏　孙晓梅　王　斌　责任校对：一　心

封面设计：原　皓　版式设计：原　皓

定价：25.00元

教学支持　售后服务　联系电话：（0411）84710309



如有印装质量问题，请联系营销部：（0411）84710711

# 前　言

以习近平同志为核心的党中央坚定不移地实施科教兴国战略和人才强国战略，党的二十大报告对“办好人民满意的教育”做出部署，为我们在新时代、新征程中推动继续教育改革发展，提供了根本遵循。

为积极落实《教育部关于推进新时代普通高等学校学历继续教育改革的实施意见》，推动高等学历继续教育提质增效、内涵式发展，山东财经大学组织相关专家和一线教师，编写了这套高等继续教育财经类专业精品系列教材。

该系列教材的编写，依托学校雄厚的学科实力，紧密结合高等学历继续教育教学工作实际，突出优势，深入开展教学研究，不断凝练教育改革经验，及时进行内容更新，努力将教学成果固化到系列教材中，将具有学科前沿的新技术、新理论补充到教材中，将思政元素和创新元素融入教材中，较好地实现了教材系统性和科学性、创新性和实践性的有机结合。

该系列教材注重适应财经类专业教学改革和发展趋势，针对高等学历继续教育的特质，在内容上紧扣财经类专业课程设置和教学大纲，科学、系统地阐述财经类专业教学的基本内容，并以此为基础，建设完成了覆盖所有开设专业的线上课程，适用于经济、管理学科，尤其是经济学、会计学、金融学和工商管理等专业高等学历继续教育的教学，对指导和帮助学生获取专业基础知识和基本技能具有较强的针对性。该系列教材在提升高等学历继续教育财经类专业人才培养质量方面发挥着基础性作用，在使用范围和地域上，具有广泛的适应性。

“国际金融学”是从货币金融角度研究开放经济条件下一国如何同时实现内外均衡目标的一门独立学科。具体地讲，本学科的主要研究内容包括国际收支问题、外汇与汇率问题、汇率决定理论问题、国际金融市场、国际资本流动及国际金融危机问题、实现内外均衡的国内政策搭配和国际政策协调问题。

自20世纪90年代国际金融学成为一门独立学科以来，该学科在国内发展很快，涌现出很多相关教材，其中有些达到了很高的学术水平。目前，已经出版的同类教材各有不同的侧重点，一些教材注重理论和政策分析，另一些则注重市场运行和企业跨国投融资分析，当然也不乏兼顾上述两者的教材。

本教材在尽量吸收国际金融理论研究成果的同时，也注重反映国际金融实践的新变化，力求使教材结构更加严谨，内容更加新颖，信息量更为丰富，更有利于读者理解国际金融学的理论和实践。为此，本教材在每章章前设计了“引导案例”，通过日常生活中常见的国际金融领域的现象与事例，引出每一章讲解的内容，以体现学习内容的切近性；在每一章的最后，设计了“拓展阅读”，加深对每一章内容的深化理解，以体现学习内容的延展性。

本教材分为四部分内容：

第一部分（第一章至第二章）为基础篇：主要介绍国际收支、外汇和汇率，为进一步研究国际金融问题做准备。其中，第一章介绍国际收支及国际收支平衡表的含义和内容、国际收支平衡表的编制原理，以及国际收支的失衡原因和调节方法；第二章在介绍外汇、汇率的基本概念和种类的基础上，分析了汇率变动对一国经济的影响。

第二部分（第三章至第四章）为理论篇：主要介绍国际收支调节理论和汇率决定理论。其中，第三章介绍国际收支调节理论，主要包括弹性论、乘数论、吸收论、货币论和结构论；第四章介绍汇率决定理论，主要包括购买力平价说、利率平价说、国际收支说、资产市场说。

第三部分（第五章至第六章）为市场篇：主要介绍国际金融市场和国际金融机构、国际资本流动与国际金融危机。其中，第五章介绍国际金融市场的构成和发展特点以及国际金融机构的体系；第六章介绍国际资本流动的概念与分类、国际资本流动的理论、国际金融危机问题。

第四部分（第七章至第十一章）为政策与国际协调篇：主要涉及一国在开放经济条件下宏观经济政策的实施，以及不同国家之间的宏观政策协调等问题。其中，第七章介绍开放经济下的政策搭配原理，利用蒙代尔–弗莱明模型分析开放经济下的货币、财政政策效力；第八章介绍汇率制度与汇率管理问题；第九章介绍国际储备问题；第十章介绍国际货币合作的历史、发展与变革问题；第十一章介绍国际政策协调的实践——区域货币合作。

作为面向成人高等教育学生使用的教材，结合成人教育的教学规律和特点，我们力图使教材内容完整统一，具有一定的理论性、科学性和实用性。其具体表现为：

（1）理论联系实际。在阐述清楚基本理论、基本原理、基础知识的前提下，本教材密切联系国际金融实践，力求做到理论与实践的有机结合，以提高学生学习的主动性与积极性。

（2）体系完整，编排合理。在编排教材内容时，本教材遵循循序渐进、由浅入深、重点突出的编写理念，在逻辑体系、理论知识与复习思考题等方面的设置上均给学生留有充分的学习、思考和探索的空间，以激发学生的主动学习兴趣。

（3）反映国际金融领域的发展变化。例如，自2010年6月我国政府启动的二次“汇改”；2015年的“8·11”汇改；从2015年起，我国采用新的国际收支平衡表，账户与表式与以前相比都有较大变化；2016年人民币加入特别提款权货币篮子；2009年开始的欧洲主权债务危机，给欧元区带来了重大挑战；东亚货币合作的最新进展与变化等，类似这些新的动态，都已经在本教材中得以适当体现。

本教材由贾新民、崔晓燕任主编。其具体编写分工是：第一章至第六章由贾新民编写；第七章至第十一章由崔晓燕编写；贾新民负责全书最后的审定。

在本教材的编写过程中，我们得到了山东财经大学继续教育学院张亦工院长、范瑞雪副院长，山东金融发展研究院宿玉海院长，以及山东财经大学金融学院张忠宝、柏宝春、卫娴、张延良、籍森林、安军等老师的大力支持和帮助，在此一并致以诚挚的谢意。

由于作者水平有限，本教材难免存在疏漏，敬请读者批评指正。

编 者

2024年6月

# 目 录

# 第一章

# 国际收支

## 学习目标

［知识目标］

1.国际收支的含义与内容。

2.国际收支失衡的类型与调节方法。

［能力目标］

理解国际收支平衡表的编制方法。

［素养目标］

培养学生对我国国际收支进行分析的基础能力，了解我国对外贸易与对外投资的发展状况，增强对进一步改革开放的理解与信心。

## 引导案例

**中国的汽车出口**

2023年，中国货物进出口总额达41.76万亿元，实现了正增长。规模稳的同时，新产品出口快速增长。2023年全年，“新三样”（新能源汽车、锂电池、光伏产品）合计出口额1.06万亿元，首次突破万亿元大关，增长29.9%。外贸新引擎日益强劲，充分彰显了中国经济的强大韧性。

中国汽车工业协会数据显示，2023年中国汽车整车出口491万辆，其中新能源汽车出口120.3万辆，同比增长77.6%。2023年以来，中国新能源汽车出口一直保持高位增长态势，增速超过传统燃油车，每4辆出口汽车中就有近1辆是新能源汽车。这样的增势，离不开优质的产品与技术。

比亚迪相关负责人告诉记者，在不到两年半的时间里，比亚迪新能源乘用车的足迹已经覆盖了全球超过59个国家和地区，其中不乏巴西、德国、澳大利亚、泰国、日本等重点市场。这一成绩得益于比亚迪在关键技术上的创新。“我们研发出了如刀片电池、DM-i超级混动技术、CTB电池车身一体化技术、易四方四电机独立驱动技术等行业领先的技术，为产品竞争力打造了一条有效的‘护城河’。”该负责人说。

资料来源　王俊岭. 中国外贸新引擎日益强劲［N］. 人民日报海外版，2024-01-23.

从汽车出口到我国的整体对外贸易，这样的发展状况应该如何比较全面地了解与分析呢？这要从一国的国际收支与国际收支平衡表的分析入手。

# 第一节　国际收支与国际收支平衡表

## 一、国际收支的含义

国际收支（Balance of Payments）是伴随着国际经济交往的产生和发展而出现的。在开放经济条件下，一国的经济运行与封闭经济有显著不同，对外经济交往是其经济活动的重要组成部分。

在国际经济交往过程中，各国之间贸易、投资、政治、文化和科技等方面的往来，通常都会引起相互间债权债务关系和国际收支的变化。例如，进出口商品贸易、国际上相互提供劳动或服务、国际援助或馈赠以及国际资本流动等，都会因国际上的货币往来关系而产生国际收支问题。国际收支问题是一国开放经济条件下面临的主要问题。

经过数百年的演化与发展，人们对国际收支的基本概念已达成共识。国际收支是指在一定时期内一国居民与非居民之间所发生的全部经济交易的货币价值总和。对广义国际收支的理解，应着重把握如下几个方面：

1.国际收支记录的是一国居民与非居民之间的交易

判断一项经济交易是否应包括在国际收支范围内，所依据的不是交易双方的国籍，而是交易双方是否分属不同国家或地区的居民。只有居民和非居民之间的经济交易才是国际经济交易。居民和公民的概念并不等同。公民是一个法律概念。在国际收支统计中，居民是一个经济概念，是指在该国居住一年以上的自然人和法人。IMF（国际货币基金组织）规定：自然人居民是指在本国居住一年以上的个人，包括本国侨民和外国人。法人居民是指在本国从事各种活动的营利、非营利机构，如政府机构、企业、团体等。不过应该注意的是：一国的外交使者、驻外军事人员及留学人员属本国的居民、居住国的非居民；跨国公司的海外分支机构属其所在国的居民、母公司所在国的非居民；国际性机构，如联合国、国际货币基金组织等是任何国家的非居民。

2.国际收支反映的内容以交易为基础

所谓经济交易，是指经济价值从一个经济单位向另一个经济单位转移。国际收支所包含的经济交易可以归纳为五类：①金融资产与商品和劳务之间的交换；②商品和劳务与商品和劳务之间的交换；③金融资产和金融资产之间的交换；④无偿的、单向的商品和劳务转移；⑤无偿的、单向的金融资产转移。

3.国际收支是一个流量的概念

根据统计学的定义，流量是一定时期内发生的某种经济变量变动的数值。国际收支一般是对一年内的交易进行总结，所以它是一个流量的概念。与国际收支相关的一个重要概念是国际投资头寸（International Investment Position，IIP），它反映一国某一时点上对世界其他地方的资产与负债，它是一个存量概念。

4.国际收支是一个事后的概念

国际收支定义中的“一定时期”一般是指过去的一个会计年度，所以它是对已发生事实进行的记录。

## 二、国际收支平衡表的含义与内容

国际收支平衡表（Balance of Payment Statement）是一国根据国际经济交往的内容和范围设置项目和账户，按照复式记账原理，系统地记录该国在一定时期内各种对外往来所引起的全部国际经济交易的会计报表。

根据2009年IMF发布的《国际收支和国际投资头寸手册》(《国际收支手册》(第六版))，国际收支平衡表包括经常账户、资本与金融账户、误差与遗漏账户。其中，经常账户包括货物、服务、初次收入、二次收入四个账户；金融账户包括直接投资、证券投资、金融衍生工具、其他投资和储备资产五个账户。

（一）经常账户（Current Account）

经常账户显示的是居民与非居民之间货物、服务、初次收入和二次收入的流量，具体包括：

1.货物账户

货物账户又称有形贸易（Visible Trade）账户，是记录商品的进口与出口的账户，指经济所有权在一国的居民与非居民之间发生转移的货物交易。其贷方记录货物出口，借方记录货物进口。货物账户反映的是实物资产在居民与非居民间的转移，是经常账户和整个国际收支中最重要的科目。国际收支平衡表中对商品的记录以所有权变更日期为准，采用的是FOB价。

2.服务账户

服务账户又称无形贸易（Invisible Trade）账户，是记录服务的输入和输出的账户。服务账户包括加工服务，维护和维修服务，运输，旅行，建设，保险和养老金服务，金融服务，知识产权使用费，电信、计算机和信息服务，其他商业服务，个人、文化和娱乐服务以及别处未提及的政府服务。其贷方记录提供的服务，借方记录接受的服务。

3.初次收入

初次收入显示的是一国的居民与非居民机构之间的初次收入流量，指由于提供劳务、金融资产和出租自然资源而获得的回报，包括雇员报酬、投资收益和其他初次收入三部分。

4.二次收入

二次收入表示的是一国的居民与非居民之间的经常转移，包括现金和实物。其贷方记录我国居民从非居民处获得的经常转移，借方记录我国向非居民提供的经常转移。转移包括经常转移和资本转移。经常转移是排除了以下三项所有权转移的单方面转移：固定资产所有权的转移、同固定资产收买或放弃相联系或者以其为条件的资产转移、债权人不索取任何回报而取消的债务。上述三项所有权的转移即资本转移。具体地，经常转移包括政府和私人单方面转移两个方面。政府单方面转移主要有债务豁免、政府间经济和军事援助、战争赔款、捐款等；私人单方面转移主要有侨民汇款、年金、赠予等。

（二）资本与金融账户（Capital Account and Financial Account）

1.资本账户

资本账户主要记录一国的居民与非居民之间的资本转移，以及居民与非居民之间非生产非金融资产的取得和处置。其贷方记录我国居民获得非居民提供的资本转移，以及处置非生产非金融资产获得的收入；借方记录我国居民向非居民提供的资本转移，以及取得非生产非金融资产支出的金额。

资本转移主要包括四种形式：①固定资产所有权的转移；②同固定资产收买或放弃相联系的或以其为债务条件的资本转移；③债权人不索取任何回报而取消的债务；④移民转移。非生产非金融资产的收买或放弃，是指各种无形资产如专利、版权、商标、经销权以及租赁和其他可转让合同的交易。

2.金融账户

金融账户主要记录发生在一国的居民与非居民之间、涉及金融资产与负债的各类交易。根据会计记账原则，当期对外金融资产净增加记录为负值，净减少记录为正值；当期对外负债净增加记录为正值，净减少记录为负值。金融账户细分为非储备性质的金融账户和国际储备资产。非储备性质的金融账户包括直接投资、证券投资、金融衍生工具和其他投资。

（1）直接投资。其是以投资者寻求在本国以外运营企业获取有效发言权为目的的投资。直接投资既可以采取直接在国外投资建立企业的形式，也可以采取购买非居民企业一定比例股票的形式。《国际收支手册》（第六版）中规定其比例最低为10%。我国则规定为25%。直接投资包括收益再投资、合并与收购、公司调换和其他公司重组、附加股息等。

（2）证券投资。其包括投资基金再投资、可转换债券、股票和债务回购、红利股等股本证券和债务证券。对债务证券而言，它可以进一步细分为期限在一年以上的中长期债券、货币市场工具等。

（3）金融衍生工具。其用于记录基于基础金融工具的金融合约的交易情况。金融衍生工具主要包括期货、期权、远期合约、掉期合约等。

（4）其他投资。这是一个剩余项目，包括所有直接投资、证券投资和储备资产未包括的金融交易。这些交易除政府贷款、银行贷款和贸易融资等长短期贷款外，还包括货币、存款、短期票据等。

（5）国际储备资产。其包括货币当局可随时动用并控制在手的外部资产。国际储备资产可以分为货币黄金、特别提款权、在国际货币基金组织的储备头寸、外汇资产和其他债权。

（三）错误和遗漏账户（Errors and Omissions Account）

错误和遗漏账户是为了使国际收支平衡表借方和贷方平衡而人为设立的一种平衡账户。根据复式簿记原则，借贷总额应该相等，但是，人们在实际编制国际收支平衡表的过程中，由于各种国际经济交易的统计资料来源不一或不完整、统计时间不一致，以及一些人为因素（如有些数据须保密，不宜公开；虚报出口等）的影响，国际收支平衡表实际上几乎不可避免地会出现净的借方差额或贷方差额。这时就需要人为设立一个抵销账户，数目与上述余额相等而方向相反。错误和遗漏账户就是这样一种抵销账户。

## 三、国际收支平衡表的编制

（一）国际收支平衡表的编制原则

国际收支平衡表是按照复式记账原则编制的，每一笔交易都必须同时以相同的金额在国际收支平衡表的借方和贷方分别加以记录，即“有借必有贷，借贷必相等”。

在会计上，商品、劳务的进出口和从外国获得的净要素收入等经济行为都对应着一国对外资产、负债的相应变化，即一笔贸易流量对应着一笔金融流量。因此，我们可以运用复式记账法的基本原理，将国际收支的各种经济行为都归入两类账户：反映商品、劳务进出口及净要素支付等实际资源流动的纳入“经常账户”；反映资产所有权流动的纳入“资本和金融账户”。这样，同一行为就在不同账户中被记录两次，从而较为完整、科学地反映一国的国际收支状况。

国际收支平衡表在编制时应遵循如下原则：对外资产（实际资源和金融资产）持有量的减少被记入贷方（Credit/Plus Items），对外资产持有量的增加被记入借方（Debit/Minus Items）；对外负债的增加被记入贷方，对外负债的减少被记入借方。

这样，在国际收支平衡表中，记入贷方的是货物、劳务的出口（向国外提供实际资源）和资本流入（本国对外金融资产的减少，或本国对外负债的增加）；记入借方的是货物、劳务的进口（从国外取得实际资源）和资本的流出（本国对外金融资产的增加，或本国对外负债的减少）。单方面转移由于是居民和非居民间的无偿价值转移，本身没有对等的交易可以记账，只能使用特别设置的转移账户入账，以符合复式记账法的要求。本国居民收到非居民的单方面转移时，借记对应的相应项目（如商品进口、在国外的银行存款增加等），贷记单方面转移的收入；本国居民对非居民的单方面转移，借记单方面转移的支出，贷记对应的相应项目（如商品出口、在国外的银行存款减少等）。

归结起来，记入国际收支平衡表贷方的项目通常包括：反映出口实际资源的经常项目，反映资产减少或负债增加的金融项目。记入借方的项目包括：反映进口实际资源的经常项目，反映资产增加或负债减少的金融项目。

更具体地讲：①进口商品属于借方项目，出口商品属于贷方项目。②非居民为本国居民提供劳务或从本国取得收入，属于借方项目；本国居民为非居民提供劳务或从外国取得收入，属于贷方项目。③本国居民对非居民的单方面转移，属于借方项目；本国居民收到的国外的单方面转移，属于贷方项目。④本国居民获得外国资产或对外投资，属于借方项目；外国居民获得本国资产或对本国投资，属于贷方项目。⑤本国居民偿还非居民债务，属于借方项目；非居民偿还本国居民债务，属于贷方项目。⑥官方储备增加，属于借方项目；官方储备减少，属于贷方项目。

（二）国际收支平衡表的记账实例

1.本国企业出口价值1 000万美元的设备，收入记入其海外存款账户。

借：其他投资下企业海外存款　　1 000万美元

　贷：商品出口　　1 000万美元

2.本国居民到外国旅游花销100万美元，这笔费用从该居民的海外存款账户中扣除。

借：服务进口　　100万美元

　贷：其他投资下居民海外存款　　100万美元

3.外商以价值3 000万美元的设备投资本国，兴办合资企业。这笔交易可记为：

借：商品进口　　3 000万美元

　贷：外国对本国的直接投资　　3 000万美元

4.本国政府动用外汇储备200万美元向外国提供无偿援助，另提供相当于100万美元的粮食、药品援助。这笔交易可记为：

借：二次收入　　300万美元

　贷：官方储备　　200万美元

　　商品出口　　100万美元

5.本国某企业在海外投资所得利润500万美元。其中，300万美元用于当地再投资，100万美元购买当地商品运回国内，100万美元调回国内结售给政府以换取本国货币。这笔交易可记为：

借：对外直接投资　　300万美元

　进口　　100万美元

　官方储备　　100万美元

　贷：初次收入　　500万美元

6.甲国居民动用其在海外存款200万美元，用以购买外国某公司的股票。这笔交易可记为：

借：对外证券投资　　200万美元

　贷：其他投资下居民海外存款　　200万美元

六笔交易构成的国际收支账户见表1-1。

表1-1　**六笔交易构成的国际收支账户**　单位：万美元

| 项目 | 借方 | 贷方 | 差额 |
|---|---|---|---|
| 商品贸易 | 3 000+100 | 1 000＋100 | −2 000 |
| 服务贸易 | 100 | — | −100 |
| 初次收入 | — | 500 | +500 |
| 二次收入 | 300 | — | −300 |

续表

| 项目 | 借方 | 贷方 | 差额 |
|---|---|---|---|
| 经常账户合计 | 3 500 | 1 600 | -1 900 |
| 直接投资 | 300 | 3000 | +2 700 |
| 证券投资 | 200 | — | -200 |
| 其他投资 | 1 000 | 100+200 | -700 |
| 官方储备 | 100 | 200 | +100 |
| 资本与金融账户合计 | 1 600 | 3 500 | +1 900 |
| 总计 | 5 100 | 5 100 | 0 |

## 四、中国的国际收支

（一）中国国际收支统计的产生与发展

中华人民共和国成立以来，我国的国际收支统计经历了一个不断发展和完善的过程。1980年以前，我国没有编制国际收支平衡表，只是编制外汇收支平衡表。外汇收支平衡表只是反映对外贸易和非贸易的收支状况，不反映资金的跨国流动状况。因为当时我国几乎没有资金的跨国借贷和投资活动，仅有的对外经济援助被列入了财政开支的范畴。

改革开放以来，我国对外交往的范围越来越广，内容越来越复杂，不仅涉及国际贸易和非贸易，而且资本的双向流动规模越来越大。单纯依靠外汇收支统计已不能全面、综合地反映我国的对外交往情况，编制综合的国际收支平衡表势在必行。1980年，我国恢复在世界银行和国际货币基金组织的合法席位后，按照会员国的义务，必须定期向国际货币基金组织报送国际收支平衡表。为此，1980年，国家外汇管理局和中国银行总行试编制了国际收支平衡表。1981年，上述两家机构会同国家统计局、国家进出口管理委员会，参照国际货币基金组织国际收支统计的有关规定，结合我国的具体情况确定了我国的国际收支统计制度。1984年11月，按照国际货币基金组织《国际收支手册》第四版的格式，国家统计局和国家外汇管理局对原有的国际收支统计制度进行了修改。1985年9月，国家外汇管理局正式公布了1982—1984年中国的国际收支平衡表。之后每年上半年，对外公布上一年的国际收支平衡表。1997年，根据国际货币基金组织《国际收支手册》第五版的格式，我国进一步调整了其国际收支平衡表的格式和内容。

截至2014年12月底，我国的国际收支平衡表基本上是按照IMF《国际收支手册》第五版的格式编制的，唯一的不同是将储备资产从资本和金融项目中剥离出来，以使通过储备资产的变动直接把握国际收支总差额的变动情况（见表1-2）。

表1-2　IMF和中国国际收支平衡表主要项目构成

| IMF格式 | 差额 | 贷方 | 借方 | 中国格式 |
|---|---|---|---|---|
| 1.经常账户 | | | | 一、经常项目 |
| A.货物和服务 | | | | A.货物和服务 |
| a.货物 | | | | a.货物 |
| b.服务 | | | | b.服务 |
| B.收益 | | | | B.收益 |
| 1.职工报酬 | | | | 1.职工报酬 |
| 2.投资收益 | | | | 2.投资收益 |
| C.经常转移 | | | | C.经常转移 |
| 2.资本和金融账户 | | | | 二、资本和金融项目 |
| A.资本账户 | | | | A.资本项目 |
| 1.资本转移 | | | | |
| 2.非生产、非金融资产转移 | | | | |
| B.金融账户 | | | | B.金融项目 |
| 1.直接投资 | | | | 1.直接投资 |
| 2.证券投资 | | | | 2.证券投资 |
| 3.其他投资 | | | | 3.其他投资 |
| 4.官方储备 | | | | |
| 3.净误差与遗漏账户 | | | | 三、储备资产变动额 |
| | | | | 四、净误差与遗漏账户 |

资料来源　[1] IMF. 国际收支手册 [M]. 5版. 北京：中国金融出版社，1996；[2] 参见国家外汇管理局网站。

（二）中国国际收支统计的变化

2009年年初，IMF出版了修订后的《国际收支手册》（第六版），手册名称首次修改为《国际收支和国际投资头寸手册》。这是国际收支统计方面的最新国际标准，国际货币基金组织各成员国和各经济体均有义务按照此标准开展国际收支相关数据的统计和报表编制工作。从2015年起，我国国际收支平衡表按照开始《国际收支手册》（第六版）的标准来进行编制。与以前相比，变化主要体现在以下几个方面：

（1）储备资产并入金融账户，不会再出现“双顺差”。在金融账户下设“非储备性质的金融账户”和“储备资产”两个大项，前者的口径与2015年以前公布表式的金融账户基本相同，之下再细分为直接投资、证券投资等。

（2）项目归属及分类变化，货物和服务贸易的差额此消彼长。来料加工在《国际收支手册》第五版下按进口和出口分别记录在货物贸易下，而第六版是按照工缴费净额记录在服务贸易下，转手贸易则由服务贸易调整至货物贸易下。金融账户下原分为直接投资、证券投资和其他投资，现将“金融衍生工具和雇员认股权”单列出来，变为与证券投资并列的分类。

（3）项目名称变化。如“经常项目”修改为“经常账户”，“资本和金融项目”修改为“资本和金融账户”，“旅游”修改为“旅行”。经常账户下的“收益”修改为“初次收入”，“经常转移”修改为“二次收入”，“贸易信贷”修改为“贸易信贷与预付款”。

（4）金融账户按差额列示，不分别列示借方和贷方。

（5）使用一列方式列示数据，而非三列，同时借方记负值。

表1-3即根据《国际收支手册》（第六版）统计发布的2022年中国国际收支平衡表（概览表）。

表1-3 **2022年中国国际收支平衡表（概览表）** 单位：亿美元

| 项目 | 行次 | 2022年 |
|---|---|---|
| 1.经常账户 | 1 | 4 019 |
| 贷方 | 2 | 39 508 |
| 借方 | 3 | -35 489 |
| 1.A 货物和服务 | 4 | 5 763 |
| 贷方 | 5 | 37 158 |
| 借方 | 6 | -31 395 |
| 1.A.a 货物 | 7 | 6 686 |
| 贷方 | 8 | 33 469 |
| 借方 | 9 | -26 782 |
| 1.A.b 服务 | 10 | -923 |
| 贷方 | 11 | 3 690 |
| 借方 | 12 | -4 613 |
| 1.B 初次收入 | 13 | -1 936 |
| 贷方 | 14 | 1 902 |
| 借方 | 15 | -3 839 |
| 1.C 二次收入 | 16 | 191 |
| 贷方 | 17 | 447 |
| 借方 | 18 | -256 |

续表

| 项目 | 行次 | 2022年 |
| --- | --- | --- |
| 2.资本和金融账户 | 19 | −3 113 |
| 2.1 资本账户 | 20 | −3 |
| 贷方 | 21 | 2 |
| 借方 | 22 | −5 |
| 2.2 金融账户 | 23 | −3 110 |
| 资产 | 24 | −2 815 |
| 负债 | 25 | −294 |
| 2.2.1 非储备性质的金融账户 | 26 | −2 110 |
| 资产 | 27 | −1 816 |
| 负债 | 28 | −294 |
| 2.2.1.1 直接投资 | 29 | 305 |
| 资产 | 30 | −1 497 |
| 负债 | 31 | 1 802 |
| 2.2.1.2 证券投资 | 32 | −2 811 |
| 资产 | 33 | −1 732 |
| 负债 | 34 | −1 079 |
| 2.2.1.3 金融衍生工具 | 35 | −58 |
| 资产 | 36 | 27 |
| 负债 | 37 | −85 |
| 2.2.1.4 其他投资 | 38 | 454 |
| 资产 | 39 | 1 386 |
| 负债 | 40 | −932 |
| 2.2.2 储备资产 | 41 | −1 000 |
| 3.净误差与遗漏账户 | 42 | −906 |

# 第二节　国际收支调节

国际收支均衡是开放经济条件下一国宏观经济管理的主要目标之一。明确国际收支失衡的含义，了解国际收支失衡的主要原因，掌握国际收支失衡的调节措施，是本节教学的主要目的与要求。

## 一、国际收支平衡与失衡的含义

国际收支平衡表是根据复式记账的原则编制的，其借方总额和贷方总额总是相等的。但这种平衡只是账面的、会计意义上的平衡，不具有经济意义。国际收支平衡表由一系列具体交易项目组成，这些项目的借贷双方往往是不相等的，不同项目的余额或几个项目余额的组合便形成了许多局部差额，这些局部差额是否为零，便成为不同时期判断一国国际收支是否平衡的标准。

第二次世界大战（以下简称二战）前，大多数人都认为只要贸易收支差额为零，则可称为国际收支平衡。这与当时国际经济交往的主要形式是贸易收支有着必然的联系。

二战后的五六十年代，人们把国际收支平衡建立在基础收支平衡的基础上，认为只要经常项目余额与长期资本项目余额之和为零，便为国际收支平衡。

20世纪70年代以来，短期资本流动规模的不断扩大和频度的不断加快，对国际收支的影响越来越大，于是净清偿差额为零、官方结算差额为零和自主性项目差额为零的国际收支平衡标准便应运而生。净清偿差额是美国1971—1976年采取的一种国际收支核算口径，其具体把短期资本又划分为流动性与非流动性两部分。净清偿差额即基本收支差额与非流动性短期资本差额之和。官方结算差额则是基本收支差额与全部私人短期资本差额之和。

20世纪80年代以后，外部均衡的概念又有了变化。一方面，国际资金流动导致汇率变动剧烈，诱发债务危机和货币危机，人们认识到总差额的平衡并不能说明问题，一国仍有必要对经常账户乃至整个国际收支的结构进行控制；另一方面，理论研究的深入使人们认识到，简单要求经常账户达到平衡常常是不必要的，一国应利用经常账户可以调节储蓄与投资差额的性质，并根据经济的不同特点、不同发展阶段确定相应的经常账户余额，进而确定合理的国际收支结构。

在国际收支的理论研究中，所有的交易都可以按照发生的动机分为自主性交易（Autonomous Transactions）和补偿性交易（Compensatory Transactions）。自主性交易是指个人与企业为某种自主性目的而从事的交易；补偿性交易是指为弥补国际收支不平衡而发生的交易，如运用官方储备等。

所谓国际收支差额，是指自主性交易的差额。当这一差额为零时，称为“国际收支平衡”；当这一差额为正时，称为“国际收支顺差”；为负时，称为“国际收支逆差”。后两者统称为“国际收支不平衡”。

## 二、国际收支失衡的原因和类型

影响国际收支平衡的因素有很多，有客观的，也有主观的；有内部的，也有外部的；有经济的，也有非经济的；有经济发展阶段的，也有经济结构的。国际收支失衡是多种因素共同作用的结果。

（一）周期性因素

经济的周期性波动会在一定程度上导致一国的国际收支失衡。通常，当一国经济处于萧条期时，社会总需求下降，进口需求也相应下降，国际收支发生盈余；反之，如果一国经济处于复苏和高涨期，国内投资与消费需求旺盛，对进口的需求也相应增加，国际收支便会出现逆差。这种形式的国际收支失衡称为周期性失衡，其在二战前的发达国家表现得比较明显；二战后，这一周期性失衡的表现有所扭曲，如1981—1982年，发达国家（除日本外）在衰退期均伴有国际收支的巨额逆差。

（二）结构性因素

结构性因素包括产品供求结构和要素价格结构。产品供求结构失衡也会导致一国的国际收支失衡。如果本国产品的供求结构无法跟上国际市场产品供求结构的变化，本国的国际收支将发生这种长期性失衡。如国际市场对本国具有比较优势的出口品的需求减少，或者国际市场上针对本国进口的供给减少、价格上升，而本国无法改变进出口结构，则本国的国际收支将出现赤字。同样，如果本国要素的价格变动使本国出口产品在国际市场上所具有的比较优势逐渐削弱直至消失，也会导致本国贸易赤字的长期存在。比如，本国原是劳动力资源丰富的国家，相对劳动密集型的产品具有比较优势，但如果本国工资上涨的程度大于劳动生产率提高的程度，则本国劳动力不再是较便宜的生产要素，本国出口品的生产成本就会提高，就会逐渐丧失国际竞争的能力。由一国经济结构失调造成的国际收支失衡称为结构性失衡（Structural Disequilibrium）。结构性失衡具有长期性，扭转起来比较困难。

（三）货币性因素

货币性因素包括价格、成本、汇率、利率等。货币性因素的变动会直接或间接地影响进出口商品的价格和资本流动的成本与收益，进而影响国际收支。如果一国货币数量发行过多，该国的成本与物价普遍上升，由此会导致出口减少、进口增加。另外，本国利息率也会下降，造成资本流出增加、流入减少，使国际收支出现赤字。货币性因素的变动不仅会影响经常账户收支，而且会影响资本与金融账户收支。由货币性因素所导致的失衡称为货币性失衡（Monetary Disequilibrium）。它可以是短期的，也可以是中期或长期的。

（四）偶发性因素

偶发性因素包括短期的、非确定的或偶然的事件，如战争、内乱、自然灾害等均会对一国的国际收支产生影响，由此而导致的国际收支失衡称为临时性失衡。如气候的骤然变化和骚乱会导致国内产出的下降，进而导致出口供给减少、进口需求增加，而国外贸易伙伴国同类事件的发生则会导致本国进口供给的下降和出口需求的增加。不过这种类型的冲击是暂时性的，一旦这些因素消失，国际收支便会恢复正常状态，通常不需要采取政策调节，浮动汇率制度下可由外汇市场供求自发加以调节，固定汇率制度下也仅需动用外汇储备进行干预。

## 三、国际收支失衡的调节手段

一国的国际收支失衡如果是偶然的或数额很小，通常不需要进行调节；如果是持续的且数额很大，则必须进行相应的调节。因为持续巨额的国际收支失衡会直接或间接地影响该国货币汇率的稳定、内外经济的持续发展。

对此，理论界和政府管理当局较多地关注对国际收支逆差的调节，因为持续巨额的国际收支逆差将会直接导致本币汇率的下跌、官方储备资产的减少，从而在一定程度上影响本国对外经济交往中的信用，并有可能因国际清偿能力的持续下降而导致游资的攻击，进而酿成国际收支危机乃至金融危机。

对于一国持续大量的国际收支顺差，理论界和政府管理当局则普遍持较为宽容的态度，尤其是发展中国家，对国际收支顺差更为偏爱。东亚金融危机后，东亚国家的国际收支大都保持为顺差，这很大程度上是基于对危机和游资的恐惧。

事实上，从福利经济学的角度来说，持续大量的国际收支顺差与国际收支逆差一样是不可取的。从国际收支平衡表中可以看出，一国的国际收支顺差即其外汇储备的来源，外汇储备并非越多越好，尤其是对发展中国家来说，储备资产形式的外汇收益要远远低于外汇投资收益，过多地持有外汇储备实际上是一种福利损失。因此，当一国的国际收支出现持续大规模失衡时，无论是顺差还是逆差，均应该进行相应的调节。其具体调节方式大致包括如下两种：

（一）国际收支的自动调节机制

国际收支失衡后，有时并不需要政府当局立即采取措施来加以消除。经济体系中存在着某些机制，往往能够使国际收支失衡至少在某种程度上得到缓和，乃至自动恢复均衡。这种自动调节是由国际收支失衡引起的国内经济变量变动对国际收支的反作用，其功效在不同的国际货币制度下具有很大的差异。

1.国际金本位制度下的国际收支自动调节机制

国际金本位制度下的国际收支自动调整机制就是“价格-铸币流动机制”。价格-铸币流动机制是由英国著名经济学家大卫·休谟（David Hume）于1752年在其发表的论文《论贸易平衡》中首次提出的。该理论以货币数量论为基础，着重研究国内外商品相对价格变化对商品进出口的影响，强调贸易收支、汇率、黄金流动、货币供应量、物价、商品进出口间的内在联系和自发调节。

在国际金本位制度下，黄金是最终的国际支付手段。在其他条件既定的情况下，一国的国际收支赤字会导致黄金外流，国内货币供给减少，物价下跌，刺激出口，抑制进口，国际收支赤字得以改善；反之，一国的国际收支盈余会导致黄金内流，国内货币供给增加，物价上升，刺激进口，抑制出口，国际收支盈余相应减少，直至平衡，如图1-1所示。

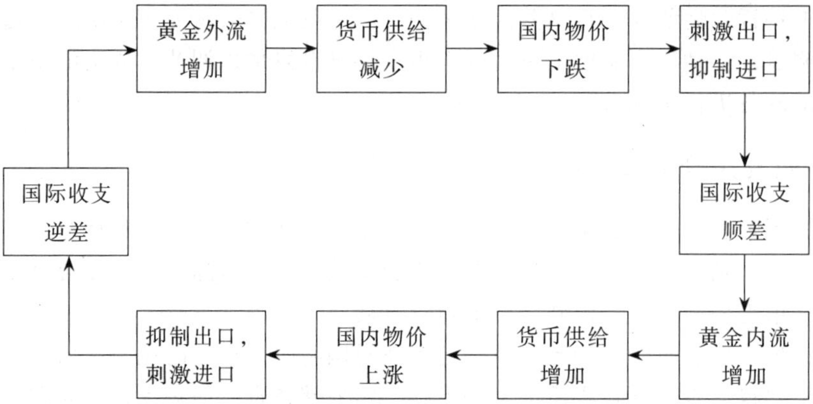


图1-1 国际金本位制度下的国际收支自动调节机制

2.纸币本位固定汇率制度下的国际收支自动调节机制

纸币本位下的固定汇率制度，是指纸币本位下一国货币当局通过货币供应量变动干预外汇市场来维持汇率稳定。在这种制度下，一国国际收支失衡后，可以通过“货币-价格自动调节机制”、“收入机制”和“利率机制”，使国际收支趋于平衡，如图1-2所示。

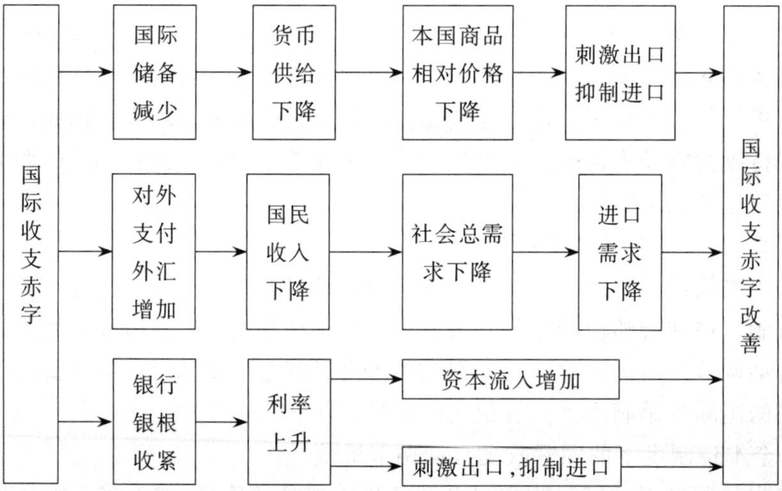


图1-2 纸币本位固定汇率制度下的国际收支自动调节机制

纸币本位固定汇率制度下国际收支“货币-价格自动调节机制”的表现形式是相对价格水平变动对国际收支的影响。在其他条件不变的情况下，一国的国际收支赤字意味着对外支出大于收入，会导致外币需求增加，本币贬值，本国出口商品的价格相对下降、进口商品的价格相对上升，从而刺激出口、抑制进口，贸易收支得到改善。

收入机制是指一国国际收支不平衡时，该国的国民收入、社会总需求会发生变动，这些变动反过来会削弱国际收支的不平衡。通常，一国的国际收支出现逆差会导致国民收入水平下降，社会总需求降低，进口需求减少，国际收支得到改善。

利率机制是指一国国际收支不平衡时，该国的利率水平会发生变动，利率水平的变动反过来又会对国际收支不平衡起到一定的调节作用。通常，一国的国际收支出现逆差会导致国内货币供给量的相对减少，利率上升，国内金融资产的收益率上升，对本国金融资产的需求相对上升，对外国金融资产的需求相对减少，资金外流减少或资金内流增加，资本与金融项目得以改善。同时，利率上升还会减少社会总需求，进口减少，出口增加，贸易收支也会得到改善。

由此可知，在固定汇率制度下，国际收支的自动调节机制是通过国内宏观经济变量的变化来实现国际收支平衡的。外部均衡目标的实现通常是以牺牲内部均衡为代价的。

3.纸币本位浮动汇率制度下的国际收支自动调节机制

在浮动汇率制度下，国际收支的自动调节机制是通过汇率变动来发挥作用的。如果一国国际收支出现赤字，外汇市场上的外汇需求就会大于外汇供给，汇率上升。根据国际收支的弹性理论，这将导致出口增加、进口减少，国际收支状况将得到改善，如图1-3所示。

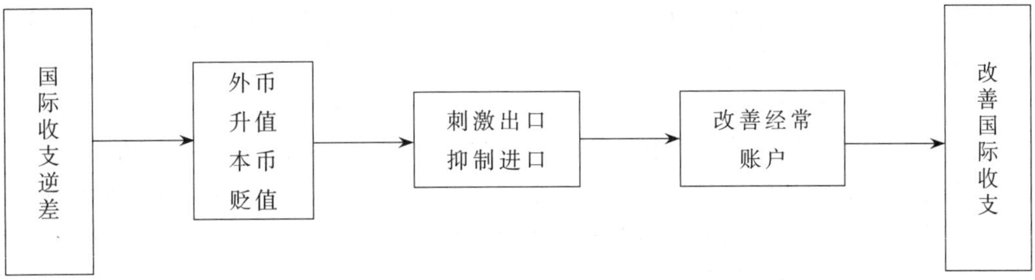


**图1-3 纸币本位浮动汇率制度下的国际收支自动调节机制**

（二）国际收支失衡的政策调节工具

在市场有效的前提下，国际收支失衡的自动调节通常需要一个过程，且往往以牺牲国内其他宏观经济目标为代价。在市场失灵时，国际收支自动调节机制的作用将被削弱或失效。因此，当一国国际收支失衡时，政府通常不能完全依靠自动调节机制予以调节，而需主动采取适当的政策工具，对影响国际收支平衡的因素予以人为干预和调节，弥补其自动调节的不足，提高其调节效率。

政府对国际收支进行调节的工具多种多样，但基本上可以分为三类：

1.调节需求的政策工具

按对需求的不同影响，国际收支的调节政策可分为支出增减型政策（Expenditure-Changing Policy）和支出转换型政策（Expenditure-Switching Policy）两大类。

支出增减型政策，是调整社会总需求或国民经济支出总水平的政策。其基本原理在于通过对社会总需求或总支出的调整来影响国内对外国商品、劳务和金融资产的需求，进而实现对国际收支失衡的调节。

这类政策主要包括财政政策和货币政策。财政政策是政府利用财政收入、财政支出和公债对经济进行调节的经济政策。它的主要工具包括财政收入政策、财政支出政策和公债政策。货币政策是中央银行通过调节货币供应量与利率来影响宏观经济活动水平的经济政策。它的主要工具有公开市场业务、再贴现以及法定准备金率。财政、货币政策可以通过三个渠道来影响国际收支：收入效应、利率效应和相对价格效应（或称替代效应）。

通常，紧缩性的财政、货币政策可调节国际收支赤字，膨胀性的财政、货币政策可调节国际收支盈余。当一国国际收支出现赤字时，首先，紧缩性的财政、货币政策可通过乘数效应减少国民收入，降低本国居民对进口商品和劳务的支出，从而调整国际收支赤字。这一收入效应的大小取决于一国的边际进口倾向。其次，紧缩性的货币政策可通过提高利率来吸引国际资本流入，增加资本账户盈余，调节国际收支逆差。这一利率效应的大小取决于货币需求的利率弹性和国内外资产的替代性高低。最后，紧缩性的财政、货币政策还会诱发国内生产的出口品和进口替代品的价格下降，提高本国产品的国际竞争力，刺激国内外居民将需求转向本国产品，从而取得增加出口、减少进口的效果。这一相对价格效应的大小主要取决于进出口供求弹性和国内生产的进口替代品对进口的替代程度。

支出转换型政策，是改变社会需求和支出方向的政策，即将国内支出从外国商品和劳务转移到国内商品和劳务上来。

这类政策主要包括汇率政策、补贴和关税政策以及直接管制。汇率的下浮或贬值、对进口商品和劳务课以较高的关税，都会使进口商品和劳务的价格相对上升，从而使居民将一部分支出转移到购买进口替代品上来。许多教科书把直接管制列为一种单独的国际收支调节政策，它既不属于支出增减型政策，也不属于支出转换型政策。实际上，直接管制也是一种支出转换型政策。

汇率和关税政策是通过改变进口商品和进口替代品的相对价格来达到支出转换目的的，而直接管制则是通过改变进口商品和进口替代品的相对可获得性来达到支出转换目的的。直接管制包括外汇管制、进口许可证管制等形式。其特点是比较灵活，可以针对不同的进出口项目和资本流动有区别地予以实施。因此，可以在不影响整个经济形势的情况下，纠正国际收支赤字。但是，采用这种调节政策来维持国际收支平衡，往往是变显性赤字为隐性赤字，一旦予以取消，除非经济结构相应得到改善，否则国际收支赤字仍然会重新出现。而且直接管制还十分容易引起贸易伙伴国的报复，抑制国内的公平竞争，滋养官僚作风和行贿索贿。因此，西方国家对采用这项措施一般比较谨慎。

2.调节供给的政策工具

从供给角度讲，调节国际收支的政策有产业政策、科技政策和制度创新政策。供给政策旨在通过改善一国的经济结构和产业结构、降低生产成本，提高进出口商品和劳务的层次与质量，进而实现增加社会产品（包括出口产品和进口替代品）的供给和改善国际收支的目的。

供给政策通常具有长期性特征，短期内很难取得显著的效果，但它可以从根本上提高一国（产品）的国际竞争力，为实现内外均衡创造条件。其中，科技政策主要包括推动技术进步、提高管理水平和加强人力资本投资三个方面。通过实施恰当的科技政策，可有效提高出口产品和进口替代品的质量，从而改善国际收支。产业政策的核心在于优化产业结构，根据国际市场的变化制定出正确的产业结构规划：一方面，发展和壮大一部分产业；另一方面，对一些产业部门进行调整、限制乃至取消。政府实施产业政策的重要目的，在于克服资源在各产业部门间流动的障碍，使本国产业结构的变动能适应世界市场的情况，从而减少乃至消除结构性国际收支失衡。制度创新政策则是针对经济中存在的制度性缺陷而提出的。它有助于提高微观主体的活力和效率，增加社会供给，提高出口产品的数量和质量，因此可从总量和结构两方面来改善一国的国际收支。

3.资金融通工具

资金融通工具，也称融资政策。宏观经济角度的融资主要指官方储备的使用和国际信贷便利的使用。国际收支失衡中的融资政策主要体现为国际储备政策。融资政策相比需求调节政策和供给调节政策的最大优点是可避免对国内经济造成不良的冲击，同时其调整速度也比较快；缺点是受一国政府的储备持有额和国际融资能力的限制，且对国际收支失衡的调节效应具有短暂性，不能从根本上消除一国国际收支失衡的压力，因此只能用于规模不大的临时调整。

**拓展阅读**

## 2023年中国的国际收支情况

2023年，我国国际收支运行总体稳健，经常账户和非储备性质的金融账户呈现出“一顺一逆”的自主平衡格局。2023年，我国经常账户顺差2 530亿美元，非储备性质的金融账户逆差2 099亿美元，储备资产稳中有增，年末外汇储备余额稳定在3.2万亿美元以上。货物贸易顺差保持高位。按国际收支统计口径，2023年，我国货物贸易出口额为31 792亿美元，较2022年下降5%；进口额为25 853亿美元，同比下降4%；货物贸易顺差5 939亿美元，为历年次高值。服务贸易逆差有序恢复，2023年，我国服务贸易逆差2 078亿美元，仍低于疫情前2019年的水平。一方面，旅行、运输仍为服务贸易逆差主要项目。其中，旅行项目逆差1 717亿美元，我国居民赴境外旅游、留学支出的规模恢复至疫情前2019年的近8成。另一方面，服务贸易顺差项目保持增长。其中，咨询、广告等其他商业服务顺差380亿美元，为近年来较高水平；电信、计算机和信息服务顺差193亿美元。初次收入逆差有所下降，2023年，初次收入项下收入达2 400亿美元，较2022年下降11%；支出3 882亿美元，下降9%；逆差1 482亿美元，下降4%。其中，雇员报酬顺差72亿美元；投资收益逆差1 590亿美元，下降1%。二次收入延续小幅顺差，2023年，二次收入项下收入达375亿美元，较2022年下降16%；支出223亿美元，下降8%；顺差152亿美元，下降25%。

2023年，我国直接投资呈现出逆差格局。按国际收支统计口径，2023年，我国直接投资逆差1 426亿美元。我国对外股权性质直接投资（资产净增加）1 109亿美元，企业跨境投资活动有序开展；外商股权性质直接投资（负债净增加）717亿美元，其中，新增资本金1 200亿美元，显示出跨国公司在华中长期投资保持稳定流入。证券投资逆差明显收窄，2023年，证券投资逆差632亿美元，较2022年下降78%。其中，我国对外证券投资（资产净增加）达773亿美元；境外对我国证券投资由2022年的净流出（负债净减少）转为净流入（负债净增加）141亿美元，显示出更多外资来华配置人民币资产。其他投资延续小幅顺差，2023年，存贷款、贸易应收应付等其他投资顺差达34亿美元。其中，我国对境外的其他投资净回流（资产净减少）441亿美元，较2022年下降72%；境外对我国的其他投资净流出（负债净减少）407亿美元，下降55%。储备资产保持稳定，2023年，因交易形成的储备资产（剔除汇率、价格等非交易价值变动影响）增加48亿美元。其中，外汇储备增加35亿美元。

资料来源　国家外汇管理局. 2023年中国国际收支报告［EB/OL］.［2024-03-29］. http: //www.safe.gov.cn/safe/2024/0329/24186.html. 有删减.

本章小结

问题：试分析2023年我国经常项目顺差是如何形成的。

分析要点：基于该案例，理解国际收支平衡表“有借必有贷、借贷必相等”的原则。

## 同步测试

同步测试

（一）选择题

1.国际收支平衡表由（　　）三大部分构成。

A.经常账户　　B.资本与金融账户

C.净误差与遗漏账户　　D.贸易账户

2.经常账户由（　　）四个子项目构成。

A.货物　　B.服务　　C.初次收入

D.二次收入　　E.收益

3.（　　）五个子项目构成金融账户。

A.直接投资　　B.证券投资　　C.实物投资

D.金融衍生工具　　E.其他投资　　F.储备资产

4.国际收支失衡包括（　　）四个方面的原因。

A.周期性因素　　B.结构性因素

C.货币性因素　　D.人员因素　　E.偶发性因素

（二）简答题

1.简述国际收支平衡表的编制原则。

2.简述国际收支不平衡的主要原因与类型。

3.简述对一国的国际收支平衡表进行分析的主要方法。

4.当一国国际收支失衡时，通常应如何进行调节？

# 第二章

# 外汇与汇率

## 学习目标

[知识目标]

1. 了解外汇及其种类。

2. 掌握汇率的标价方法。

[能力目标]

理解实际汇率与有效汇率的内涵。

[素养目标]

了解汇率变动的经济影响，增强对国家稳定汇率水平政策的理解力和认同感。

## 引导案例

**铁矿石进口中的汇率问题**

海关数据显示，2023年中国铁矿石进口量创下历史新高，累计进口铁矿石117 906万吨，比上一年增加7 290万吨，同比增长6.6%。这主要是因为政府未强制限制钢铁产量以及钢铁出口高于预期，使铁矿石需求强劲。此外，2023年我国铁矿砂及其精矿进口量为117 906万吨，是2020年以来的首次增长。

假定国内某钢铁企业一直从国外进口铁矿石，以美元计价。假定2022年以前，每吨铁矿石120美元。2022年年初，该钢铁企业又与外商签订了购买协议，价格仍为120美元每吨。假定2022年年初1美元兑换人民币6.35元，则以人民币计价的铁矿石价格为762元；假定2022年年末1美元兑换人民币6.85元，则以人民币计价的铁矿石价格为822元。由此可以看出，即使以美元计价的价格不变，以人民币计价的价格上升了60元。这就是汇率变动的影响。

资料来源　作者根据相关资料整理、改编.

一国汇率的升值与贬值，会对一国的进出口产生重大影响，本章将对汇率这一国际金融领域最核心的变量展开分析。

# 第一节 外汇概述

## 一、外汇的定义

外汇（Foreign Exchange）是指以外国货币表示的能用来清算国际收支差额的资产，如外国货币、外币支付凭证、外币有价证券、特别提款权、其他外汇资产。

按照2008年8月1日修订通过的《中华人民共和国外汇管理条例》的规定，外汇是指下列以外币表示的可以用作国际清偿的支付手段和资产：①外币现钞，包括纸币、铸币；②外币支付凭证或者支付工具，包括票据、银行存款凭证、银行卡等；③外币有价证券，包括债券、股票等；④特别提款权；⑤其他外汇资产。

一种外币成为外汇有三个前提条件：①自由兑换性，即这种外币资产能与主要国际货币进行自由兑换；②普遍接受性，即这种外币资产在国际经济往来中被各国普遍地接受和使用；③可偿性，即这种外币资产是可以保证得到偿付的。

全球经济一体化、国际贸易和国际金融的发展以及电子计算机的广泛应用，要求各国在货币的表示方法上具有一致性和通用性。为了能够准确而简易地表示各国货币的名称，便于开展国际上的贸易、金融业务和进行计算机数据通信，1970年，联合国经济及社会理事会首先提出要制定适于国际贸易单证和信息交换使用的货币代码。1973年，国际标准化组织技术委员会在其他国际组织的通力合作下，制定了适用于贸易、商业和银行使用的货币和资金代码，即国际标准ISO-4217三字符货币代码（见表2-1）。

表2-1 **部分国家和地区的货币名称符号代码表**

| 货币名称 | ISO国际标准<br>三字符货币代码 | 货币名称 | ISO国际标准<br>三字符货币代码 |
|---|---|---|---|
| 人民币 | CNY | 加拿大元 | CAD |
| 美元 | USD | 新西兰 | NZD |
| 日元 | JPY | 越南盾 | VND |
| 欧元 | EUR | 澳门元 | MOP |
| 英镑 | GBP | 印度卢比 | INR |
| 港元 | HKD | 丹麦克朗 | DKK |
| 瑞士法郎 | CHF | 俄罗斯卢布 | RUB |
| 瑞典克朗 | SEK | 菲律宾比索 | PHP |
| 新加坡元 | SGD | 韩国元 | KRW |
| 巴基斯坦卢比 | PKR | 泰国铢 | THB |
| 澳大利亚元 | AUD | 缅甸元 | MMK |
| 挪威克郎 | NOK | 马来西亚林吉特 | MYR |

## 二、外汇的种类

（一）自由外汇、有限自由兑换外汇和记账外汇

1.自由外汇

自由外汇，指不需要货币发行国批准，可以随时自由兑换成其他国家货币的外汇。

2.有限自由兑换外汇

有限自由兑换外汇，指未经货币发行国批准，不能自由兑换成其他国家货币或对第三国进行自由支付的外汇。IMF规定，凡对国际性经常往来的付款和资金转移有一定限制的货币均属有限自由兑换外汇。

3.记账外汇

记账外汇，也称双边外汇、协定外汇或清算外汇，指在两国政府签订的双边贸易或多边清算协定中，由进出口贸易所引起的债权债务不用现汇逐笔结算，而是通过对方国家银行专门账户进行相互冲销所使用的外汇。这种外汇不能兑换成自由外汇或对第三国进行支付，只能在双方银行的专门账户上使用，所以称为记账外汇。

（二）贸易外汇和非贸易外汇

1.贸易外汇

贸易外汇，指因进出口贸易及其从属费用而收付的外汇。从属费用主要包括与商品进出口直接关联的运费、保险费等。

2.非贸易外汇

非贸易外汇，指与进出口贸易无关的外汇，主要是由资产流动产生的外汇。如因捐赠、侨汇、旅游、海运、保险、银行、海关、邮电、工程承包、资本流动等所收付的外汇。

（三）即期外汇和远期外汇

1.即期外汇

即期外汇，又称现汇，是指在外汇买卖成交后两个营业日内办理交割的外汇。

2.远期外汇

远期外汇，又称期汇，是指交易双方事先签订买卖合约，规定外汇买卖的币种、数量、期限、汇率等，到约定日期才按合约规定的汇率进行交割的外汇。

（四）外币现钞和外币现汇

1.外币现钞

外币现钞，是指外国钞票、铸币。外币现钞主要由境外携入。

2.外币现汇

外币现汇，是指其实体在货币发行国本土银行的存款账户中的自由外汇。所谓自由外汇，是指在国际金融市场上可以自由买卖，在国际结算中广泛使用，在国际上得到承认，并可以自由兑换成其他国家货币的外汇。外币现汇主要由国外汇入，或由境外携入、寄入的外币票据，经银行托收，收妥后存入。

外国钞票不一定都是外汇。外国钞票是否称为外汇，首先要看它能否自由兑换，

或者说这种钞票能否重新回流到它的发行国，而且可以不受限制地存入该国任意一家商业银行的普通账户上，在需要时可以任意转账。各种外汇标的物，一般只有转化为货币发行国本土银行的存款账户中的存款货币，即现汇后，才能进行实际上的国际结算。

# 第二节 汇率

## 一、汇率的定义

汇率（Exchange Rate）又称汇价、外汇行市或外汇牌价，是一国货币折算为另一国货币的比率或比价，或两国货币之间兑换的比率，或一国货币用另一国货币表示的价格。由于国际上的贸易与非贸易往来，各国之间需要办理国际结算，所以一个国家的货币对其他国家的货币都规定有一个汇率，其中最重要的是对美元等少数国家货币的汇率。

## 二、汇率的标价方法

折算两个国家的货币，首先要确定以哪一种货币为基准。一国的汇率，是以外国货币表示本国货币的价格，还是用本国货币表示外国货币的价格，这称为汇率的标价方法。目前，国际上主要采取以下三种标价法：

（一）直接标价法

直接标价法（Direct Quotation）又称应付标价法，是指以一定单位（1、100、1万、10万）的外国货币为基准，折算一定单位的外币应付若干单位的本国货币。在直接标价法下，外国货币为基准货币，本国货币为标价货币。目前，大多数国家都采用这种标价法，我国人民币的牌价也采用直接标价法。如某日香港外汇市场，USD1=HKD7.7690，JPY100=HKD6.8150；东京外汇市场，USD1=JPY120，GBP1=JPY180。

这种标价法的特点是外币的数额不变，折合本币的数额随着外国货币或本国货币币值的变化而改变，通俗地讲是外币不动、本币动的标价法。

在直接标价法下，由于以外币为基准，因而外汇汇率的升降同本币对外价值增减的方向相反。若一定单位的外币折算成本币的数额比原来多，则说明外汇汇率上升（外币升值），本币汇率下跌（本币贬值）；反之，如果一定单位的外币折算成本币的数额比原来少，则说明外汇汇率下跌，本币汇率上升，本币升值。

（二）间接标价法

间接标价法（Indirect Quotation）又称应收标价法，是指以一定单位的本币为基准，来计算应收若干单位的外国货币。

在间接标价法下，本国货币为基准货币，其数额不变，而标价货币（外国货币）的数额则随本国货币或外国货币币值的变化而改变，通俗地讲是本币不动、外币动的标价法。

英国、美国都是采用间接标价法的国家。英国一直采用间接标价法，因为英镑曾经是国际贸易计价标准。如某日伦敦外汇市场英镑对美元的汇率是：GBP1=USD1.4616，在伦敦市场英镑是基准货币，美元是标价货币。

美国从1978年9月1日起，除对英镑采用直接标价法外，对其他国家的货币均改用间接标价法，以便与国际外汇市场对美元的报价一致，如USD1=JPY110.5。此外，欧元区、新西兰、加拿大、澳大利亚和爱尔兰等国家或地区也采用间接标价法。

在间接标价法下，直接表示的不是外币的价格，而是本币的对外价格，如果一定单位的本币折算外币的数量比原来多，说明本币汇率上升，外汇汇率下跌；相反，如果一定单位的本币折算外币的数量比原来少，则说明本币汇率下跌，外汇汇率上升。

虽然以上两种汇率标价法的基准货币不同，但表示的一国货币对外汇率的升降意义并无不同，两者互为倒数。

（三）美元标价法

直接标价法和间接标价法都是针对本国货币和外国货币之间的关系而言的。相对于某个国家或某个外汇市场而言，本币以外其他各种货币之间的比价则无法用直接或间接标价法表示。

第二次世界大战后，特别是欧洲货币市场兴起以来，国际金融市场上外汇交易量迅速增长，为了便于在国际金融市场上进行外汇交易，银行间的报价都以美元为标准来表示各国货币的价格，至今已形成习惯。

美元标价法（Dollar Quotation）又称纽约标价法，是以一定单位的美元为基准折合多少其他国家货币单位（除欧元、英镑、澳元、新西兰元等极少数货币外）的一种直接标价法。目前，世界各大国际金融中心的货币汇率都以美元的比价为准，世界各大银行的外汇牌价也都是公布美元对其他主要货币的汇率。

## 三、汇率的分类

（一）基本汇率和套算汇率

1.基本汇率（Basic Rate）

基本汇率，指一国货币对关键货币的汇率。关键货币是指在国际经济交易中各国能普遍接受、在国际收支中使用最多、在外汇储备中所占比重最大、可自由兑换的货币。一般将美元作为关键货币。

2.套算汇率（Cross Rate）

套算汇率，也称交叉汇率，是两种货币通过各自对第三种货币的汇率推算出的汇率。换言之，套算汇率是通过基本汇率套算出来的汇率。

计算交叉汇率有两种情况：一种情况是两种汇率的标价方法相同时，应将相应数字相除；另一种情况是两种汇率的标价方法不同时，应将相应数字相乘。

例1：想获知港元对瑞士法郎的汇率，可通过美元对港元和对瑞士法郎的汇率加以套算。

香港市场：USD1=HKD7.7598

苏黎世市场：USD1=CHF1.3080

则：套算汇率CHF1=HKD7.7598/1.3080=HKD5.9326

例2：想获知英镑对瑞士法郎的汇率，可根据英镑对美元汇率和美元对瑞士法郎的汇率套算。

GBP1=USD1.7442

USD1=CHF1.3080

套算汇率GBP1=CHF1.7442×1.3080=CHF2.2814

（二）买入汇率、卖出汇率、中间汇率

1.买入汇率

买入汇率（Buying Rate），也称买入价或买价，是指银行向同业或客户买入外汇时所使用的汇率。

2.卖出汇率

卖出汇率（Selling Rate），也称卖出价或卖价，是银行向同业或客户卖出外汇时所使用的汇率。

买入价和卖出价都是从银行买卖外汇的角度出发的，买卖差价一般为1‰～5‰，作为银行买卖外汇的收益。

3.中间汇率

中间汇率（Middle Rate），即中间价，是买入价和卖出价的平均数，经常用于对汇率的分析。

（三）官方汇率、单一汇率和复汇率

1.官方汇率

官方汇率，是一国货币金融当局确定并公布的汇率，一切外汇交易都应以该汇率为准。

2.单一汇率

单一汇率，是指一国政府对本币兑换另一国货币只规定一种汇率。IMF、WTO都要求会员国只能实行单一汇率。

3.复汇率

复汇率（多种汇率），是指一国政府根据不同的交易对象公布两种或两种以上的汇率。其常见的有贸易汇率和金融汇率。

（四）即期汇率和远期汇率

1.即期汇率

即期汇率（Spot Exchange Rate），是适用于即期外汇交易的汇率。即期外汇交易（Spot Exchange Transaction）指外汇买卖成交后在两个营业日内办理交割的交易。

2.远期汇率

远期汇率（Forward Exchange Rate），是适用于远期外汇交易的汇率。远期外汇交易（Forward Exchange Transaction）又称期汇交易，指外汇买卖成交后并不立即办理交割，而是根据合同的规定，在约定的日期按约定的汇率办理交割的外汇交易。最常见的远期外汇交易交割期限有1个月、2个月、3个月、6个月，最长可达12个月。

（五）固定汇率和浮动汇率

1.固定汇率

固定汇率（Fixed Exchange Rate），是指外汇汇率基本固定，波动局限在一个较小的范围内。其特点是该汇率在规定幅度内相对固定，具有相对稳定性。历史上存在过两种典型的固定汇率：一是金本位制下的固定汇率；二是布雷顿森林国际货币体系下的固定汇率。

2.浮动汇率

浮动汇率（Floating Exchange Rate），是指各国货币之间的汇率波动不受限制，而主要根据市场供求关系自由涨落的汇率。浮动可分为自由浮动和管理浮动。

（六）名义汇率、实际汇率和有效汇率

1.名义汇率

名义汇率（Nominal Exchange Rate），是指在社会经济生活中被直接公布、使用的表示两国货币之间比价关系的汇率。

2.实际汇率

实际汇率（Real Exchange Rate），是名义汇率用两国价格水平调整后的汇率，即外国商品与本国商品的相对价格，反映了本国商品的国际竞争力。实际汇率与名义汇率的关系是：

$$q = e \times P^{*}/p$$

式中：q为实际汇率；e为名义汇率；$p^{*}$为外国商品价格水平；p为本国商品价格水平。

例如，当本国货币相对于外国货币贬值即 的数值变大时，如果其他条件不变，相对来说，本国商品对外国消费者而言，价格越来越低；外国商品对本国消费者而言，价格越来越贵。这有利于本国出口，不利于本国进口，本国商品的国际竞争力提高。当本国货币相对于外国货币升值即 的数值变小时，如果其他条件不变，相对来说，本国商品对外国消费者而言，价格越来越高；外国商品对本国消费者而言，价格越来越便宜。这不利于本国出口，有利于本国进口，本国商品的国际竞争力下降。

3.有效汇率

有效汇率（Effective Exchange Rate，EER），是指某种加权平均汇率，是本国货币对一组外币的汇率的加权平均数。以贸易比重为权数的有效汇率所反映的是一国货币汇率在国际贸易中的总体竞争力和总体波动幅度。我们知道，一国的产品出口到不同国家可能会使用不同的汇率。另外，一国货币在对某一种货币升值时，也可能同时在对另一种货币贬值。即使该种货币同时对所有其他货币贬值（或升值），其程度也不一定完全一致。因此，从20世纪70年代末起，人们开始使用有效汇率来观察某种货币的总体波动幅度及其在国际经贸和金融领域中的地位。有效汇率的公式如下：

A币的有效汇率 = $\sum$A国货币对i国货币的汇率 × A国同i国的贸易值 /A国的全部对外贸易值

# 第三节　汇率变动的经济影响

汇率变动从根本上说取决于一国国际收支和经济发展的状况。但实际上，汇率的变动在很大程度上受到该国汇率政策的影响，即出于一定的目的，该国政府有意识地促使本币倾向于贬值或升值。汇率的变动会对一国经济产生广泛的影响，一国政府的决策层往往为了某些方面的目标，而促使汇率朝有利于本国的方向移动。

## 一、汇率变动的贸易效应

在其他条件不变的前提下，如果本国货币汇率下跌（贬值），通过降低本国商品相对于外国商品的价格，可以使国外消费者增加对本国商品的需求，本国居民减少对外国商品的需求，从而有利于本国出口、减少进口。

货币贬值要起到刺激出口和限制进口的双重作用，需要具备以下条件：

条件一："马歇尔-勒纳条件"和"J曲线效应"。

"马歇尔-勒纳条件"是指在进出口商品供给弹性无穷大的前提下，若进口需求弹性与出口需求弹性之和大于1，则该国货币汇率下降，可以引起贸易顺差或减少原来存在的贸易逆差。

用货币贬值鼓励出口、限制进口，存在"时滞"问题，即贬值的传导过程受时效的制约。由于合同的制约以及信息传递需要时间，一国出口商品的外币价格下跌后，其商品在国外的需求量不会马上增加，进口量也不会马上大幅度减少。只有经过一段时间，贬值国的进出口需求弹性才会逐渐增强，其贸易逆差状况才会得到改善。这种变化用曲线描述，呈"J"字形，即贬值的"J曲线效应"，而且货币贬值的正效应时间不是持久的，一般情况下，只能维持1~2年。

条件二：国内物价上涨程度低于货币贬值程度。

条件三：其他国家不同时实行同等程度的货币贬值和采取其他报复性措施。

用货币贬值刺激出口、抑制进口，对西方国家的影响较大，因为西方国家的出口产品以制成品为主，汇率机制作用明显，而且制成品的价格需求弹性和供给弹性普遍比初级产品大，世界市场在这方面的收入弹性也较大；而发展中国家的出口产品以初级产品为主，汇率机制作用较小。

## 二、汇率变动的资本流动效应

1.对长期资本流动的效应

在其他条件不变的情况下，如果预期一国货币贬值是短暂的，那么，它可能吸引长期资本流入该国。因为它能够使一定量的外汇兑换更多的该国货币，等量的外资可以支配更多的实际资源，从而在该国投资可以获取更多的投资收益。若人们认为一国货币贬值是长期趋势，则它对长期资本流动会起到相反的作用。从长期看，汇率上下波动可以部分地相互抵消，所以，贬值一般对长期资本流动的影响较小。

2. 对短期资本流动的效应

货币贬值会导致短期资本外流。当一国的货币汇率开始下跌时，以该国货币计值的金融资产的价格相对下降，人们会用该国货币兑换他国货币，资本会大量流出国内；同时，贬值还会造成通货膨胀预期，引起资本外流。

## 三、汇率变动对国内物价的效应

一国货币的汇率下跌，会使该国的物价水平上升；一国货币的汇率上升，会使该国的物价水平下降。

贬值通过货币工资机制、生产成本机制、货币供应机制和收入机制，有可能导致国内工资和物价水平的循环上升。

（1）从货币工资机制来讲，进口商品价格的上升，会推动生活费用的上涨，从而导致工资收入者要求更高的名义工资。更高的名义工资又会推动货币生产成本和生活费用的上升，如此循环不已，最终使出口商品和进口替代品乃至整个经济的一般物价水平上升，抵消货币贬值可能带来的好处。

（2）从生产成本机制来讲，当进口商品构成出口商品的重要组成部分时，贬值会直接导致出口商品价格的上升，并可能最终恶化本国的贸易收支。

（3）从货币供应机制来讲，贬值后，由于货币工资机制和生产成本机制的作用，货币供应量可能增加。另外，在外汇市场上，贬值后，政府在结汇方面将被迫支出更多的本币，也会导致本国货币供应量的增加。

（4）从收入机制来讲，如果因为国内对进口商品的需求弹性较低，从而货币贬值不能减少进口总量（或减少的总量不足以抵消价格的上升），或外国对本国出口商品的需求弹性较低，从而货币贬值不能增加本国出口总量（或增加的总量不足以抵消价格的下降），则本国的收入会减少，支出会增加，并导致贸易收支恶化和物价水平的上涨。

## 四、汇率变动与民族工业、劳动生产率和经济结构

货币贬值无论是理论上还是在实践中，都可以被看成一种税赋行为。它是对出口的一种补贴、对进口的一种征税。在单一汇率制度下，货币贬值的税赋效应，具有统一性的特点。它不甄别单个企业或单项进出口商品的具体情况，而是对所有出口进行补贴，对所有进口进行征税。其优点是操作简便，没有歧视性；其缺点是过于简单，会导致各种问题。

货币贬值具有明显的保护本国工业的作用。货币贬值通过提高进口商品的价格，削弱了进口商品的竞争力，从而为本国进口替代品留下了生存和发展的空间。

但货币的过度贬值，也会使以高成本、低效益生产出口商品和进口替代品的那些企业得到鼓励，因此，它具有保护落后工业的作用，不利于企业竞争力的提高，同时也使社会资源的配置得不到优化。

货币的过度贬值，使本该进口的那些商品尤其是高科技产品或因国内价格变得过于昂贵而进不来，或进来了但加大了进口企业的成本。它不利于我国劳动生产率的提高和

经济结构的调整。

## 五、汇率变动对国际经济关系的影响

在国际经济交往中所使用的外汇主要是发达国家的货币。汇率的变动是双向的，本币汇率下降，就意味着他国货币汇率上升，会导致他国贸易逆差，经济增长减缓，由此会招致其他国家的抵制和报复。

一国货币对外贬值，只有在适度的范围内，才可能产生正面效应。如果一国货币贬值的幅度过大，反而会使投资者失去信心，从而产生负面效应，甚至引发货币危机。

汇率变动对各国经济的影响程度取决于以下几方面因素：

（1）进出口总额占GDP的比重。其比重越大，汇率对国内经济的影响越大。

（2）货币可自由兑换性。若该国货币可自由兑换，在国际支付中使用率越高，则汇率变动对该国经济的影响越大。

（3）参与国际金融市场的程度。一国对外开放程度越高，汇率变动对该国经济的影响越大。

（4）经济发达程度。若一国经济发达，各种市场机制较完善，汇率变动对该国经济的影响就大；若一国经济不发达，政府会对汇率和经济进行较严的管制，汇率的作用就小。政府对经济运行的干预会改变市场机制的运作过程，使汇率变动对经济的影响复杂化。

## 六、汇率变动对外汇储备的影响

（1）从储备货币的汇率变动来看，汇率变动会改变储备货币的实际价值。如果某种储备货币升值，那么持有这种储备货币的国家就会增加收益；如果某种储备货币贬值，则持有这种储备货币的国家就会遭受损失。

（2）从长期来看，储备货币汇率的变动可以改变外汇储备资产的结构。对于汇率看涨的币种，在外汇储备中的比重会提高；对于汇率看跌的币种，在外汇储备中的比重会下降。

以上我们简单分析了汇率变动的经济影响。可以看出，汇率这一变量深刻地影响着开放经济的运行，它所发挥的效力并不局限于国际收支领域，而是对内外均衡目标中的各个层次都具有一定的影响。

**拓展阅读**

### 2022年人民币对美元的汇率波动

2022年，受中美货币政策分化、全球地缘政治风险事件及国内疫情发展等因素的共同影响，人民币汇率双向波动态势显著，整体上呈现出先贬后升的趋势，外汇市场的韧性经受住了考验，有力保障了汇率发挥宏观经济和国际收支自动稳定器的作用。

分时段来看，2022年一季度，人民币对美元汇率相对稳定，维持在6.35的水平区间波动；二季度，受国内疫情发展叠加俄乌冲突因素的影响，汇率迅速贬至6.75；三季度，美元加息预期逐步增强，汇率再次承压走贬并跌破7.0关口；四季度，汇率持续走低并一度触及7.25的水平，但随后受美元加息预期弱化及国内疫情防控优化的影响，汇率迅速企稳走强至6.9附近。

数据显示，截至2022年年末，人民币对美元即期汇率收于6.9514，较上年年末贬值5 784个基点，累计贬值9.08%；全年银行间人民币对美元成交加权平均汇率6.7536，较上年贬值4.50%。不过，从人民币汇率指数整体表现来看，对一篮子货币基本稳定，2022年，CFETS、BIS货币篮子和SDR货币篮子人民币汇率指数分别收于98.67、103.67和96.08，较2021年年末分别下降3.71%、2.80%和4.25%，下降幅度均小于人民币对美元即期汇率贬值幅度。

资料来源　张弛.2022年银行间外汇市场：人民币汇率双向波动显著增强［EB/OL］.［2023-02-02］. www.financialnews.com.cn/sc/wh/202302/t20230202_263977.html.有删减.

假定某个在中国的外国人2022年年初用630万元人民币兑换了100万美元，到国外吃喝玩乐了一年，花掉10万美元，到年底剩下90万美元，又可以兑换约640万元人民币。虽然只是个例子，却简单明了地讲清楚了一国汇率变动所产生的影响。

问题：一国汇率升值与贬值所产生的不同影响可能有哪些？

分析要点：结合本章所学内容，根据上述案例，学生自行考虑一下，在升值与贬值的不同情况下，以本币衡量的货币购买力的变化情况是怎样的。

本章小结

## 同步测试

同步测试

（一）选择题

1.一种外币成为外汇需具备（　　）三个前提条件。

A.自由兑换性　　B.普遍接受性

C.可偿性　　D.安全性

2.汇率的标价方法最常用是（　　）这两种。

A.直接标价法　　B.美元标价法

C.间接标价法　　D.综合标价法

3.在国际金融市场上，银行间的报价都以（　　）来表示各国货币的价格。

A.直接标价法　　B.美元标价法

C.间接标价法　　D.综合标价法

（二）简答题

1.外汇的概念与基本特征是什么？

2.什么是汇率？汇率的基本分类有哪些？

3.什么是基本汇率与套算汇率？

4.简述名义汇率、实际汇率与有效汇率的区别。

5.汇率变动对一国经济会产生什么样的影响？

# 第三章

# 国际收支调节理论

## 学习目标

[知识目标]

1. 了解马歇尔-勒纳条件、J曲线效应。

2. 了解哈伯格条件。

[能力目标]

理解各种国际收支调节理论的主要观点。

[素养目标]

了解各种国际收支调节理论的不同点，启发学生理解国家对国际收支进行调节的重要性，认识到中国走自主创新道路的重要性。

## 引导案例

### 近年来中国国际收支中各账户的差额状况

根据中国国际收支平衡表，2018年经常账户顺差为241亿美元，2019年顺差为1 029亿美元，2020年顺差为2 488亿美元，2021年顺差为3 529亿美元，2022年顺差为4 019亿美元。近五年经常账户顺差呈现快速增长的态势。同时，根据中国国际收支平衡表，2018年资本与金融账户顺差为1 532亿美元，2019年顺差为263亿美元，2020年逆差为901亿美元，2021年逆差为2 184亿美元，2022年逆差为3 113亿美元。近五年资本与金融账户呈现出极大的波动性。

资料来源　根据国家外汇管理局发布的中国国际收支平衡表时间序列改编。

简单来说，经常账户不平衡、资本与金融账户不平衡，乃至国际收支总体上的不平衡，会对一国货币的汇率产生影响。而一国货币汇率在一定时期升值过快与贬值过快，都是对本国有许多消极影响的。所以，需要对本国持续存在的顺差或逆差进行调节。本章就对此问题展开分析。

# 第一节　弹性论

国际收支调节理论是国际金融学的基础理论，它研究国际收支的决定因素、国际收支失衡的原因以及消除国际收支失衡的调节方法等基本问题。下面我们简要对西方主要的国际收支理论逐一进行评介。

在20世纪30年代国际金本位制度全面崩溃以后，各国纷纷实行竞争性货币贬值政策，汇率变动十分频繁。以罗宾逊为代表的西方经济学家在这一背景下研究了汇率变动对国际收支的影响问题，提出了国际收支的弹性论（Elasticity Approach，也称弹性分析法）。

## 一、弹性论的主要内容

弹性论有三个主要假设条件：①不考虑资本流动，国际收支等于贸易收支；②利率、国民收入等其他条件均不变，仅考虑汇率变动对贸易收支的影响；③国内外商品和劳务的价格不变。根据这些假设条件，弹性分析法认为，汇率变动是通过国内外产品之间、本国生产的贸易品和非贸易品之间的相对价格变动来影响一国的进出口供需，进而调节国际收支的。具体来说，弹性论所要研究的主要问题是货币贬值取得成功的条件及对贸易收支和贸易条件的影响。

（一）本币贬值对贸易条件的影响

所谓贸易条件（Termof Trade），就是出口商品价格与进口商品价格的比值。我们用公式表示为：

$$T = \frac{P_x}{e \cdot P_m}$$

式中：T为贸易条件；$P_x$为以本币表示的出口商品单位价格指数；$P_m$为以外币表示的进口商品单位价格指数；e为直接标价法下本币对外币的汇率。T上升，表示本国贸易条件改善，意味着出口相同数量的商品可换得较多数量的进口商品；反之，T下降，表示本国贸易条件恶化，意味着出口相同数量的商品可换得较少数量的进口商品。在本币贬值引起相对价格变动时，其对贸易条件的影响取决于进出口商品价格的供求弹性。其中：

出口商品价格的供给弹性为：$S_x = \dfrac{dQ_x^d}{Q_x^d} \Big/ \dfrac{dP_x^d}{P_x^d}$

出口商品价格的需求弹性为：$D_x = \dfrac{dQ_x^f}{Q_x^f} \Bigg/ \dfrac{d\frac{1}{e} \cdot P_x^d}{\frac{1}{e} \cdot P_x^d}$

进口商品价格的供给弹性为：$S_m = \dfrac{dQ_m^f}{Q_m^f} \Big/ \dfrac{dP_m^f}{P_m^f}$

进口商品价格的需求弹性为：$D_m = \dfrac{dQ_m^d}{Q_m^d} \Big/ \dfrac{deP_m^f}{eP_m^f}$

式中：$S_x$为本国出口商品价格的供给弹性；$S_m$本国进口商品价格的供给弹性；$D_x$为本国出口商品价格的需求弹性；$D_m$为本国进口商品价格的需求弹性；$Q_x^d$为本币表示的本国出口量；$Q_m^f$为外币表示的本国进口量；$Q_x^f$为本国出口商品的国外需求量；$Q_m^d$为本国进口商品的国内需求量；$P_x^d$为本国出口商品的本币价格；$P_m^f$为本国进口商品的外币价格；d表示变动的绝对值；e表示直接标价下本币对外币的汇率。

如果$S_xS_m > D_xD_m$，贸易条件恶化。

如果$S_xS_m < D_xD_m$，贸易条件改善。

如果$S_xS_m = D_xD_m$，贸易条件不变。

需要指出的是，货币贬值对贸易条件的上述影响是理论推导的结果。事实上，在不同国家，其影响是不一样的，很难作出绝对的判断。

（二）本币贬值对贸易收支的影响

在进出口商品原有价格[①]不变的情况下，本币贬值将导致本国贸易条件恶化，使本国商品在国外变得相对便宜、外国商品在本国变得相对昂贵，从而诱使本国居民将需求由外国商品转为本国商品、外国居民将需求由自己国内转为国外，即在本国进口需求减少的同时，使外国对本国出口商品的需求上升，进而影响本国的进出口。不过，其最终对本国贸易余额的影响程度取决于由此而导致的进出口数量变动与价格变动的对比，即进出口商品价格的供求弹性。在价格的供给弹性无穷大的情况下，本币贬值对贸易余额的影响主要取决于进出口商品价格的需求弹性。

若以本币来记录国际收支（B），X表示出口量，M表示进口量，则有：

$$B = X \cdot P_x - M \cdot eP_m$$

根据供求弹性，本币贬值1%，出口商品的本币价格不变，外币价格下降1%，出口数量增加$D_x\%$；进口商品外币价格不变，本币价格上升1%，进口数量减少$D_m\%$。本币贬值对国际收支的影响为：

$$\Delta B = P_x \cdot D_x\%X - (1\%eP_m \cdot M - eP_m \cdot D_m\%M) = D_x\%P_x \cdot X - (1\% - D_m\%)eP_m \cdot M$$

显然，如果$D_x\%P_x \cdot X > (1\% - D_m\%)eP_m \cdot M$或者说$\frac{P_x \cdot X}{eP_m \cdot M}D_x > (1 - D_m)$，国际收支就会因本币贬值而改善。反之，如果$\frac{P_x \cdot X}{eP_m \cdot M}D_x < (1 - D_m)$，国际收支就会因本币贬值而恶化。如果$\frac{P_x \cdot X}{eP_m \cdot M}D_x = (1 - D_m)$，本币贬值对国际收支没有影响。

为简化起见，通常假定贬值前国际收支是平衡的，即$P_x \cdot X = eP_m \cdot M$，则贬值改善贸易收支的条件可简化为：

$$D_x + D_m > 1$$

这就是马歇尔-勒纳条件（Marshall-Lerner Condition）。它说明在进出口商品的价格供给弹性无限大的情况下，只要进出口商品价格的需求弹性之和大于1，本币贬值就能改善国际收支。若二者之和小于1，则本币贬值会恶化国际收支；若二者之和等于1，则本币贬值对国际收支没有影响。

①这里是指出口商品的本币价格、进口商品的外币价格。

## 二、对弹性论的评价

弹性论揭示了汇率变动通过改变国内外商品之间的相对价格以影响进出口供求，进而调节国际收支的机制，强调进出口商品的供求弹性对汇率变动、贸易条件和贸易余额效应的制约，在一定程度上符合客观经济情况，具有较强的现实意义。但其分析仍存在一定的局限性，主要表现为：

（1）马歇尔-勒纳条件仍局限于进出口商品价格的供给弹性无穷大的前提，若放松这一假设，则进出口商品以供给方货币表示的价格就不会在贬值后保持不变。

（2）弹性分析法没有考虑国际资本流动的影响，在国际资本流动规模巨大的今天，更显出其理论上的缺陷。

（3）它是一种局部均衡分析，忽略了汇率变动所引起的收入效应和支出效应。实际上，货币贬值的结果是初期出口增加，以此为起点，国民收入、进口也会增加；另外，本国进口减少意味着外国国民收入和进口（本国的出口）减少，因此弹性分析法对贬值效应的分析是不全面的。

（4）弹性分析法忽略了本币贬值改善贸易收支的时滞问题，即J曲线效应。通常从货币贬值到贸易收支的改善之间存在认识时滞、决策时滞、生产时滞和取代时滞（前期合同的履行），因此，本币贬值初期贸易收支不仅得不到改善，反而会进一步恶化，经过一段时间之后，本币贬值对贸易收支改善的正向效应才会显现出来，贸易收支这种从恶化到改善的轨迹如同英文字母“J”，因此称为J曲线效应（如图3-1所示）。

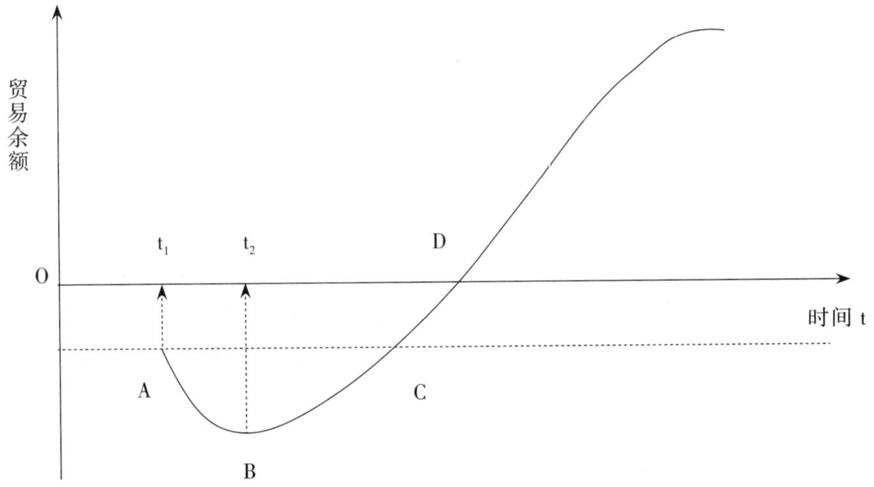


图3-1　J曲线效应

# 第二节　乘数论

乘数论（Multiplier Approach）又称乘数分析法或收入分析法（Income Approach），是19世纪末20世纪初，凯恩斯主义在国际收支领域的延伸。其着重分析汇率和价格不变条件下，收入变动对贸易收支调整的作用。

## 一、乘数论的主要内容

（一）乘数论的基本思想

乘数论的基本思想是：进口支出是国民收入的函数，自主性支出的变动通过乘数效应引起国民收入变动，进而影响国际收支状况。

在进口支出分为自主性支出（$M_0$）和诱发性支出（mY）的情况下，一国的贸易收支差额为：

$$B = X - (M_0 + mY)$$

式中：B为贸易收支差额；X为出口；m为边际进口倾向。

$$m = \frac{\Delta M}{\Delta Y} = \left(\frac{\Delta M}{M}\Big/\frac{\Delta Y}{Y}\right) \cdot \frac{M}{Y}$$

式中：$\frac{\Delta M}{M}\Big/\frac{\Delta Y}{Y}$为进口需求收入弹性；$\frac{M}{Y}$为开放度。

假设不存在政府的经济活动与转移支付，则开放经济体的宏观经济模型可以表示为：

$$Y = \frac{1}{1 - c + m}(C_0 + I + X - M_0)$$

式中：c、$C_0$、I分别为边际消费倾向、自主消费和投资。

将上式代入$B = X - (M_0 + mY)$，得：

$$B = X - M_0 - \frac{m}{1 - c + m}(C_0 + I + X - M_0)$$

根据凯恩斯的乘数理论，国民收入会因自主性支出的变化而发生多倍变动，因此，$C_0$、I、X、$M_0$等自主性支出的变动会通过乘数效应引起国民收入的多倍变动，进而影响国际收支状况。可以看出，边际进口倾向、进口需求收入弹性和开放度越大，自主性支出的变动通过国民收入变动作用于进口的效用越大，进而对贸易收支差额产生的影响也越大。

（二）贬值改善国际收支的条件

乘数论还将收入因素引入马歇尔-勒纳条件，成功分析了由本币贬值导致的出口和自主性进口变动，进而影响国民收入，导致诱发性进口变动，从而进一步影响国际收支的机制，揭示了更为严格的本币贬值改善国际收支的哈伯格条件（Harberger Condition）。我们用公式表示如下：

$$D_x + D_m > 1 + m$$

式中：m为边际进口倾向。

显然，这一条件要比马歇尔-勒纳条件更具有现实意义，因为它考虑了贬值通过收入的变动对国际收支所产生的影响。只有当$D_x + D_m > 1 + m$得到满足时，该国国际收支状况才会因本币贬值得到改善。

## 二、对乘数论的评价

乘数论阐述了国民收入及其他自主性经济变量对国际收支的影响，丰富和完善了马歇尔-勒纳条件，有助于人们理解现实经济问题，但其仍具有一定的局限性。

（1）乘数论以凯恩斯的乘数理论为基础，仅分析了非充分就业的情况，忽略了货币量和价格因素的作用。

（2）乘数论仅从进口的收入弹性角度简单阐述了进出口变动与国民收入变动的关系，没有深入研究进出口对整个宏观经济的影响，因此在很大程度上仍然是一种局部均衡分析。

（3）乘数论将贸易收支等同于国际收支，忽略了资本流动对国际收支的影响，也使其结论具有很大的局限性。

## 第三节　吸收论

吸收论（Absorption Approach）又称吸收分析法，或支出分析法（Expenditure Approach），是由米德和亚历山大在西方经济学界关于弹性论的激烈争论中，于1952年首次提出的。亚历山大认为，总弹性既非固定又非可测，只能用于事后分析，因此主张舍弃弹性分析法，而采用收入水平和支出行为来分析本币贬值对国际收支的影响。

吸收论以凯恩斯的宏观经济恒等式为基础，着重分析了收入和吸收对贸易收支的影响，以及本币贬值如何通过影响收入与吸收，进而影响贸易收支。

### 一、吸收论的主要内容

（一）吸收论的基本思想

根据凯恩斯开放经济下的宏观经济恒等式：

$$Y = C + I + G + X - M$$

可得：

$$X - M = Y - (C + I + G)$$

令 $B = X - M$，表示贸易收支差额；$Y$ 表示总收入；$A = C + I + G$ 表示总吸收；则有：

$$B = Y - A$$

此式为吸收分析法的基本公式，其表明贸易收支差额是总收入和总吸收共同作用的结果。当总收入大于总吸收时，贸易收支为顺差；反之，当总收入小于总吸收时，贸易收支为逆差；当总收入等于总吸收时，贸易收支均衡。因此，当贸易收支失衡时，一国可以通过适当增减总收入和总吸收来予以调节。

（二）贬值的吸收效应

亚历山大还进一步分析了本币贬值对国际收支的影响。他认为，本币贬值对国际收支的影响最终体现为总收入与总吸收的绝对变动或相对变动，即：

$$\Delta B = \Delta Y - \Delta A$$

为了具体分析本币贬值如何通过总收入与总吸收的变动来影响国际收支，他将由本币贬值引起的吸收变动细分为两部分——独立于收入变动之外的自主吸收（$\Delta D$）和由收入变动而诱发的吸收（$a\Delta Y$），即：

$$\Delta A = \Delta D + a\Delta Y$$

式中：a为边际吸收倾向，$a = \frac{\Delta A}{\Delta Y}$。

将上述三式合并整理得：

$$\Delta B = \Delta Y - (\Delta D + a\Delta Y) = (1 - a)\Delta Y - \Delta D$$

上式表明，本币贬值能否改善国际收支主要取决于三个因素：贬值对收入的直接影响程度$\Delta Y$；收入对吸收的引致程度，即边际吸收倾向a；贬值对吸收的直接影响程度$\Delta D$。至于贬值究竟主要影响收入还是吸收，则取决于宏观经济情况、资源配置情况和边际吸收倾向。在经济尚未实现充分就业、资源配置尚未优化、吸收倾向小于1时，货币贬值主要产生收入效应；反之，货币贬值主要产生吸收效应。

## 二、对吸收论的评价

吸收分析法是建立在宏观和一般均衡基础上的，且强调政策搭配的作用，这一点较弹性分析法的微观、局部均衡分析具有很大的进步性，但其分析也不可避免地存在一定的局限性。

（1）吸收论是建立在凯恩斯的国民收入会计核算恒等式基础上的，并未就收入和吸收为因、贸易收支为果提出任何令人信服的逻辑分析。事实上，收入与吸收固然会影响贸易收支，但贸易收支反过来也会影响收入和吸收。

（2）吸收论在分析货币贬值对贸易收支的影响时，舍弃了国内外商品价格相对变动的作用。事实上，在货币贬值后，贸易品价格相对于非贸易品价格上升，必然会导致资源的再分配。如果此时资源已接近充分利用，贸易收支的改善则主要靠吸收的减少。此时，若减少的不是贸易品吸收而是非贸易品吸收，货币贬值是不可能改善贸易收支的。

（3）吸收论在分析充分就业条件下货币贬值对收入的影响时，忽略了资源运用效率的作用。按照吸收论的观点，在充分就业情况下，货币贬值不能提高收入。事实上，在汇率定值过高，而以直接管制来维持贸易收支平衡的条件下，资源运用效率会因价格的扭曲大为降低，此时若适当实行本币贬值，并同时取消贸易限制，资源运用效率必然会相应提高，实际收入也可由此增加。

（4）吸收论是一个单一国家模型。在贸易分析中，若不涉及其他国家，所获结论是无法完全令人信服的。实际上，一国进出口数量的多少和价格的高低是由本国和贸易伙伴国的出口供给和进口需求共同决定的。

（5）吸收论没有涉及国际资本流动，这对于国际收支理论来说是一个很大的缺陷。

# 第四节　货币论

货币论（Monetary Approach）又称货币分析法，是源于金本位制的价格-铸币流动机制。20世纪60年代后期，蒙代尔、约翰逊、弗兰克尔等人将封闭经济条件下的货币主义原理引申到开放经济中来，从而发展了国际收支货币论。弹性论、乘数论和吸收论都强调商品市场流通均衡在国际收支中的调节作用，而货币论则强调货币市场存量均衡的作用。

## 一、货币论的主要内容

货币论有三个基本假定：①在充分就业的均衡状态下，一国的实际货币需求是收入和利率等变量的稳定函数。②从长期看，货币需求是稳定的，货币供给变动不影响实物产量。③一价定律（One Price Rule）成立。从长期来看，一国的价格水平和利率水平接近世界市场水平。

（一）货币论的基本思想

在上述各项假定下，货币论的基本理论可用以下公式表示：

$$Ms = Md$$

式中：Md为名义货币的需求量；Ms为名义货币的供给量。

$$Md = pf(y, i)$$

式中：p为价格水平；f为函数关系；y为实际国民收入；i为利率；f(y, i)为对实际货币存量的需求。

$$Ms = m(D + R)$$

式中：m为货币乘数；D为国内名义货币供给量，或者说是一国基础货币的本国部分；R为该国基础货币的外国部分，即国际储备量。

为了便于分析，令m = 1，则有：

$$Ms = D + R$$

假定长期内货币供给与货币需求相等，则有：

$$Md = Ms = D + R$$

$$R = Md - D$$

这就是货币论的最基本方程式，它表明以下三点：

第一，国际收支是一种货币现象。

第二，国际收支逆差实际上就是一国国内的名义货币供给量（D）超过了名义货币需求量（Md）。由于货币供给不影响实物产量，在价格不变的情况下，多余的货币就要寻找出路。对个人和企业来讲，就会增加货币支出，以重新调整它们的实际余额；对整个国家来讲，实际货币余额的调整便表现为货币外流，即国际收支逆差。反之，当一国国内的名义货币供给量小于名义货币需求量时，在价格不变的情况下，货币供给的缺口就要寻找弥补。对个人和企业来讲，就要减少货币支出，以使实际货币余额维持在其所希望的水平上；对整个国家来说，减少支出维持实际货币余额的过程便表现为货币内流，即国际收支盈余。

第三，国际收支问题实际上反映的是实际货币余额（货币存量）对名义货币供给量的调整过程。当国内名义货币供给量与实际经济变量（国民收入、产量等）所决定的实际货币余额需求相一致时，国际收支便处于平衡。

（二）货币论对贬值的分析

在一价定律成立的条件下，上面的货币需求函数 $Md = P^{*}f(y, i)$ 可表示为：

$$Md = eP^{*}f(y, i)$$

式中：e为直接标价法下，本币与外币间的汇率；$P^{*}$为国外的价格水平。本币贬值会通过e的上升而导致国内价格 $p = eP^{*}$ 上升，Md也随之上升。此时，本币贬值若要改善国际收支，则国内的名义货币供给量（D）的增加必须慢于名义货币需求量（Md）的增加；否则，若D的增加等于或者大于Md的增加，则贬值不仅不能改善国际收支，反而可能恶化国际收支。这便是货币论对贬值国际收支效应的基本理解。

## 二、对货币论的评价

货币论着重考虑了货币因素对国际收支的影响，运用长期均衡分析和存量分析的方法，对货币市场与国际收支的关系进行了全面的宏观分析。货币论认为，只要保持货币供给的适度增长，就可以保持国际收支平衡，这在高度货币化的当今社会具有重大意义。目前，西方国家的财政金融当局，以及某些权威的国际金融组织，如IMF，大都以货币论分析个别国家甚至全球性的国际收支问题，货币论也在应用中得到不断的发展并日臻完善。不过该理论仍具有一定的局限性。

（1）货币论的假设前提不现实。首先，它假定货币需求函数是相当稳定的，但在短期内，货币需求往往是很不稳定的，也很难不受货币供给变动的影响。其次，货币论还假定货币供给变动不影响实物产量，其实不然，因为货币供给变动后，人们不仅改变对国外商品和证券的支出，而且会改变对本国商品和证券的支出，由此影响国内产量的变化。此外，它强调一价定律的作用，但从长期来看，由于垄断因素和商品供求黏性的存在，一价定律往往是不能成立的。

（2）货币论过于强调货币因素对国际收支的影响，认为货币供给是导致国际收支失衡的唯一因素，忽视了对收入水平、支出政策等因素的分析，颠倒了因果关系，走上了一个极端。

（3）货币论仅注重对货币存量的分析，认为货币市场均衡，国际收支就会均衡，忽略了商品市场的流量因素对国际收支均衡的影响。

# 第五节　结构论

结构论（Structural Approach）又称结构分析法，散见于20世纪50—60年代的西方经济学文献中。作为比较成熟和系统的独立学派，结构论是作为国际货币基金组织国际收支调节规划的对立面，于20世纪70年代形成的。联合国拉丁美洲和加勒比经济委员会执行秘书劳尔·普雷维什、印度第二个五年计划总设计师马哈拉诺比斯、英国萨塞克斯大学发展研究院院长史蒂芬、英国海外发展署的克列克、肯特大学的瑟沃尔等均为结构论的积极倡导者和支持者。

## 一、结构论的主要内容

传统的贸易收支理论较多地从需求角度来分析一国的贸易收支失衡。结构论认为，贸易收支逆差，尤其是长期性逆差既可以是长期过度需求引起的，也可以是长期供给不足引起的，而长期供给不足往往是由以下几个经济结构问题引起的：

（一）经济结构老化

这是指由于科技和生产条件的变化及世界市场的变化，一国原来在国际市场上具有竞争力的商品失去了竞争力，而国内因资源没有足够的流动性，经济结构不能适应世界市场的变化，由此造成出口供给长期不足，进口替代的余地持续变小，结果导致国际收支的持续逆差或逆差倾向。

（二）经济结构单一

经济结构单一可从两个方面导致一国的国际收支逆差。其一是出口商品结构单一，出口商品的价格受国际市场价格波动的影响很大，出口商品价格在任何情况下的下跌都会导致国际收支的恶化。其二是经济结构单一，经济发展长期依赖进口，进口替代的选择余地几乎为零，进口商品的价格波动和国内经济的扩张均会导致国际收支的恶化。

（三）经济结构落后

经济结构落后使得发展中国家的出口产品多处于产业链的底端，具有较低的需求收入弹性和较高的需求价格弹性；相反，进口产品则具有较高的需求收入弹性和较低的需求价格弹性。在这种进出口结构下，国内收入水平的提高会导致进口相应增长，而国外收入水平的提高却不能带来出口相应增长；本国出口商品价格的上升会导致出口商品数量相应减少，而进口商品价格的上升却不会导致进口商品数量降低。国民收入和价格对国际收支的调节具有不对称性，顺差效应较弱，逆差效应较强。

因此，发展中国家国际收支的长期逆差主要是由国内结构性因素造成的，经济结构的老化、单一和落后是国际收支结构性失衡的根本原因。国际收支的结构性失衡既是经济发展速度长期缓慢、停滞和经济发展阶段落后的必然产物，又成为制约经济发展和经济结构转型的障碍，如此形成一种恶性循环。因此，传统的国际收支理论根本不适合发展中国家的国情。

## 二、对结构论的评价

结构论更强调结构失衡导致的供给不足对贸易收支的制约，这无疑对传统的以需求为出发点的贸易收支理论构成直接挑战，拓宽了研究发展中国家贸易收支失衡问题的新领域。但其许多观点的提出，更多的是出于一种直觉，并没有完整的理论体系支撑。同时，作为传统国际收支理论的对立面，结构论难免遭到很多批评。

（1）对于经济结构老化引起的国际收支困难，批评者认为，若一国出口商品不能满足国际市场的需求，出口商品的需求对收入的弹性就会较低。这与其说是缺乏价格竞争力，不如说是缺乏非价格因素的竞争力，如产品质量低劣、售后服务差、产品包装和款式不能满足消费者要求等。

（2）对于经济结构单一和经济结构落后引起的国际收支困难，批评者认为，所谓国际收支结构性失衡，实际上是愿望与现实之间的失衡。国际收支困难有两个不同的概念：一个是事先的概念，另一个是事后的概念。事先的概念是指国际收支失衡的压力，而不是指国际收支失衡本身。只要财政政策与货币政策是恰当的，就能避免国际收支失衡的发生。

（3）还有一些批评者认为，结构论讲的实际上是经济发展问题，而非国际收支问题。结构论的政策主张对国际收支（贸易收支）失衡的调节收效甚微，甚至是行之无效的。

（4）结构论要求以提供暂时性资金融通为主的IMF向经济结构落后的国家提供长期性国际收支贷款，同时又不施行必要的调节纪律和恰当的财政、货币政策，犹如把资金填入一个无底洞，既不利于有关国家经济均衡发展，又违背了IMF本身的性质和宪章。IMF在客观上也是无法做到的。

## 拓展阅读

### 2023年中国经常账户差额状况

据国家外汇管理局消息，2023年，我国经常账户顺差2 642亿美元，为近三年以来新低，同比下降34%，占GDP比重为1.5%，较上年回落0.8个百分点。经常账户顺差收窄，主要是因为服务贸易逆差扩大、货物贸易顺差收窄，二者分别贡献了经常账户顺差同比降幅的100%、44%。

2023年，服务贸易出口3 321亿美元，较2022年下降11%。占服务贸易出口比重较大的项目中，其他商业服务出口982亿美元，较2022年增长4%，占比30%；运输服务出口870亿美元，下降41%，占比26%；电信、计算机和信息服务出口581亿美元，增长4%，占比17%。

2023年，服务贸易进口5 399亿美元，较2022年增长17%。占服务贸易进口比重较大的项目中，旅行服务进口1 965亿美元，较2022年增长71%，占比36%；运输服务进口1 601亿美元，下降5%，占比30%；咨询服务、技术服务等其他商业服务进口602亿美元，增长15%，占比11%。

2023年，服务贸易逆差2 078亿美元，较2022年增长1.4倍，主要是受跨境旅行有序恢复的影响。从主要项目看，旅行服务逆差1 717亿美元，较2022年增长69%，我国居民跨境旅游以及个人留学等旅行活动显著回暖；运输服务逆差扩大至731亿美元，主要是全球集装箱海运市场供需紧张状况缓解、国际运价向疫情前常态回归，使得运输服务出口金额下降；知识产权使用费逆差317亿美元，增长2%。新兴生产性服务业为主要顺差项目，其中，电信、计算机和信息服务顺差193亿美元，为历史较高水平。

资料来源　根据国家外汇管理局发布的《2023年中国国际收支报告》改编。

问题：试分析以上内容中顺差与逆差变化的可能原因。

分析要点：请结合本章与第一章，分析经常账户的构成与顺差和逆差的形成原因。

本章小结

## 同步测试

同步测试

（一）判断题

1.根据弹性论，如果 $S_xS_m > D_xD_m$，贸易条件改善；如果 $S_xS_m < D_xD_m$，贸易条件恶化；如果 $S_xS_m = D_xD_m$，贸易条件不变。（　）

2.根据弹性论，马歇尔-勒纳条件可以表述为：在进出口供给弹性无限大的情况下，只要进出口需求弹性之和小于1，本币贬值就能改善国际收支。（　）

3.根据货币论，国际收支逆差，实际上就是一国国内的名义货币供给量小于名义货币需求量。（　）

（二）简答题

1.什么是贸易条件？

2.什么是马歇尔-勒纳条件？

3.什么是J曲线效应？

4.试比较不同国际收支理论对本币贬值改善贸易收支的观点。

5.阐述不同国际收支理论的主要观点，并进行简要评价。

# 第四章

# 汇率决定理论

## 学习目标

[知识目标]

1.掌握开放经济下的一价定律。

2.掌握购买力平价的主要内容。

[能力目标]

1.能从利率平价角度解释汇率与利率之间的关系。

2.掌握国际收支说的主要内容。

[素养目标]

了解资产市场说的主要理论模型及其思想，认识到西方汇率理论的局限性及中国自主汇率理论创新的必要性。

## 引导案例

### 巨无霸指数

巨无霸指数是由《经济学人》于1986年9月推出的，此后该杂志每年发布一次新的指数。2004年1月，《经济学人》推出了Tall Latte Index（中杯鲜奶咖啡指数），计算原理同巨无霸指数一样，只是巨无霸汉堡包被一杯星巴克咖啡所取代，标志着星巴克咖啡的全球扩展。1997年，该杂志又发布了一份“可口可乐地图”，用每个国家的人均可乐饮用量比较国与国之间的财富。该图显示的可乐饮用量越多，国家就越富有。

《经济学人》之所以选择巨无霸汉堡包，是因为它在多个国家均有供应，而且在各地的制作规格基本相同，这个指数可以简便且相对准确地反映各地货币的实际购买力。2007年7月5日发布的巨无霸指数显示，巨无霸汉堡包在中国的售价最低。该指数显示，几乎所有新兴市场国家的货币都在一定程度上被低估，货币被高估的则大多是欧盟的边缘国家，如冰岛、挪威和瑞士。

巨无霸指数是用来分析各国货币的均衡汇率的，在本章，我们对汇率的决定问题展开理论分析。

# 第一节　购买力平价说

汇率决定理论主要经历了国际借贷说、购买力平价说、汇兑心理说、国际收支说和资产市场说五个阶段。

国际借贷说（Theory of International Indebtedness）出现和盛行于金本位制时期，由英国学者葛逊于1861年系统提出。由于在金本位制下，铸币平价是汇率决定的基础，故在客观上需要说明的仅是汇率的变动。葛逊认为，一国汇率的变动是由外汇供求关系的变化引起的，而外汇的供求又源于国际借贷。国际借贷分为固定借贷和流动借贷两种，前者指借贷关系已形成但未进入实际支付阶段的借贷，后者指已进入支付阶段的借贷。只有流动借贷的变化才会影响外汇的供求。

购买力平价说（Theory of Purchasing Power Parity，PPP）是一种历史非常悠久的汇率决定理论，它的理论渊源可以追溯到16世纪，对其进行系统阐述的则是瑞典经济学家古斯塔夫·卡塞尔（Gustav Cassel），时间是1922年。购买力平价说的基本思想是：货币的价值在于其具有购买力，因此不同货币之间的兑换比率取决于它们各自具有的购买力的对比，也就是汇率与各国的价格水平之间具有直接的联系。

## 一、开放经济下的一价定律

为了说明问题，我们首先分析某一商品在一国内部不同地区的价格之间的关系。我们的分析建立在两个前提之上：第一，位于不同地区的该商品是同质的，不存在任何商品质量及其他方面的差别。第二，该商品的价格能够灵活地进行调节，不存在任何价格上的黏性。

一国内部的商品可分成两种类型：区域间的价格差异可以通过套利活动消除的，称为可贸易商品（Tradable Goods）；区域间的价格差异不能通过套利活动消除的，称为不可贸易商品（Non-tradable Goods）。不可贸易商品主要包括不动产与个人劳务项目。

当我们研究的对象是封闭经济时，则有：①当某一商品在不同地区的价格存在差异时，可能引起套利活动的发生。套利活动是否存在，则取决于商品本身的性质及交易成本的高低。②对于不可移动的商品及套利活动交易成本无限高的商品，也就是我们称为不可贸易的商品，它们在不同地区的价格差异不可能通过套利活动消除。③对于可贸易商品，套利活动将它们的地区之间价格差异保持在较小范围内。如果不考虑交易成本等因素，则同种可贸易商品在各地的价格都是一致的，我们将可贸易商品在不同地区之间存在的这种关系称为一价定律。

当我们研究的对象是开放经济时，某一可贸易商品在不同国家的价格之间的联系与上述分析存在区别：①不同的国家使用不同的货币，因此商品价格的比较必须先折算成统一的货币再进行。此外，在进行套利活动时，除商品的买卖外，还必须进行不同货币之间的买卖活动。②跨国的套利活动还存在许多特殊的障碍。与一国内部的情况相比，跨国套利活动更加困难，套利的交易成本也更为高昂。

同样，如果我们不考虑交易成本等因素，则以同一货币衡量的不同国家的某种可贸易商品的价格应是一致的，即：

$p_i = e \times p_i^*$（e表示直接标价的汇率）

上式即为开放经济下的一价定律。

## 二、购买力平价的基本形式

购买力平价说在长期的发展中出现了多种形式，但主要是绝对购买力平价和弱购买力平价或相对购买力平价，下面分别予以介绍。

（一）绝对购买力平价

绝对购买力平价的前提包括：①对于任何一种可贸易商品，一价定律都成立。②在两国物价指数的编制过程中，各种可贸易商品所占的权重相等。

这样，两国由可贸易商品构成的物价水平之间存在下列关系：

$$\sum_{i=1}^{n} \alpha_i p_i = e \cdot \sum_{i=1}^{n} \alpha_i p_i^*$$

式中：α为权数。如果将这一物价指数分别用p，$p^*$表示，则有：

$$p = e \times p^*$$

上式的含义是：不同国家的可贸易商品的物价水平以同一种货币计量时是相等的。

将上式变形，即：

$$e = \frac{p}{p^*}$$

这就是绝对购买力平价的一般形式，它意味着汇率取决于不同货币衡量的可贸易商品的价格水平之比，即取决于不同货币对可贸易商品的购买力之比。

（二）弱购买力平价与相对购买力平价

弱购买力平价是通过对绝对购买力平价假定的放松而得出的。它认为，交易成本的存在使一价定律并不能完全成立，同时，在各国一般价格水平的计算中，商品及其相应的权数都是存在差异的，因此各国的一般物价水平以同一种货币计算时并不完全相等，而是存在一定的、较为稳定的偏离（只要这些因素不发生变动）。我们用公式表示为：

$$e = \frac{\theta \cdot p}{p^*} \quad (\theta\text{为常数})$$

将上式写成对数形式，再取变动率，可得：

$$\Delta e = \Delta p - \Delta p^*$$

上式即相对购买力平价的一般形式。相对购买力平价意味着汇率的升值与贬值是由两国通货膨胀率的差异决定的。如果本国通货膨胀率超过外国，则本币将贬值。与绝对购买力平价相比，相对购买力平价更具有应用价值，因为它避开了前者过于脱离实际的假定，并且通货膨胀率的数据更易于得到。

## 三、对购买力平价理论的评价

（一）贡献

购买力平价理论从货币的基本功能（购买力）出发，利用简单的数学表达式，对汇率水平与物价水平，以及汇率变动与两国通货膨胀率之间的差异关系进行了描述，它是经济学家和政府部门计算均衡汇率的常用方法。从理论发展的角度来看，购买力平价被作为汇率的长期均衡标准应用于其他汇率决定理论的分析之中。从政府政策来看，一国的物价水平是一个国家产品生产成本的反映，任何两个国家之间物价水平的比率都显示了两国产品竞争力的差距，因此，汇率通过购买力平价成为影响一国产品国际竞争力的一个至关重要的因素。

（二）局限性

1.购买力平价理论的基础是货币数量说

货币数量说的核心是方程MV=PY，该式表明，当实际国民收入（Y）、货币流通速度（V）一定时，一国的价格水平（P）由货币供给量（M）决定。由于购买力平价理论认为汇率由两国价格水平之比决定，因此购买力平价理论隐含着这样的结论：汇率的变动是一种货币现象，货币数量决定货币的购买力和物价水平，从而决定汇率。这意味着购买力平价理论将决定汇率水平的许多重要因素忽略了，如生产率的变动、消费者偏好的变动、自然资源的新发现、本国对外国资产的积累、国际贸易中管制措施的变动等。

2.购买力平价是建立在一系列假定基础上的

例如，物价水平可以灵活调节，不存在资本与金融账户的交易，各国商品同质，不存在贸易壁垒、外汇管制以及交易成本等。在现实中，这些假定难以成立，因而汇率也很难通过商品套购机制使其满足购买力平价理论。相对来说，购买力平价理论较适合预测汇率变化的长期趋势，因而考虑一段时期内的相对购买力平价比仅考虑某一时点的绝对购买力平价，对长期均衡汇率变动趋势的预测更准确，短期内汇率变动会因各种原因偏离购买力平价。

3.购买力平价在计量检验中存在很大的技术上的困难

采用何种物价指数最恰当？这是一个悬而未决的问题。物价指数的选择不同，可以导致不同的购买力平价；在商品分类上，要求不同国家的商品分类具有一致性和可操作性，否则就会缺乏可比性；计算相对购买力平价时，要求准确选择一个汇率达到均衡或基本均衡的基年，这是保证以后一系列计算结果正确的必要前提，由于客观和主观方面的原因，基年的选择十分困难。

# 第二节　利率平价说

从金融市场角度分析汇率与利率存在的关系，就是汇率的利率平价说（Theory of Interest-rate Parity）。与购买力平价说相比，利率平价说是一种短期分析。

利率平价说的基本思想可追溯到19世纪下半叶，凯恩斯于1923年在其《货币改革论》一书中首次进行了系统阐述。利率平价说突破了传统的国际收支和物价水平的范畴，从资本流动的角度研究汇率的变化，奠定了现代汇率决定理论的基础。利率平价理论可分为两种：抛补的利率平价（Covered Interest-rate Parity，CIP）和非抛补的利率平价（Uncovered Interest-rate Parity，UIP）。

## 一、抛补的利率平价

与购买力平价关系的机制类似，利率平价关系的机制也是一价定律。因此，利率平价关系也产生于寻求收益的套利活动。为了更清楚地描述这一过程，我们分析一个例子。

假设本国的利率水平为i，外国的利率水平为$i^*$，即期汇率为e（直接标价法）。

若投资者手中有一笔可自由支配的资金，打算进行为期一年的储蓄投资。假设资金在国际上流动不存在限制与交易成本，如果投资于本国金融市场，则每单位本国货币到期可增值为：

$$1+(1\times i)=1+i$$

如果投资于外国金融市场，每单位本国货币到期的本利和为（以外币表示）：

$$\frac{1}{e}+\frac{1}{e}\times i^*=\frac{1}{e}(1+e^*)$$

假定一年期满时的汇率为$e_f$，则投资于外国金融市场的本利和（以本币表示）为$\frac{e_f}{e}(1+i^*)$。

不同的投资者对风险有不同的态度，据此可以将投资者分成风险厌恶者、风险中立者和风险偏好者。对于风险厌恶者来说，他们既想获取国际利差，又想将国际套利的风险降低，因此他们会采用抛补套利操作。

在这种套利方式下，投资者不必等到存期到期后，再将高利率货币兑换成低利率货币，而是可以在将低利率货币兑换成高利率货币进行投资的同时，在远期外汇市场上将投资到期后的高利率货币的本利和按远期汇率卖出（掉期交易），将这一远期汇率记为f。存款到期后，1单位本币可增值为$\frac{f}{e}(1+e^*)$。这样，通过掉期交易，就消除了未来汇率变动的风险，同时也失去了汇率出现有利变动时的额外收益。如果投资外国金融市场的收入$\frac{f}{e}(1+e^*)$与投资本国金融市场的收入（1+i）存在差异，投资者就会进行抛补套利操作，以赚取无风险利差收入。套利活动和掉期交易使低利率货币的现汇汇率e下跌，期汇汇率f上升；而高利率货币的现汇汇率上升，期汇汇率下降。于是，远期差价不断加大，直到两种资产的收益率相等时，抛补套利活动才停止，市场处于均衡，最终利率与汇率形成下面的关系：

$$1+i=\frac{f}{e}(1+i^*)$$

整理得：

$$\frac{f}{e}=\frac{1+i}{1+i^*}$$

将即期汇率与远期汇率之间的升贴水率记为ρ，有：

$$\rho=\frac{f-e}{e}$$

整理得：

$$\rho\approx i-i^*$$

上式即抛补的利率平价的一般形式。其经济含义是：汇率的远期升贴水率是由两国之间的利率差决定的，高利率货币在现汇市场上升水、在期汇市场上贴水，低利率货币在现汇市场上贴水、在期汇市场上升水。

抛补的利率平价具有重要的现实意义。根据对市场交易者的实际调查可以发现，抛补的利率平价被作为指导公式广泛应用于交易中，在外汇交易中处于市场创造者地位的大银行基本上就是根据各国之间的利率差异来确定远期汇率的升贴水额的。在实证检验中，除了外汇市场激烈动荡的时期，抛补的利率平价基本上都能成立。当然，实际汇率变动与抛补的利率平价之间也存在一定的偏离，这一偏离常被认为反映了交易成本、外汇管制以及各种风险因素。

## 二、非抛补的利率平价

我们在前文的分析中，假定投资者的投资策略是进行远期交易以规避风险。实际上，还存在另外一种交易策略，即根据自己对未来汇率变动的预期计算预期的收益，在承担一定的汇率风险情况下进行投资活动。在我们的分析中，假定投资者为风险中立者。

在不进行远期交易时，投资者是通过对未来汇率的预期来计算投资活动的收益的。如果投资者预期一年后的汇率为 $E_{e_f}$，则在外国金融市场进行投资的最终收入为：$\frac{E_{e_f}}{e}(1+i^*)$。如果这一收入与投资本国金融市场的收入存在差异，则投资者会在市场上进行相应的操作以使二者相同。这样，在市场处于平衡状态时，有下式成立：

$$1+i=\frac{E_{e_f}}{e}(1+i^*)$$

我们对其进行类似前文的整理，可得：

$$E_\rho\approx i-i^*$$

式中：$E_\rho$ 为预期的未来汇率变动率。上式即非抛补的利率平价的一般形式。它的经济含义是：预期的未来汇率变动率等于两国货币利率之差。在非抛补的利率平价成立时，如果本国利率高于外国利率，则意味着市场预期本币在远期将贬值。

需要指出的是，随着远期外汇市场的发展，根据对汇率的预期进行非抛补套利活动已越来越少，更多的人进行的是抛补套利活动。

## 三、对利率平价理论的评价

（1）利率平价说的研究角度从商品流动转移到资金流动，指出汇率与利率之间存在密切关系，这对正确认识外汇市场，尤其是资金流动问题非常突出的外汇市场的汇率形成机制是非常重要的。与其他汇率决定理论的成立条件不同，资金流动是非常迅速而频繁的，这使得利率平价（主要是抛补的利率平价）能够较好地始终成立，从而在分析中运用得特别广泛。

（2）同购买力平价说一样，利率平价说并不是一个独立的汇率决定理论，它只是描述出汇率与利率之间的关系。汇率与利率之间是相互作用的，不仅利率的差异会影响汇率的变动，汇率的改变也会通过资金流动而影响不同市场上的资金供求关系，进而影响利率。更为重要的是，利率和汇率可能同时受更为基本的因素的作用而发生变化，利率平价只是在这一变化过程中表现出来的利率与汇率二者之间的联系。因此，利率平价理论与其他汇率决定理论之间是相互补充而不是相互对立的，它常常被作为一种基本的关系式而运用在其他汇率决定理论的分析中。

（3）利率平价说具有重要的实践价值。对于利率与汇率之间存在的这一关系，由于利率的变动是非常迅速的，同时利率可对汇率产生立竿见影的影响，这就为中央银行对外汇市场进行灵活的调节提供了有效的途径，即培育一个发达的、有效率的货币市场，在货币市场上利用利率，尤其是短期利率的变动以对汇率进行调节。

## 第三节　国际收支说

利率平价说利用资金市场上汇率与利率之间的关系讨论了汇率的决定，但在分析时忽略了国际贸易在汇率决定中的作用。国际收支说则考虑了国际收支对汇率的影响，认为国际收支状况决定外汇供求，进而决定汇率。国际收支说是从国际收支的角度分析汇率决定的一种理论，它的理论渊源可追溯到14世纪。第二次世界大战后，随着凯恩斯的宏观经济分析被广泛运用，很多学者应用凯恩斯的模型来说明影响国际收支的主要因素，进而分析了这些因素如何通过国际收支作用到汇率，从而形成了国际收支说的现代形式。

### 一、国际收支说的早期形式：国际借贷说

国际收支说的早期形式是国际借贷说。国际借贷说的主要观点是：一国货币汇率的变动是由外汇的供求决定的，而外汇的供求取决于该国对外流动借贷的状况。一国的对外流动借贷是指该国处于实际收支阶段的对外债务和债权。当一国处于支出阶段的外汇支出大于进入收入阶段的外汇收入时，该国的外汇需求大于外汇供给，汇率上升；反之，汇率下跌。当进入收支阶段的外汇供求相等时，该国的汇率便处于均衡状态。

国际借贷说的缺陷是：它没有说清楚哪些因素具体影响外汇供求，限制了这一理论的应用价值。这一缺陷在现代国际收支说中得到了弥补。

### 二、现代国际收支说

现代国际收支说的倡导者认为，在分析汇率决定时，可以从两个方面对国际借贷说加以修正和改进：第一，将国际资本流动纳入汇率决定的分析中；第二，进一步应用贸

易收支和国际资本流动的有关理论来探讨深层的汇率决定因素。现代国际收支说形成于布雷顿森林体系崩溃之后，是凯恩斯主义的汇率决定理论。其主要观点是：外汇汇率取决于外汇供求，而国际收支状况决定外汇供求，因而汇率实际上取决于国际收支。

国际收支均衡的条件是经常账户（CA）和资本与金融账户（K）之和等于零，即 $CA + K = 0$。经常账户差额主要是商品和服务的进出口造成的，进出口是由本国国民收入水平（Y）、外国国民收入水平（$Y^*$）和实际汇率（$q = \frac{ep^*}{p}$）决定的。这样，影响经常账户收支的主要因素可表示为：

$$CA = f\left(Y,\ Y^*,\ p,\ p^*,\ e\right)$$

为简便起见，假定资本与金融账户的收支取决于本国利率（i）、外国利率（$i^*$），还有对未来汇率水平变化的预期（$\frac{E_{e_f} - e}{e}$）。将这些因素与上式结合，可得到影响国际收支的主要因素为：

$$BP = f(Y,\ Y^*,\ p,\ p^*,\ i,\ i^*,\ e,\ E_{e_f}) = 0$$

如果将除汇率外的其他变量均视为给定的外生变量，则汇率将在这些因素的共同作用下变化至某一水平，以平衡国际收支，即：

$$e = g(Y,\ Y^*,\ p,\ p^*,\ i,\ i^*,\ E_{e_f})$$

上式表明，影响汇率变化的主要因素有国内外的国民收入、国内外的价格水平、国内外的利率水平以及人们对未来汇率的预期，这些因素通过影响外汇供求来决定汇率的水平。

上述各变量对汇率的影响机制及效果如下：

1.国民收入的变动

当其他条件不变时（下同），本国国民收入的增加将通过边际进口倾向而带来进口的增加，这会导致对外汇需求的增加，使本币贬值。外国国民收入的增加将带来本国出口的增加，使本币升值。

2.价格水平的变动

本国价格水平的上升将带来实际汇率的上升，本国产品的国际竞争力下降，经常账户恶化，从而使本币贬值。外国价格水平的上升将带来实际汇率的下降，本国经常账户改善，使本币升值。

3.利率的变动

本国利率的提高将吸引更多的资本流入，使本币升值。外国利率的提高将造成本币贬值。

4.对未来汇率预期的变动

如果预期本币在未来贬值，资本将会流出以避免汇率损失，这会带来本币的即期贬值。如果预期本币在未来将升值，则本币在即期就会升值。

需要指出的是，以上各变量对汇率影响的分析是在其他条件不变的情况下得出的。实际上，这些变量之间也存在复杂的关系，从而对汇率的影响难以简单地确定。

## 三、对国际收支说的简单评价

(1) 与购买力平价说及利率平价说一样，国际收支说不能被视为完整的汇率决定理论，它只是进行更深入的分析时可利用的一个重要工具。其主要特点是：具有浓厚的凯恩斯主义色彩，是从宏观经济角度（国民收入、国内吸收、储蓄、投资等）而不是从货币数量角度（价格、利率等）研究汇率的，是现代汇率决定理论的一个重要分支。

(2) 国际收支说关于汇率决定的流量理论，即它认为国际收支引起的外汇供求流量决定了汇率水平及其变动，但是，在国际资金流动加快的背景下，决定汇率的主要因素是金融资产的存量变化，而不是实物资产的流量变动。此外，国际收支说并没有进一步分析哪些因素决定了外汇供求流量，也没有对汇率与各变量之间的关系进行深入分析，从而得出具有明确因果关系的结论。在分析方法上，国际收支说只是简单地运用类似于普通商品市场上价格与供求之间的关系来对外汇市场进行分析，导致其对现实生活中的一些经济现象很难作出解释。例如，利率上升在很多情况下并不能持续吸引资本流入而引起汇率的相应变动；再如，外汇市场常在交易流量变动很小的情况下使汇率发生大幅度变动。国际收支说的这一缺陷引发了新的汇率决定理论的出现，这就是汇率决定的资产市场说。

# 第四节　资产市场说

资产市场说是20世纪70年代中期以后发展起来的一种重要的汇率决定理论。这一理论是在国际资本流动加快的背景下产生的，它特别强调金融资产均衡对汇率变动的影响，使资本与金融项目的交易对汇率的影响日益受到重视。

随着汇率决定理论的研究重心转向资本与金融项目，研究的方法也出现了相应的变革，开始转向分析存量调节。与传统理论相比，汇率的资产市场分析法意味着在分析方法上的两点不同：首先，决定汇率的是存量因素而不是流量因素。其次，在当期汇率的决定中，预期发挥了十分重要的作用。为简化分析，在以下的分析中，我们假定预期的未来汇率不发生变动。

依据对于本币资产与外币资产可替代性的不同假定，资产市场说可分为货币分析法与资产组合分析法（Portfolio Approach）。货币分析法假定这二者可以完全替代，非抛补的利率平价成立；而后一种分析法则反之。另外，依对价格弹性的假定不同，货币分析法又可分为弹性价格货币分析法（Flexible-price Monetary Approach）与黏性价格货币分析法（Sticky-price Monetary Approach）。

## 一、汇率的弹性价格货币分析法

### （一）弹性价格货币分析法的基本模型

汇率的弹性价格货币分析法可简称为汇率的货币模型。在这一模型中，由于本外币资产是完全可以替代的，因此这两种资产的市场是一个统一的市场。只要本国与外国的货币市场处于平衡状态，这一资产市场也必然处于平衡状态。因此，货币模型将集中分析货币市场上货币供求的变动对汇率的影响。

1.基本模型的建立

弹性价格货币分析法建立在三个假定的基础上：第一，垂直的总供给曲线；第二，稳定的货币需求；第三，购买力平价成立。其分析的中心是汇率可以自由调整以反映各种因素对汇率水平决定的影响。需要指出的是，此处的货币供给是政府可以控制的外生变量，利率与实际国民收入都与货币供给无关，货币供给只能引起价格水平的迅速调整，而不能降低利率并进一步影响产出。

在这些假定前提下，货币需求等于货币供给这一本国货币市场平衡的条件可写成：

$$M_s - P = \alpha y - \beta i,\ \alpha > 0,\ \beta > 0$$

上式中，除利率（i）外，其他变量均为对数形式。α与β均为某一常数，分别表示货币需求的收入弹性与利率弹性。

调整后，可得本国价格水平表达式：

$$P = M_S - \alpha y + \beta i$$

为简便起见，我们设外国的货币需求函数的形式与本国相同，同样可得出外国价格水平的表达式：

$$P^* = M_S^* - \alpha y^* + \beta i^*$$

购买力平价提供了本国价格水平与外国价格水平之间的联系，即：

$$e = P - P_*$$

将上述三个公式整理，可得（变量为对数形式）：

$$e = \alpha(y^* - y) + \beta(i - i^*) + (M_S - M_S^*)$$

上式即弹性价格货币分析法的基本模型。从中可以看出，本国与外国的实际国民收入水平、利率水平以及货币供给水平通过影响各自的物价水平，最终决定了汇率水平。这样，弹性价格货币分析法就将货币市场上的一系列因素引进了汇率水平的决定之中。

2.基本模型分析

第一，本国货币供给水平一次性增加。在其他因素不变时，本国货币供给水平一次性增加，会造成现有价格水平上的超额货币供给，公众将增加支出以减少他们持有的货币余额。由于产出不变，额外的支出将使价格水平上升，直到实际货币余额恢复正常为止。由于购买力平价成立，本国价格水平的提高将带来本国货币的相应贬值。

结论：在货币模型中，当其他因素不变时，本国货币供给一次性增加将带来本国价格水平的同比例上升、本国货币的同比例贬值，本国产出与利率则不发生变动。这个过程可用图4-1表示。

第二，本国国民收入增加的影响。当其他因素不变时，本国国民收入增加，意味着货币需求的增加。在现有价格水平上，由于货币供给没有相应地增加，因此居民持有货币的实际余额减少，支出也将减少。支出的减少会造成本国价格水平下降，直到实际货币余额恢复到原有水平为止。本国价格水平下降，会通过购买力平价造成本国汇率的相应升值。

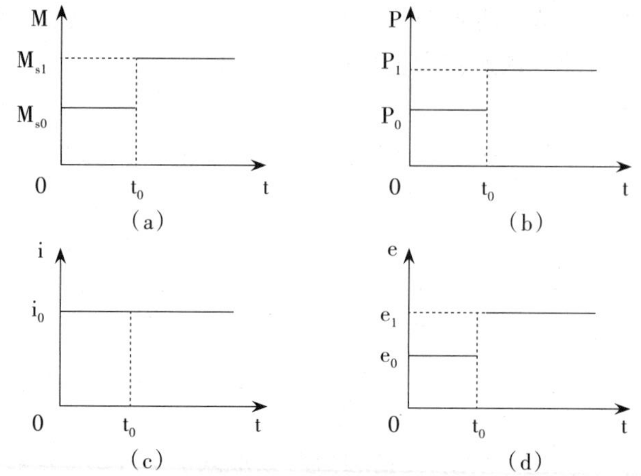


**图4-1 货币模型中本国货币供给一次性增加的影响**

结论：在货币模型中，当其他因素不变时，本国国民收入的增加将带来本国价格水平的下降、本国货币的升值。

第三，本国利率上升的影响。在货币模型中，本国利率的上升会降低货币需求，同样地，在原有的价格水平与货币供给水平上，这会造成支出的增加、物价的上升，从而通过购买力平价造成本国货币的贬值。

结论：在货币模型中，当其他因素不变时，本国利率水平的上升将带来本国价格水平的上升、本国货币的贬值。

（二）对货币模型的评价

货币模型是建立在购买力平价说这一前提之上的，它是具有诸多创新之处的独立的汇率决定理论，在现代汇率决定理论中具有重要地位。这体现在：

（1）货币模型将购买力平价这一形成于商品市场上的汇率决定理论引入资产市场，将汇率视为一种资产价格，从而抓住了汇率这一变量的特殊性质。这在一定程度上符合资金高度流动这一客观事实，为现实生活中汇率的频繁变动提供了一种解释，具有较强的生命力。

（2）货币模型引入了货币供给量、国民收入等经济变量，可以分析这些变量的变动对汇率造成的影响，这使其比购买力平价在现实生活中得到更广泛的运用。

（3）货币模型是一般均衡分析，货币模型包含了商品市场的平衡、货币市场的平衡、外汇市场的平衡，这使得它与局部均衡模型相区别。

（4）由于理论假定不同，货币模型是资产市场说中最简单的一种形式，但它反映了这一分析方法的基本特点。货币模型的简单性使得它在各种分析中被经常使用，同时它也是更为复杂的汇率决定理论的基础。

货币模型的主要不足体现在以下几方面：

（1）它是以购买力平价为理论前提的，如果购买力平价本身在实际中很难成立，那么这种理论的可信度是存在问题的。无论是在长期还是在短期，均没有充分证据论证购买力平价的成立，这使得货币模型对现实问题的解释能力大打折扣。

（2）它在货币市场平衡的分析中，假定货币需求是稳定的，这一点在实证研究中是存在争议的。

（3）它假定价格水平具有充分弹性，这一点受到众多研究者的批评。大量的研究结果显示，商品市场上的价格调整不同于金融资产市场上的价格变动，一般是比较缓慢的，在短期内显示出黏性。坚持这一观点的研究者将黏性价格引入货币模型，即下面要介绍的黏性价格货币分析法。

## 二、汇率的黏性价格货币分析法

汇率的黏性价格货币分析法简称超调模型（Overshooting Model），是由美国麻省理工学院教多恩布什于1976提出的。与货币模型相比，这一模型的最大特点在于：它认为商品市场与资产市场的调整速度是不同的，商品市场上的价格水平具有黏性，这一特点使得购买力平价在短期内不成立。经济是由短期平衡向长期平衡过渡的。这里所说的短期平衡，是指价格还来不及发生变动的经济平衡。由于在一段时期之后，价格才开始进行调整，所以长期平衡就是价格充分调整后的经济平衡。可以看出，货币模型中所得出的结论实际上是超调模型中长期平衡的情况。

（一）超调模型的基本假定

与货币模型相同，超调模型也认为货币需求是稳定的、非抛补的利率平价是成立的，但是它认为商品市场价格存在黏性，这导致它在分析前提上与货币模型存在以下两方面的不同：

1.购买力平价在短期内不成立

作为一种资产价格，汇率的调整是迅速的，而价格水平的调整是滞后的，这样，在短期内不能满足购买力平价的要求，实际汇率会在短期内发生变化。在长期中，价格水平可以充分调整，购买力平价可以较好地成立。

2.总供给曲线在短期内不是垂直的

由于价格黏性的存在，总供给曲线在不同的时期有不同的形状，如图4-2所示。

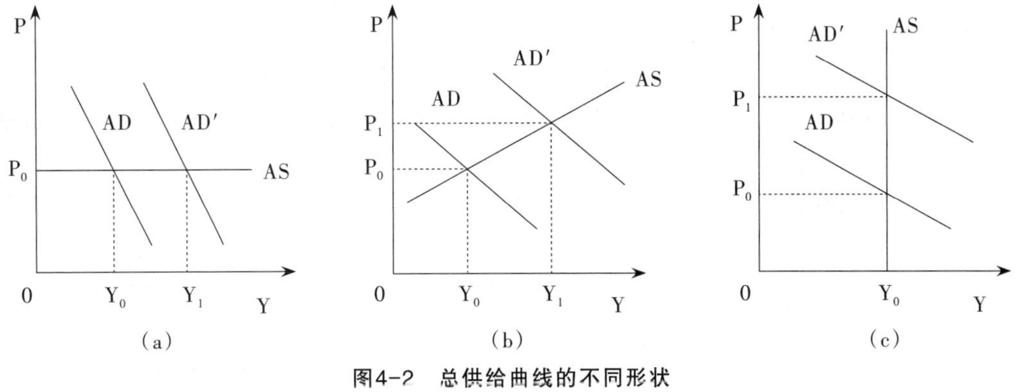


图4-2　总供给曲线的不同形状

在短期内的情况如图4-2（a）所示，此时价格水平不发生变动，总供给曲线是水平的。总需求的增加会引起产出的提高，而不会引起价格的上升。随后一个时期的情况如图 4-2（b）所示，此时价格开始缓慢调整，总供给曲线由左下方向右上方倾斜，总需求的增加在提高产出的同时，也会引起价格的上升。在长期内的情况如图 4-2（c）所示，此时价格可以对产出水平的变动进行充分调整，总供给曲线是垂直的，总需求的增加只能引起价格水平的上涨，产出不发生变动。

（二）超调模型中的平衡调整过程

当商品价格在短期内存在黏性而汇率、利率作为资产价格可以自由调整时，为维持经济平衡，汇率在短期内的调整幅度超过长期平衡水平，这一现象被称为汇率的超调。在长期内，价格水平经过调整，经济会达到长期均衡水平，价格水平发生与货币供给量同比例的上涨，本国货币汇率达到长期平衡水平，购买力平价成立，利率与产出均恢复原状。在超调模型中，货币供给一次性增加造成经济的调整过程可用图 4-3 表示。

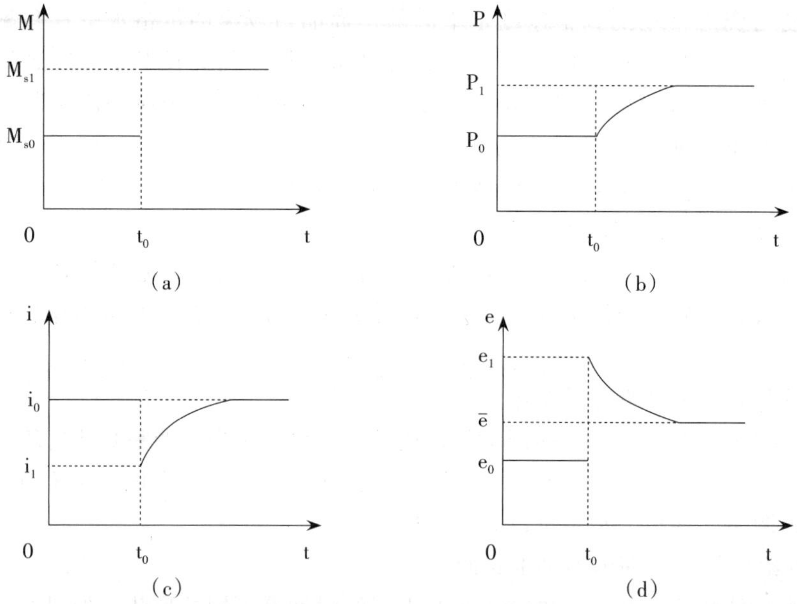


**图4-3　超调模型中本国货币供给一次性增加的影响**

（三）对超调模型的评价

超调模型在现代汇率决定理论中具有极为重要的地位，体现在：

（1）超调模型在货币模型的框架内展开分析，但它又采用了商品价格黏性这一被认为更切合实际的分析方法，对开放条件下的宏观经济进行了较为全面、系统的描述，从而被研究者广泛接受，目前它已成为国际金融学中对开放经济进行宏观分析的最基本的模型。

（2）超调模型首次涉及了汇率的动态调整问题，从而创立了汇率决定理论的一个重要分支——汇率动态学。

（3）超调模型具有鲜明的政策含义。既然超调是在资金自由流动条件下汇率自由调整的必然现象，而在这一过程中汇率的过度波动会对金融市场与实际经济造成很大的冲击甚至破坏，那么完全放任资金自由流动、完全自由浮动的汇率制度并不是最合理的，政府有必要对资金流动、汇率乃至整个经济进行干预与管理。

超调模型的主要缺点是：

（1）由于超调模型建立在货币模型的基础上，因此它有与货币模型相同的一些缺陷，如假定货币需求是稳定的，再如假定国内外资产具有完全的替代性。事实上，由于交易成本、赋税待遇和各种风险是不同的，各国资产之间的替代性远远没有达到可视为一种资产的程度。

（2）作为存量理论的超调模型忽略了对国际收支流量的分析。它将汇率波动完全归因于货币市场的失衡，而否认商品市场的实际冲击对汇率的影响，未免失之偏颇。

## 三、汇率的资产组合分析法

汇率的资产组合分析法（Portfolio Balance Model of Exchange）形成于20世纪70年代，其代表人物是普林斯顿大学教授布朗森，他对资产组合分析法进行了最系统和最全面的阐述。

（一）资产组合分析法的主要内容

布朗森等学者认为，汇率货币论仅强调货币市场均衡在汇率决定中的作用，未免过于片面。更重要的是，汇率货币论关于各国资产具有完全替代性的假设过于严格。因此，他们主张用收益-风险分析法取代对套利和商品套购机制的分析，来探讨国内外资产市场（包括货币和证券市场）的失衡对汇率的影响。他们接受了多恩布什关于短期内价格黏性的前提，在他们的模型中，在短期内，资产市场的失衡是通过资产市场内部国内外各种资产的迅速调整来消除的，而汇率是使资产市场供求存量保持和恢复均衡的关键变量。这是资产组合平衡模型的基本思想。为简便起见，这里仅介绍布朗森的小国模型。

托宾的资产组合选择理论的中心论点是：理性的投资者会将其拥有的财富，按照收益与风险的权衡，配置于各种可供选择的资产上。在各国资产具有完全流动性的情况下，一国居民所持有的金融资产不仅包括本国货币和本国证券，还有外国货币和外国证券，后者合称国外资产。一国私人部门（包括个人居民、企业和银行）的财富持有可用以下方程式表示：

$$W = M + N_p + e \cdot F_p$$

式中：W、M、$N_p$、e、$F_p$分别为私人部门持有的财富净额、本国货币、本国证券、外汇汇率和国外净资产。

那么，对于财富总额，私人部门又会以什么比例在本国货币、本国证券与国外资产之间进行分配呢？这显然取决于各类资产的预期收益率的高低。本国货币的预期收益率为0，本国证券的预期收益率为国内利息率（i），而国外资产的预期收益率为国外利息率（$i_f$）加上预期外汇汇率升水（πe）。各种资产的比例应与其本身的预期收益率成正比，与其他替代性资产的预期收益率成反比。因此，在私人部门的资产组合中，各种资产的比例分配将随国内外各种资产的预期收益率的变动而发生调整。我们可用以下方程式来表示：

$$M = \alpha(i, i_f, \pi e)W$$
$$N_p = \beta(i, i_f, \pi e)W$$
$$e \cdot F_p = \gamma(i, i_f, \pi e)W$$
$$\alpha + \beta + \gamma = 1$$

式中：α、β、γ分别为私人部门愿意以本国货币、本国证券和国外资产形式持有的财富比例。当各种资产供给存量发生变动，或者当各种资产的预期收益率发生变动时，私人部门实际的资产组合比例与其意愿资产组合比例就不吻合，即原有的资产组合平衡被打破，或者说资产市场供求存量发生失衡。这样，私人部门就会对现有的资产组合进行调整，以使资产组合符合意愿，恢复资产市场均衡。在进行国内外资产之间的调整过程中，本国资产与国外资产之间的替换就会引起外汇供求流量的变化，从而带来外汇汇率的变化。汇率的变动通过影响私人部门对财富的重新估价（因为汇率e的变动影响以本币表示的国外资产额$e \cdot F_p$）而起着平衡资产供求存量的作用。均衡汇率正是使私人部门愿意持有现有国内外各种资产存量的汇率水平。

下面分析资产市场的各种失衡是如何影响汇率变动的。

（1）当国外资产市场失衡致使外国利息率上升时，γ就会提高，α、β则会相应下降。这样，在初始资产组合中，国内货币和国内证券就会出现超额供给，而国外净资产（$F_p$）则出现超额需求，当投资者重新平衡其资产组合时，就会以本国货币和本国证券交换国外资产，由此导致外汇汇率上升，使国外净资产额（$e \cdot F_p$）上升，直到资产组合重新符合投资者的意愿；反之，当外国利息率下降到引起投资者资产组合调整时，外汇汇率就会下降。

（2）当一国经常账户出现盈余时，私人部门持有的国外净资产（$F_p$）就会增加，使$F_p/W$大于意愿比率。在重新平衡资产组合时，人们就会拿超额的净外汇资产去交换本国货币和本国证券，结果是外汇汇率下降，直到国外净资产额（$e \cdot F_p$）是投资者愿意拥有的。反之，当一国经常账户出现赤字时，$F_p$就会下降，要求外汇汇率上升，使$e \cdot F_p$回到原先的水平。

（3）当一国出现政府赤字而发行政府债券时，本国证券（N）就相应增加。在政府向中央银行出售证券的情况下，$N_c$（中央银行持有的政府债券）的增加会导致M的增加，这会使公众以新增的部分货币去交换本国证券和国外资产。对国外资产的需求增加，就会引起外汇汇率的上升。但如果政府债券由私人部门认购，那么$N_p$就会增加。一方面，$N_p$的增加提高了私人部门的财富总额，由此使得公众对F的需求增加，外汇汇率上升。另外，由于债券供给的增加提高了本国利息率，有时公众会将一部分对资产的需求由F转向N，这会造成外汇汇率下降。净影响取决于国外资产的需求财富弹性与国外资产对本国利率的交叉需求弹性何者为大。

（4）当中央银行通过购入政府债券来增加货币供给时，私人部门就会发现本国货币供过于求，而证券却供不应求。当公众用超额货币去交换本国证券时，利率就会下降，这样对国外资产的需求就会扩大，从而导致外汇汇率上升。当中央银行通过购入国外资产来增加货币供给时，本国货币供过于求，从而导致公众以本国货币去交换国外资产，同样也导致外汇汇率上升。反之，当中央银行减少货币供给时，外汇汇率就会下降。

（5）当各种因素引起私人部门预期汇率上升或下降时，他们会愿意提高或降低γ，相应降低或提高α和β。当重新平衡资产组合时，人们就会用本国货币和本国证券去交换国外资产，或用国外资产去交换本国货币和本国证券，由此导致外汇汇率上升或下降。汇率变动后，以本币表示的国外资产额（$e \cdot F_p$）就调整到与新的需求额相一致的水平。

至此，资产组合平衡模型关于外国利息率、各种国内外资产存量变动，以及汇率预期对汇率影响的比较静态分析可用以下函数式来概括：

$$e = e(\overset{+}{i_f},\ \overset{\pm}{N},\ \overset{+}{M},\ \overset{-}{F},\ \overset{+}{\pi e})$$

式中：各变量上方的“+”“-”表示相关变量与汇率（e）呈同方向或反方向变动。

以上分析都是汇率均衡的短期分析。在长期，简单来说，资产市场的平衡还要求经常账户处于平衡状态。当经济在短期平衡中存在经常账户赤字或盈余时，由短期向长期平衡的调整机制就体现为经常账户差额与汇率互相作用的动态反馈机制。

（二）资产组合分析法的基本评价

资产组合分析法的主要贡献在于：它使资产市场说避开对利率平价说的过分依赖，将传统理论所强调的经常账户收支纳入汇率的资产市场说。资产组合模型也存在一些不足：第一，商品市场的失衡如何影响汇率，并没有纳入分析中；第二，它用财富总额代替收入作为影响资产组合的因素，而又没有说明实际收入对财富总额的影响。

就整个资产市场说而言，其对汇率决定理论的贡献是显著的。首先，它对汇率研究的方法进行了重大改革，如运用一般均衡分析代替局部均衡分析，用存量分析代替流量分析，用动态分析代替比较静态分析，并将短期分析与长期分析结合起来，令人耳目一新，为后来的汇率研究开辟了新的方向。其次，对于以往理论所不能解释的汇率剧烈波动现象，资产市场说提出了有说服力的见解，尤其是强调货币因素和预期因素在其中的作用，对理解汇率有一定的现实意义。

## 四、汇率决定理论的新发展

20世纪70年代以来，浮动汇率制成为各国汇率制度的主流。由于浮动汇率制本身的特点，外汇市场上的汇率水平跌宕起伏，传统的汇率决定理论显然不能解释汇率的这种易变性。经过几十年的研究，汇率决定理论有了新的发展。这些新理论不仅对传统理论的假定前提进行了修正，还引进了新的解释变量，并使用了新的分析工具。

（一）汇率决定的宏观均衡分析方法

汇率决定的宏观均衡分析方法要解决的问题并不是市场上的汇率如何决定，而是市场上的汇率应该是多少，怎样的市场汇率能够使本国经济实现内外均衡。威廉姆森于1983年提出的基本要素均衡汇率理论（Fundamental Equilibrium Exchange Rates，FEER）

是此类研究的代表。FEER将均衡汇率定义为与宏观经济均衡相一致的实际有效汇率。其中，宏观经济均衡包括充分就业、低通货膨胀率、可持续的经常账户余额、合意的净资本流动水平等。

（二）汇率的微观市场结构分析

汇率的微观市场结构分析是20世纪90年代后兴起的一种思潮，其基本思想是从外汇市场的微观运行机制来分析汇率的变动问题。微观市场结构可以被定义为根据某种规则所组织起来的市场交易机制及其运行方式，包括市场的层次划分、交易者的行为特征、交易的形成机制等反映市场微观层面的运行状态的因素。这种分析方法试图打开市场交易过程这个黑箱，它在信息的异质性、交易者的异质性、制度的异质性三个理论假定上与传统分析方法存在区别。

总体来说，包括以上两个新理论的现代汇率决定理论的发展有以下几个特点：一是新的汇率决定理论突破了传统的理论分析框架，引进了新的变量。一个方向是继续从传统的基本经济因素出发，找寻新的基本因素对传统模型进行扩充，或是对其假设前提质疑并进行修正；另一个方向则突破了传统的基本因素分析框架，引进了预期、信息等全新的非基本因素，甚至引进了外汇市场上用于实际操作的基本分析和技术分析等手段，并试图将其进行量化。二是现代汇率决定理论更贴近实际。例如，现代汇率决定理论更注重对外汇市场参与者预期的调查，同时，微观分析成为现代汇率决定理论的研究重点。三是现代汇率决定理论大量使用计量经济学和统计学工具。现代汇率模型越来越多地引进联立方程，从而更好地体现了多种经济变量变动对汇率水平的影响，以及这些变量之间的相互作用，使模型的结果更符合实际汇率水平的运动。

**拓展阅读**

**人民币均衡汇率**

《经济学人》每年都会根据麦当劳巨无霸汉堡在各国的售价来估算各国的均衡汇率。根据这一测算，人民币一直都是被严重低估的，2015年7月，人民币对美元的均衡名义汇率是3.55，而市场汇率被低估了42.8%。世界银行统计了同样一篮子商品在不同国家的价格数据，用来计算PPP均衡汇率。结果显示，2014年年底，人民币对美元的均衡名义汇率是3.52，市场汇率被低估了42.5%。

2024年第一季度，人民币对美元中间价累计贬值123个基点，微跌0.17%。人民币对美元即期汇率从7.0920累计下跌1 313个基点，至7.2233，累计下跌1.85%。整个第一季度，人民币对美元即期汇率盘中最低跌破7.23关口，至7.2307；最高点为年初首个交易日，最高至7.1070。

资料来源　陈月石．一季度人民币对美元即期汇率下跌1.85%，中间价微跌0.17%［EB/OL］.［2024-03-29］. https：//baijiahao.baidu.com/s?id=1803000316984727164&wfr=spider&for=pc.

问题：请根据以上材料，分析上下两段文字中汇率出现较大背离的原因是什么？

分析要点：结合本章的汇率的货币模型、超调模型、资产组合模型，分析以上资料所阐述内容存在的问题。

本章小结

## 同步测试

同步测试

（一）判断题

1.根据开放经济下的一价定律，不考虑交易成本等因素，则以同一货币衡量的不同国家的某种可贸易商品的价格应是一致的。（ ）

2.根据绝对购买力平价的一般形式，汇率取决于不同货币衡量的可贸易商品的价格水平之比。（ ）

3.根据抛补的利率平价，汇率的远期升贴水率是由两国之间的利率差异决定的，高利率货币在现汇市场上贴水、在期汇市场上升水，低利率货币在现汇市场上升水、在期汇市场上贴水。（ ）

4.根据国际收支说，本国价格水平的上升将带来实际汇率的上升，本国产品竞争力下降，经常账户恶化，从而使本币贬值。（ ）

（二）简答题

1.什么是开放经济下的一价定律？它的成立条件是什么？

2.评述购买力平价说的基本内容。

3.从利率平价角度解释汇率与利率之间的关系。

4.试述国际收支说的主要内容。

5.简述货币模型的主要内容。

6.简述超调模型中的汇率动态调整过程。

7.简述资产组合分析法的主要内容。

# 第五章

# 国际金融市场和国际金融机构

## 学习目标

［知识目标］

掌握国际金融市场的概况和基本组成。

［能力目标］

了解主要国际金融机构的基本情况。

［素养目标］

了解国际金融市场的特点和发展趋势，加深对中国建设上海和香港国际金融中心的重要性的认识。

## 引导案例

### 香港离岸人民币中心

2003年，中国香港推出个人人民币业务，包括存款、兑换、汇款及信用卡服务等；同年11月，中国人民银行宣布，同意为在香港办理4类个人人民币业务（即存款、兑换、汇款及人民币银行卡）的香港银行提供清算安排。一个月后，中国银行（香港）被委任为香港人民币业务清算行。2022年1月，香港人民币存款为10 959亿元人民币，是继2014年12月后再次突破万亿元大关，并超过当时的10 036亿元。香港已成为全球最大规模的人民币离岸市场。

2024年3月28日，香港金融发展局发表题为“加速离岸人民币市场发展：丰富香港作为国际金融中心的功能”的研究报告。金发局主席李律仁表示，随着人民币成为更多国际贸易的首选货币，以及中国与“一带一路”、东南亚国家联盟（ASEAN）、中东以及区域全面经济伙伴关系协定（RCEP）成员的贸易关系日趋密切，人民币的国际地位将进一步提升。为了把握此增长机会，香港应致力于增强人民币的流动性、扩展人民币计价产品的多样性，以及加强人民币资产的风险管理工具，并建构一个全面的离岸人民币生态系统。

资料来源　根据相关资料整理、改编。

什么是在岸金融市场？什么是离岸金融市场？本章将对此问题展开分析。

# 第一节 国际金融市场

## 一、国际金融市场概述

（一）国际金融市场的概念

国际金融市场的概念有广义和狭义之分。广义的国际金融市场，是指国际上从事各种金融业务活动的场所，这些金融业务活动主要包括资金融通、外汇交易、信托租赁、衍生金融工具交易及黄金买卖等。狭义的国际金融市场，特指国际资金市场，主要从资金融通的角度，将各类资金融通业务，如银行信贷、证券的发行和买卖等形成的市场称为国际金融市场。本章所指的国际金融市场即狭义的国际金融市场。

根据资金融通期限的长短，人们将国际金融市场划分为国际货币市场和国际资本市场。前者指期限在一年以内（包括一年）的金融工具交易和资金融通市场，后者指期限超过一年的金融工具交易和资金融通市场。

国际金融市场之所以冠以“国际”二字，在于资金融通的双方至少有一方是市场所在国的非居民。当然，如果交易双方均是市场所在国的居民，那么他们之间的交易属于国内金融市场的交易；如果交易发生在居民与非居民之间，我们把这类交易所形成的市场称为在岸金融市场或外国金融市场；而交易双方同为非居民，我们把他们之间的交易所形成的市场称为离岸金融市场或欧洲货币市场。在岸金融市场属于传统的国际金融市场，离岸金融市场是20世纪50年代开始发展起来的新型国际金融市场，是国际金融市场的核心。国内金融市场、在岸金融市场和离岸金融市场之间的关系可以用图5-1表示。

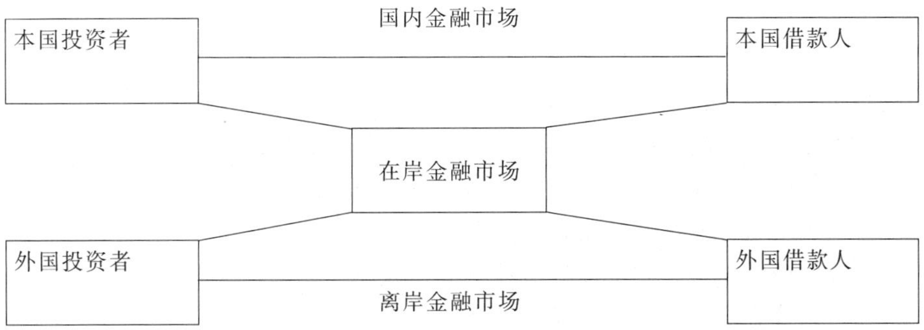


**图5-1 国内金融市场、在岸金融市场和离岸金融市场之间的关系**

（二）在岸金融市场与离岸金融市场

1.在岸金融市场

在岸金融市场是指居民与非居民之间进行资金融通及相关金融业务的场所。典型的在岸金融市场是外国债券市场和国际股票市场。

（1）外国债券市场

国际债券是筹资者在国外市场上以外国货币为面值货币发行的债券，它一般是为了满足筹资者中长期的资金需要，因此期限一般在一年以上。

国际债券可分为外国债券（Foreign Bond）和欧洲债券（Euro Bond）。外国债券是指外国借款人在某国发行的、以该国货币标示面值的债券。外国债券的面值货币是债券发行市场所在国的货币，如中国某公司在日本发行的以日元为面值货币的债券。欧洲债券的相关内容将在后面介绍，在此不赘述。

外国债券主要由市场所在国居民购买，由市场所在国的证券机构发行和担保。债券的发行必须事先经发行地所在国证券监管机构批准，并要遵守所在国相关金融法规。主要西方国家的外国债券市场规模很大，东京、纽约、苏黎世、法兰克福及阿姆斯特丹是主要的外国债券市场。习惯上，国外筹资者在美国发行的美元债券被称为扬基债券（Yankee Bond），在日本发行的日元债券被称为武士债券（Samurai Bond），在英国发行的英镑债券被称为猛犬债券（Bolldog Bond）。

外国债券市场可划分为债券发行市场和流通市场，也即一级市场和二级市场。发行市场主要由投资银行、经纪人和证券商等组成。债券发行前一般需要国际公认的评级机构对债券资信进行等级评定，并公之于众，为投资者买卖债券提供参考。另外，对发行者而言，资信评级还直接影响筹资成本。等级越高，债券的票面利率越低。目前，世界知名的评级机构主要有标准普尔公司（Standard & Poor's，S&P）、穆迪投资者服务公司（Moody's Investor Service）等。

外国债券的发行方式一般有私募（Private Placement）和公募（Public Placement）两种。

私募是指债券的发行通过投资银行等中介机构限量出售给特定的投资人（人寿保险公司、养老基金等），不公开发行，也不在证券交易所挂牌上市。私募发行一般不需要向有关管理机构登记，发行人也不需要向社会公众披露信息，手续简便，发行费用较低。

公募是指债券经承销商集体承购后，将债券在证券交易所挂牌上市，公开买卖。承销商一般由多家投资银行、证券公司组成，债券发行前必须向有关部门提交有价证券申报书及申请书等文件，并经国际公认的资信评级机构评级。债券发行后，发行人还有义务向社会公众提交财务报告并披露相关业务信息。

外国债券的流通市场主要由证券交易所、证券商、投资者及证券管理机构构成。证券商一方面可以代客户买卖，一方面还可自营买卖，以增强市场流动性。而没有在证券交易所登记上市的债券交易，则通过场外交易进行。

（2）国际股票市场

国际股票是指市场所在地非居民发行的股票，如中国某公司在新加坡发行并上市的股票。一般情况下，股票的投资者来自发行公司所在国之外。国际股票的发行人要遵循发行地的市场规则和惯例，接受当地监管部门的监管。

与国际债券市场相比，国际股票市场的一体化进程比较缓慢，所有主要的股票市场从根本上讲仍然是国内市场。作为一种国际融资方式，全球范围内的国际股票发行额在整个资本市场资金来源中所占比例比国际债券市场小得多。20世纪60年代起跨国公司的迅速发展、70年代后发达国家资本流动管制的放松及随后的金融自由化浪潮，使发达国家股票市场的国际化步伐加快，国际股票的发行及跨国股票投资迅速发展。一方面，本国股票市场的外来上市公司越来越多；另一方面，越来越多的境外投资者投资于本国的股票市场，发达国家的股票市场已成为国际股票市场的一部分。但从另一个角度讲，外国公司要发行国际股票，从申请到正式发行，再到上市流通、信息披露等所有环节，都必须遵循股票发行所在地的市场规则和惯例，遵守当地法律，接受当地监管部门的监管，国际股票的投资者同样也要遵守当地法律，所以说国际股票市场从根本上讲仍然是国内市场。

国际股票市场包括国际股票发行市场和国际股票流通市场。国际股票发行市场又称一级市场，股票的发行程序与本国市场上本国股票的发行程序基本相同，只不过涉及的当事人更多、审查更严格。国际股票的发行一般有两种情况：一是新设立的股份公司首次发行股票筹资；二是原有股份公司增资扩股。国际股票的流通市场又称二级市场，是国际股票市场最活跃的部分，其组成包括证券交易所、经纪人、自营商、投资人、交易报价系统和清算系统以及证券监管机构等。二级市场的核心是证券交易所，它是按照一定规则集中进行股票交易的场所。另外，场外交易市场（OTC）的发展也非常迅速，如美国的纳斯达克（DASDAQ，美国全国证券交易商协会自动报价系统）由相互联结的6 000多家证券投资机构构成，是世界上最大的股票场外交易市场。

国际股票除了传统形式外，还有一种特殊的形式：存托凭证（Depository Receipt，DR）。事实上，国际股票的发行大都采取存托凭证的形式。由于法律上的原因，一些国家不允许国外公司在本国市场上直接发行股票。比如美国就规定，只有在美国注册的公司才能在美国发行股票，欧洲一些国家也有类似的规定。

存托凭证又称存股凭证、预托凭证、存券收据等，是指在一国证券市场流通的代表外国公司有价证券的可转让凭证。它的基本原理是：发行公司（有的时候可能是某个证券公司，或者是持有某一公司股票的大股东）同美国的存托银行签订存托协议，将该公司的股票交给存托银行，存托银行同发行公司所在国的国内金融机构签订托管协议，将公司的股票交由国内金融机构集中托管，然后，存托银行发行代表这些股票价值的凭证，投资者购买凭证，并可以在证券交易所或其他交易场所交易该凭证。按其发行或交易地点之不同，存托凭证被冠以不同的名称，如美国存托凭证（American Depository Receipt，ADR）、欧洲存托凭证（European Depository Receipt，EDR）、全球存托凭证（Global Depository Receipt，GDR）等。

美国存托凭证是面向美国投资者发行并在美国证券市场交易的存托凭证，如果发行范围不是只有一个国家，就叫全球存托凭证。从本质上讲，美国存托凭证与全球存托凭证是一回事，二者都以美元标价、都以同样标准进行交易和交割，二者的股息都以美元支付，而且存托银行提供的服务及有关协议的条款与保证都是一样的，“全球”一词取代“美国”一词，只是出于营销方面的考虑。

欧洲存托凭证是在欧洲的伦敦、卢森堡、法兰克福等地发行的存托凭证，它一般以市场所在地货币标示其面值并进行交易。1999年欧元流通后，以欧元标示其面值并进行交易的存托凭证开始出现并迅速发展。

20世纪90年代以来，存托凭证市场发展十分迅速。以美国为例，存托凭证作为一种可转让凭证，以等同于普通股的交易方式在证券交易所进行交易，为投资者的全球投资组合多元化提供了一个既方便又经济的途径。此外，存托凭证可以避开当地法律对外国公司在注册手续、财务报表和信息披露等方面的严格要求，使外国公司的股票比较方便地进入当地证券市场。

2.离岸金融市场

离岸金融（Offshore Financing）亦称境外金融（External Financing），是20世纪50年代末发展起来的一种金融现象。其源头是欧洲美元存贷业务，之后又相继出现了欧洲英镑、欧洲马克、欧洲法国法郎和欧洲瑞士法郎等欧洲货币存贷业务，随之形成了经营上述货币的欧洲货币市场（Euro Currency Market），亦称境外金融市场或离岸金融市场。由于离岸金融市场起源于欧洲美元市场并以后者为主体，因此给离岸金融市场下定义时，先要理解欧洲美元市场的含义。

欧洲货币市场的前身是欧洲美元市场，此处的“欧洲”与“美元”都是实指。欧洲美元市场发展到20世纪60年代后，在这一市场上交易的货币不再仅限于美元，马克、瑞士法郎等货币也出现在这一市场上。同时，这一市场的地理范围也扩大了，在亚洲的新加坡、中国香港等地也出现了对美元、马克等货币进行借贷的市场。这样，原有的欧洲美元市场便演变为欧洲货币市场。在这里，“欧洲”不再是一个表示地理位置的概念，而是境外的意思。所谓欧洲货币，就是指在货币发行国境外流通的货币。而经营欧洲货币业务的银行以及市场，就可称为欧洲银行及欧洲货币市场。1981年，美国联邦储备银行批准在纽约设立国际银行业务设施（International Banking Facility，IBF），并允许它们为外国客户存贷美元，使得欧洲货币市场的含义又发生了变化。此时，欧洲货币不再仅仅指在货币发行国境外流通的货币，货币发行国境内流通的货币也可称为欧洲货币。

离岸金融市场（Offshore Financing Market）亦称境外金融市场（External Financing Market），是相对在岸金融市场而言的，是指在高度自由化和国际化的金融管理体制和优惠的税收制度下，以自由兑换货币为工具，由非居民参与的资金融通市场。在本书中，我们不对离岸金融市场与欧洲货币市场进行区分。

根据以上我们对离岸金融市场所下的定义，离岸金融市场与在岸金融市场之间有着重要的区别。首先，交易类型不同。在岸金融市场上的交易主要是两类：境内债权人与境外债务人之间的交易、境内债务人与境外债权人之间的交易。而在离岸金融市场上，主要是境外债权人与境外债务人之间的交易，市场所在地的金融机构仅起中介作用。其次，交易主体不同。参与在岸金融市场交易的是居民和非居民；而在离岸金融市场上，交易主体主要是非居民。再次，市场构成不同。离岸金融市场的构成主要是信贷市场，债券市场和股票市场的地位无足轻重；然而在20世纪80年代国际金融市场证券化过程中，在岸金融市场出现了信贷市场与证券市场平分秋色的格局。最后，政策和制度不同。在岸金融市场适用的政策和制度与市场所在国的金融、税收政策和制度是密不可分的；而离岸金融市场适用的政策和制度则往往独立于市场所在国的政策和制度之外，自成体系。

随着资本国际竞争和资本国际化的发展，各个国家和地区纷纷建立起国际离岸金融市场。到目前为止，全球已经出现了50多个国际离岸金融市场，覆盖了世界各大洲。这些离岸金融市场各自具有不同的特点和功能，但是从离岸金融市场的业务经营和管理来看，可以将其归纳为三大类：一体型或内外混合型、内外分离型、避税港型或簿记型。

（1）一体型或内外混合型。

这是指境内金融市场与境外金融市场的业务融为一体，居民与非居民均可从事各种货币存贷业务，银行的离岸金融业务与境内业务没有严格区别，可同时经营。伦敦、香港即属此类。

（2）内外分离型。

根据其分离的程度，又可以分为两类：严格的内外分离型和以分离为基础的渗透型。严格的内外分离型，即离岸账户和在岸账户实施隔离。纽约、东京及新加坡即属此类。以分离为基础的渗透型，即允许把离岸账户上的资金投放于国内企业，或允许居民投资于离岸账户，或是离岸与在岸账户双向渗透。

（3）避税港型或簿记型。

这类离岸金融市场几乎没有实际业务发生，一些国际性银行只是在此开个账户，进行资金交易的记账和划账，以逃避税收和管制。巴哈马、百慕大、开曼群岛等即此种类型。

## 二、国际金融市场的发展

20世纪70年代以来，国际经济形势发生了巨大而深刻的变化：第一，1973年，布雷顿森林体系解体，主要国家的货币开始自由浮动，外汇市场动荡不安，国际金融市场面临的风险迅速提高；第二，1973年和1979年的两次石油危机给西方发达国家和非产油发展中国家带来巨大冲击，发达国家的经济陷入滞胀，发展中国家的发展势头放缓，结构性矛盾开始显露；第三，20世纪80年代波及全球的债务危机和美元汇率的剧烈波动，严重影响了世界经济的发展，国际金融领域的力量对比也发生了变化，美国银行业及国内资本市场受到冲击，而日本的金融实力则快速膨胀；第四，进入20世纪90年代，金融危机接连爆发，如欧洲货币体系危机、墨西哥金融危机和东南亚金融危机等，同时，日本的经济和金融泡沫破裂，所有这些对国际金融形势和相关国家的经济发展产生了重大影响；第五，各国金融管理当局纷纷放松金融管制，再加上网络信息技术的普遍应用，金融一体化进程大大加快，特别是欧盟统一大市场的建成及欧元的诞生，对国际经济、金融产生了深远的影响。正是在上述背景下，国际金融市场的发展也呈现出一系列新的特点。

（一）国际金融市场的全球化、一体化趋势

伴随着世界各国经济相互依存程度的加深及各国金融监管的放松，国际金融市场的全球化、一体化进程明显加快，主要表现在：

1.世界各地的金融市场相互贯通

目前，国际金融中心已不再局限于少数几个发达国家的金融市场，发展中国家和地区也出现了颇具规模的新兴金融市场。信息技术的广泛运用、通信技术的迅速发展，打破了地域、时差的限制，金融中心、区域性金融市场、金融中介、客户等紧密联系在一起，甚至融为一体。比如，以纳斯达克为代表的现代网上金融交易，以其快速、全天候的交易方式，正在冲击传统的证券交易所交易方式。另外，各证券交易所跨越国界进行联网，也推动了全球金融市场的融合。

2.全球不同类型的市场相互贯通

在融资证券化趋势及国际资金流动加快的推动下，资金流动既表现为在不同国家、地区之间的流动，也表现为在银行信贷市场、证券市场、外汇市场及衍生金融工具市场等之间的流动，使各类金融市场相互联结，贯通了直接融资、间接融资，使商业银行、投资银行、金融公司、保险公司及各类基金业务的联系日趋密切。

此外，国际金融市场的全球化、一体化还体现在跨国银行业务的一体化、综合化、网络化上。旨在提高市场竞争力和抵御风险能力的金融并购及跨国银行的海外扩张，使跨国银行日益向“全能银行”发展；信息技术的发展及广泛应用，帮助跨国银行形成了全球范围的经营网络。所有这些都促进了国际资金流动，加速了国际金融市场的一体化。

（二）金融自由化趋势

金融自由化是指20世纪80年代以来，西方国家普遍放松金融管制后出现的金融体系和金融市场依法经营、公平竞争的趋势。随着金融自由化的不断深入（如金融创新使有些法律、法规失效了），西方发达国家陆续废除了那些阻碍金融市场发展的法律、法规，开始了放松金融管制的改革。金融自由化包括国内金融自由化（废除利率管制和信贷配给）及国际金融自由化（废除资本流动管制和外汇兑换限制）。金融自由化的本质是通过改革金融制度，改变政府对金融的过度干预，放松对金融机构和金融市场的限制，放松对利率和汇率的管制，使利率反映资金供求、汇率反映外汇供求，最终达到充分动员金融资源、促进经济增长的目的。

金融自由化具体表现为以下四个方面：

1.业务自由化

这是指放宽对各类金融机构经营范围的限制，允许各类金融机构业务交叉，公平竞争。例如，在金融管制一向较严的美国，1980年3月和1982年10月，先后制定了《1980年存款机构放松管制和货币控制法》和《加恩·圣吉曼存款机构法》，使储蓄机构与商业银行的区别趋于消亡，而《1999年金融服务法案》则使银行与其他金融机构的合并合法化；英国于1979年通过了银行法，消除了商人银行和清算银行的差别；1986年通过了金融服务法，使银行可以直接进入证券交易所进行交易，英国金融业进入了混业经营的新时代；日本于1981年制定了银行法，商业银行、证券公司等开始了业务渗透；1997年6月，日本金融当局又通过了以消除分业限制、取消金融服务定价管制、实行对外开放为主要内容的“大爆炸式”金融改革计划（Big Bang Plan）。

2.资本流动自由化

这是指取消外汇管制，放宽外国资本、外国金融机构进入本国金融市场的限制。例如，1973年美国率先取消资本流入限制，1981年12月又允许欧洲货币在美国境内通过国际银行设施（IBF）进行交易。英国1979年10月取消了外汇管制，1986年10月伦敦“金融大爆炸”后，外国银行、证券公司、保险公司也可以申请成为伦敦证券交易所的会员，还允许外国公司收购证券交易所会员公司。1980年，日本修订了《外汇及外贸管理法》，取消了外汇管制；1984年，《金融自由化及日元国际化的现状及展望》颁布，废除了外汇不能完全自由兑换成日元的限制。

3.价格自由化

这是指取消利率管制，放开汇率，取消证券交易中的固定佣金，同时放宽本国资本和金融机构进入外国市场的限制，让金融商品的价格发挥市场调节作用。例如，1975年，美国改革固定佣金制度，采取新的协议佣金制；1983年年底，美国基本实现了利率自由化。日本的短期拆借市场利率、票据利率和大额存款利率分别于1978年及1985年实现了自由化，1987年完全解除了利率限制。联邦德国于1976年2月通过了废除利率限制的法案，全面放松利率管制。英国于1986年10月27日取消了传统的证券交易所固定佣金比率规定，出现了“金融大爆炸”。

4.市场自由化

这是指放松各类金融机构进入金融市场的限制，完善金融市场的融资工具和技术。一方面，持续不断的金融变革，使各国金融市场之间的壁垒逐步消失，任何金融机构都可以更方便地进出各金融市场；另一方面，金融机构可以自由地推出满足人们不同需要的金融产品，极大地促进了金融市场的不断发展。

（三）国际金融市场证券化趋势

20世纪80年代中期以来，国际金融市场融资结构发生了巨大的变化，传统的银行信贷等间接融资的比重不断下降，而证券融资等直接融资方式的比重不断上升，这就是所谓的证券化趋势。

国际证券融资额占市场融资总额的比重在20世纪80年代之前长期处于较低的水平。20世纪80年代中期以后，证券融资的比例开始超过银行信贷，如1986年达到70%。20世纪90年代，这一趋势得以保持，如1994年国际证券融资的比例达到创纪录的78.8%。近年来这一比重虽有所下降，但仍保持在50%以上，表明国际融资的证券化已成为主流。

国际融资的证券化趋势主要有以下几方面原因：第一，20世纪80年代的债务危机，导致国际银团贷款的风险急剧增加，贷款成本相对上升；第二，实力雄厚的大商业银行自身经营国际证券业务，既是新证券发行的安排者和管理者，又是证券市场的发行人和主要买主，证券市场的流动性提高，筹资成本降低；第三，20世纪80年代中期以后，发达国家的通货膨胀率下降，国际金融市场利率降低，提高了债券发行和债券投资的积极性；第四，金融创新使人们对筹资和投资有了更多的选择。

广义的金融市场证券化有两方面的含义：其一，就是上面我们所介绍的融资证券化，即人们通过证券发行的形式筹集所需要的资金；其二，就是资产证券化，是将已经存在的银行信贷资产重新分割为证券并出售给金融市场上的投资者，也就是贷款债权证券化。

资产证券化于20世纪70年代产生于美国，是指将缺乏流动性但能够产生可预见的稳定现金流的资产，通过一定的结构安排，对资产中风险与收益要素进行分离与重组，进而转换成为在金融市场上可以出售的证券的过程。在美国资产证券化市场上占主导地位的房地产贷款支持证券（MBS），从1990年到2003年年底，发行量年平均增长率达到43.7%；MBS市场已成为仅次于联邦债券市场的第二大市场，2003年年底市场规模达3.14万亿美元。在欧洲，1986年、1987年两年发行的资产支持证券（ABS）总量仅为17亿美元，2002年则达到792亿欧元。在亚洲地区，资产证券化于1995年兴起，之后在中国香港、日本、韩国等地区迅速发展。

资产证券化作为一项金融创新，改变了银行传统的“资金出借者”角色，使银行同时具有了“资产出售者”职能，在商业银行的竞争中发挥了积极作用。资产证券化可以使贷款成为具有流动性的证券，同时，这种证券又具有贷款信用风险，这些都有利于提高资产质量，扩大资金来源，分散信用风险，缓解资本充足压力，提高金融系统的安全性。在金融市场发达的国家和地区，资产证券化已成为金融机构，尤其是商业银行一项非常重要的业务。

## 第二节　国际金融机构

### 一、国际金融机构概述

国际金融机构（International Financial Institution）又称国际金融组织，是指协调国际金融关系、从事国际融资业务、维持国际货币及信用体系正常运转的超国家机构。国际金融机构在国际货币关系和世界经济的发展过程中发挥着不可替代的重要作用，几乎所有的国家、地区都同国际金融组织建立了密切的联系。

国际金融机构按地区范围，可分为全球性的国际金融机构和区域性的国际金融机构。全球性的国际金融机构面向全球，其经营活动涉及的各类事务也是世界性的。全球性的国际金融机构主要有国际货币基金组织（International Monetary Fund，IMF）、世界银行集团（World Bank Group，WBG）和国际清算银行（International Bank for Settlement，IBS）。其中，国际货币基金组织和世界银行集团是联合国的下属机构，国际清算银行最初是区域性的国际金融机构，自1930年建立以来，经过90多年的发展，已逐步转变为全球性的国际金融机构。

区域性的国际金融机构就其业务范围来看，带有明显的地域性。它一般有两种类型：一种是有严格区域性限制的金融机构，通常由某一地区的国家（地区）组成并为本地区的经济发展及合作服务，如阿拉伯货币基金组织（Arab Monetary Fund，AMF）；另一种是宽泛的或半区域性的国际金融机构，它们虽然主要从事区域性金融活动，但其成员可来自区域外，如亚洲开发银行（Asian Development Bank，ADB）等。

国际金融机构一般有以下特点：①国际金融机构是政府间的金融组织，通常情况下以国家为参与单位，由各国共同组成全球性或区域性的联合组织，在协调国际经济关系、加强经济合作方面发挥着重要作用。②国际金融机构通常采用股份公司的企业组织形式，它是由成员国共同出资、共同管理，按照股份公司经营的经济实体，在组织结构、入股方式和资金来源等方面和股份制企业非常相似。③国际金融机构的活动在很多情况下有很强的政治色彩。国际金融机构是成员（政府）间进行经济合作与交流的重要渠道，但成员方在组织内的发言权是以其经济实力和影响为基础的，其领导权掌握在少数发达国家手中，发展中国家在其中没有足够的话语权。

国际金融机构建立的时间和背景虽然不同，但其主要目的都是加强各国的经济合作，协调处理经济、金融领域的问题，促使成员方以对话方式解决相互之间的冲突和矛盾，建立相应的解决矛盾及纠纷、应对各类经济及金融危机的机制，致力于形成一系列成员方共同遵守的惯例、规则等。从国际金融机构几十年来的运作情况看，国际金融机构的建立和存在对加强国际经济、金融合作，推进经济一体化进程发挥了不可替代的作用；通过确立并维护国际货币金融制度，稳定了汇率，促进了国际贸易的发展；通过为成员方提供各种形式的资金支持及技术援助，帮助有关国家摆脱了债务危机、金融危机的困扰，并部分解决了发展中国家经济建设中对资金的需求。我们将主要介绍全球性的国际金融机构。

## 一、国际货币基金组织

国际货币基金组织和世界银行集团及关税与贸易总协定（世界贸易组织的前身）共同构成了第二次世界大战后国际经济秩序的三大支柱。国际货币基金组织负责货币金融事务，世界银行集团负责财政援助与经济开发事务，关税与贸易总协定负责国际贸易事务。国际货币基金组织是根据1944年7月在美国新罕布什尔州布雷顿森林召开的国际货币金融会议上通过的《国际货币基金协定》而建立起来的，1945年12月27日正式成立，总部在美国首都华盛顿，同年11月15日成为联合国的一个专门机构，但在经营上有其独立性。国际货币基金组织是处理国际货币关系的核心机构，截至目前，其成员方已达184个。

（一）国际货币基金组织的组织结构

国际货币基金组织的最高权力机构是理事会。理事会由每个成员方按其自行决定的方法委派理事及副理事各一人组成，一般由该国及中央银行行长担任。各理事单独行使本国的投票权。理事会每年召开一次，其主要职权是批准接纳新成员、修订基金条款与份额、决定成员方的退出、讨论并决定国际货币制度的重大问题。

理事会下设执行董事会，负责处理日常业务，由24名执行董事组成。其中5名董事由份额最大的5国（英国、美国、法国、德国、日本）派任，其余执行董事由成员方按地区划分为19个选区，由每个选区每两年通过选举选出一人组成。沙特阿拉伯、俄罗斯和中国组成自己的单独选区，各自单独推举一名执行董事。

总裁是执行董事会主席，是国际货币基金组织的最高行政长官，负责该组织的日常工作。总裁由执行董事会推选，任期5年，但无投票权，只有在执行董事会进行表决、双方票数相等时，才可投决定性一票。通常情况下，总裁由西欧国家推选。

执行董事会是一个常设机构，它和理事会之间还有两个委员会：一个是“国际货币基金组织理事会关于国际货币制度的临时委员会”，简称临时委员会；另一个是“世界银行和国际货币基金组织理事会关于实际资源向发展中国家转移的联合部长级委员会”，简称发展委员会。这两个委员会都是部长级委员会，每年开会2~4次，主要讨论国际货币体系和开发援助的重大问题。由于这两个委员会的成员大都来自主要国家而且政治级别较高，因此其决议往往就是理事会的决议。

除上述机构外，国际货币基金组织内部还有两大利益集团：代表发达国家利益的“十国集团”和代表发展中国家利益的“二十四国集团”。

（二）国际货币基金组织的宗旨

（1）通过设立一个就国际货币问题进行磋商和合作的常设机构，促进国际货币合作。

（2）促进国际贸易平衡发展，并借此提高和保持较高的就业率和实际收入水平，开发所有成员方的生产性资源，以此作为经济政策的主要目标。

（3）保持汇率稳定，维护成员之间有秩序的汇率安排，防止竞争性的货币贬值。

（4）为经常性交易建立多边支付与汇兑制度，并消除妨碍国际贸易发展的外汇管制。

（5）在临时性的基础上和有保障的条件下，向成员方提供资金，使其有信心调整国际收支不平衡，而不致采取有害于本国或国际经济繁荣的措施。

（6）依据以上目标，缩短成员方国际收支不平衡的时间，并减轻其程度。

（三）国际货币基金组织的份额与投票权

1.份额（Quota）

份额制度是国际货币基金组织的主要特点之一。份额是指成员方参加国际货币基金组织时认缴的一定数额的资金。目前，份额以特别提款权（SDRs）表示。在《牙买加协议》之前，份额的25%以黄金缴纳，其余75%以成员方本币缴纳。《牙买加协议》之后，25%的黄金份额改用特别提款权或可兑换货币缴纳，其余75%不变。

IMF使用份额公式评估成员方的世界经济地位，在此基础上分配给成员方特定份额。具体来说，现行的份额公式是包括以下变量的加权平均值：GDP（权重为50%）、开放度（主要是衡量经常项目收支总和，权重为30%）、经济波动性（经常项目收入和资本净流动的波动度，权重为15%），以及国际储备（5%）。这里的GDP是以市场汇率计算的GDP（权重为60%）和以购买力平价（PPP）计算的GDP（权重为40%）的混合变量。

各成员方份额的具体分配由理事会决定。理事会每隔5年对成员方的份额重新审定一次，并对部分成员方的份额进行调整。

2010年12月15日，IMF最高决策机构——理事会批准了关于IMF份额和治理改革的方案。改革方案涉及修正IMF协定，并需要占总投票权85%的3/5的成员方接受。一经成员方批准并实施，这项改革带来了前所未有的改变：不仅总份额增加一倍，份额比重也被大幅调整，以更好地反映IMF成员方在全球经济中相对权重的变化。而新一轮改革带来了意义深远的变化：一方面，IMF份额翻番，从约2 384亿SDRs增加到约4 768亿SDRs；另一方面，超过6%的份额从代表性过高的成员方转移到代表性不足的新兴市场和发展中国家。

2016年1月27日，IMF份额改革后，中国的份额从以前的3.996%大幅上升至6.390%，跃升为IMF第三大份额国，比第二位的日本（6.461%）仅低0.071个百分点，而美国依然是第一位（17.398%）。随着经济的稳定增长、综合实力的不断增强，中国也参与了一些IMF的活动，如通过IMF向泰国、阿富汗等国提供了数十亿美元的援助。随着中国与IMF的关系越来越密切，中国将在其中发挥更为重要的作用。

2023年12月18日，IMF宣布增资50%，总份额达到约7 152亿SDRs。

国际货币基金组织主要的日常活动是向出现国际收支逆差的成员方提供贷款支持，因此它必须拥有足够的资金。成员方认缴份额是国际货币基金组织主要的资金来源，除此以外，向成员方借款、出售黄金也是国际货币基金组织资金来源的组成部分。

2.投票权

国际货币基金组织成员方的投票权与认缴份额成正比。成员方在国际货币基金组织认缴的份额决定了其在国际货币基金组织的地位和权力的大小。认缴份额越大，成员方在国际货币基金组织的投票权、借款数量和分配到的特别提款权额度就越大。按国际货币基金组织的规定，每个成员方有250票基本投票权，在此基础上，按其认缴份额每10万特别提款权可增加一票。按国际货币基金组织的规定，重大问题须经全体成员方总投票权的85%通过才能生效。美国所占的份额最多，投票权也最大。尽管美国的投票权从16.75%有所下降，但依旧保持超过15%的重大决策否决权。中国目前的投票权为6.08%，位列美国和日本之后。针对美国的这种重大决策否决权，西方国家以“十国集团”（除美国外）、发展中国家以“二十四国集团”与之抗衡，这两大集团的投票权均超过了15%。

（四）国际货币基金组织的业务活动

1.汇率监督与政策协调

为了维持国际货币体系的正常运行，保持国际金融秩序的稳定和世界经济的增长，国际货币基金组织对成员方有严格的要求。国际货币基金组织实行汇率监督的根本目的在于保证有秩序的汇兑安排和汇率体系的稳定。国际货币基金组织的汇率监督主要体现在以下三个方面：

（1）对成员方的宏观经济政策进行监督，即通过监督一国的财政、货币政策，防止成员方利用宏观经济政策、补贴或任何其他手段操纵汇率以取得对其他成员方的不公平的竞争优势。

（2）对汇率制度进行监督。国际货币基金组织原则上反对复汇率制度或任何其他形式的差别汇率政策。

（3）对货币的自由兑换进行监督。国际货币基金组织要求成员方在经常项下实行货币的自由兑换，通过“稀缺货币条款”，对国际收支持续、大量盈余国家的货币进行兑换限制，促使盈余国采取措施减少其盈余。

国际货币基金组织对成员方提交的有关经济运行和经济政策的材料进行分析，在此基础上与成员方进行定期或不定期的磋商，对成员方的经济、金融形势及有关政策进行评估，并向其提出政策建议。从多年运作的实践来看，国际货币基金组织对国际金融秩序的稳定及各国政策的协调发挥着不可替代的作用。

2.提供金融援助

国际货币基金组织通过向发生国际收支困难的成员方提供短期贷款，帮助其弥补暂时性国际收支逆差。国际货币基金组织的贷款有如下特点：①贷款对象限于成员方政府；②贷款用途限于解决成员方暂时性国际收支逆差，贷款一般限于短期贷款；③成员方的贷款额度取决于其份额，与其份额成正比；④贷款方式采取“购买”的方式，即成员方以本国货币向国际货币基金组织换购自由外汇或特别提款权，且贷款无论以何种货币提供，都以特别提款权计值，利息也以特别提款权支付。

在实践中，国际货币基金组织对贷款的发放有着严格的条件限制，以保证贷款的使用不损害国际货币基金组织资金的流动性，并有助于调整受贷国的经济状况。成员方要获得贷款就必须制定符合国际货币基金组织要求的政策措施，还必须达到一定的实施标准，以确保成员方能在一定时期内取得可维持的国际收支状况和持续的经济增长，并确保对国际货币基金组织的资金使用是暂时性的。

最初，国际货币基金组织只有一种贷款，即普通贷款，后来，贷款种类不断增加，现主要包括以下几种：①普通贷款；②进出口波动补偿贷款；③缓冲库存贷款；④中期贷款；⑤临时贷款。

## 三、世界银行集团

世界银行集团由五个机构组成，它们分别是国际复兴开发银行（International Bank for Reconstruction and Development，IBRD）、国际开发协会（International Development Association，IDA）、国际金融公司（International Finance Corporation，IFC）、多边投资担保机构（Multilateral Investment Guarantee Agency，MIGA）和国际投资争端解决中心（International Center for Settlement of Investment Disputes，ICSID）。习惯上，我们把国际复兴开发银行称为世界银行。

（一）国际复兴开发银行

国际复兴开发银行是根据1944年7月布雷顿森林会议通过的《国际复兴开发银行协定》与国际货币基金组织同时产生的两个国际性的国际金融机构之一，成立于1945年12月31日。到目前为止，国际复兴开发银行的成员方有184个，总部设在美国首都华盛顿。加入国际复兴开发银行的成员方必须是国际货币基金组织的成员方。这里，我们仍沿袭习惯称呼，把国际复兴开发银行称为世界银行。

1.世界银行的组织机构

世界银行的组织机构包括理事会、执行董事会、行长和各业务机构。

理事会是世界银行的最高权力机构，各成员方都可指派一名代表参加理事会。理事一般由部长级政府官员担任，在世界银行行使最终决策权。理事会每年举行一次年会，必要时可召开临时会议。理事会的主要职责是：决定世界银行的重要政策问题，接收或中止国家（地区）的成员资格，决定核定股本的变化，确定世界银行净收入的分配，批准财务报表和预算。

世界银行和国际货币基金组织都采用加权投票制。《国际复兴开发银行协定》规定，世界银行成员方资格面向IMF的所有成员方开放。申请加入IMF的国家和地区须提供其经济数据，以供IMF将其与其他经济规模类似的成员方的数据进行比较，然后获得一个相当于向IMF认缴额度的配额，该配额决定该国或该地区在IMF和世界银行的投票权重。IMF给予的配额用于确定配给每个世界银行新成员方的股份数量。

申请加入世界银行的成员方必须认缴世界银行股份，一般情况下，认缴份额与该国在国际货币基金组织的份额相同。成员方的投票权主要根据其持有的股份来确定，与认缴的股份成正比。

世界银行的重要事项都需要会员方投票决定，投票权的大小与会员方认购的股本成正比，与国际货币基金的有关投票权的规定相同。世界银行每一会员方拥有250票基本投票权，每认购10万美元的股本即增加一票。美国认购的股份最多，有投票权226 178票，占总投票权的17.37%，对世界银行事务与重要贷款项目的决定起着重要作用。

世界银行第二阶段投票权改革完成后，IBRD执行董事会由25名执行董事组成，其中6名由掌握股份最多的国家美国、日本、中国、德国、法国、英国直接派任，不参加选举；其余19名执行董事由其他成员方的理事按地区组成20个选区，每两年选举一次，其中沙特阿拉伯、俄罗斯为单独选区。世界银行集团各机构的投票权重分布各不相同。

第二阶段世界银行投票权改革完成后，IBRD前6大股东国分别为美国（15.85%）、日本（6.84%）、中国（4.42%）、德国（4.00%）、法国（3.75%）和英国（3.75%）。

2010年4月25日，世界银行发展委员会春季会议通过了发达国家向发展中国家转移投票权的改革方案。这次改革使中国在世界银行的投票权从2.77%提高到4.57%，成为世界银行第三大股东国，仅次于美国和日本；韩国则从1%提高至1.6%。2018年世界银行春季年会期间宣布，中国在世界银行的投票权升至5.71%。美国和日本分别下降到15.87%和6.83%。

2.世界银行的资金来源

世界银行的资金主要来自成员方缴纳的股金、在国际金融市场发行的债券、出让银行债权及留存的业务净收益等。

世界银行成立之初，法定资本为100亿美元，其中的20%为成员方加入时缴纳（其中2%为黄金或美元、18%为本国货币），另外的80%为待缴股本。随着经济的发展，为了满足新的成员方认缴股份、老的成员方增加认缴股份的需要，世界银行曾多次增资，但实际可支配和自由应用的资金是有限的。

世界银行的实收资本有限，又无法像商业银行那样吸收存款，因此，借款就成为世界银行主要的资金来源。世界银行的借款主要通过发行中长期债券的方式进行。最初，债券的发售对象为成员方政府、中央银行，后来主要通过投资银行、商业银行等包销商向养老基金、保险公司、公司、个人等私人投资者出售，期限为2~25年。由于信誉高，世界银行发行的债券都具有最高的信用等级，可以在国际金融市场上获得成本较为低廉的资金。

世界银行筹措资金的另一个途径是将其贷出款项的债权转让给私人投资者（主要是商业银行），收回资金，以加快资金周转。这种形式的资金来源近年来在世界银行业务中的比重不断上升。

此外，世界银行来自投资和贷款等业务活动的利润即业务净收益，也是其重要的资金来源。自成立以来，除第一年有亏损外，世界银行每年都有盈余且逐年增加，这成为其贷款资金的稳定来源。

3.世界银行的资金运用

世界银行为旨在减轻贫困和推动发展中国家发展的项目提供多种不同类型的融资。与商业金融机构不同，它的经营目的不是追求利润的最大化，而是利用其较高的信用评级，将其所提供的低利率贷款贷放给发展中国家的客户。世界银行的借款方一般由中等收入国家（世界银行的标准是人均收入介于865~5 115美元之间）组成，世界银行帮助借款方获得数额较大、条件较好、偿还期较长的资本。政府借款必须用于特定方案，如减轻贫困、提供社会服务、环境保护或经济增长，而且贷款一般都伴随着非贷款服务（咨询、技术援助、人员培训等），以保证最大效率地使用资金。

世界银行提供的贷款可分为两大类：为货物、工程和服务提供的投资贷款，以支持一系列部门中的经济和社会发展项目；发展政策贷款（曾被称为调整贷款），以支持政策和制度改革。具体来说，世界银行的贷款主要有以下几种：

（1）项目贷款。它又称特定投资贷款，用于资助成员方某个具体的发展项目。世界银行的农村发展、教育、能源、卫生、交通等大部分贷款都是此类贷款。项目贷款是世界银行传统的、最主要的贷款方式。

（2）部门贷款。它具体可分为部门投资及维护贷款、部门调整贷款及中间金融机构贷款。部门投资及维护贷款用于改善部门投资和投资重点，加强借款方制订和执行投资计划能力；部门调整贷款是为某一具体部门的体制改革提供支持的；中间金融机构贷款是指世界银行贷款给借款方中间金融机构，再由其转贷给各个项目。

（3）结构调整贷款。这类贷款主要用于帮助借款方进行经济政策、发展布局、经济结构和体制方面的调整和改革，使其能够更有效地利用资金和资源，以适应不断变化的世界经济形势，维持国际收支平衡。

（4）联合贷款。这是指世界银行与借款方以外的其他贷款机构联合起来，共同为某个项目融资。

（5）第三窗口贷款。该类贷款的条件介于世界银行的一般性贷款与国际开发协会的优惠贷款之间，利差由发达国家和石油生产国自愿捐赠形成的“利息贴补基金”解决，贷款对象为低收入国家。

4.世界银行贷款的特点

（1）世界银行对贷款的条件要求比较严格。贷款对象只限于成员方政府及政府机构、国有和私营企业。除借款人为成员方政府本身外，其他各类公、私机构及企业借款均需世界银行认可的机构提供担保；原则上只对成员方特定建设项目提供贷款，且项目在经济和技术上是可行的，对该国的经济发展来说是优先发展的项目；成员方不能按合理条件从其他渠道获得资金时，才能向世界银行申请贷款。

（2）贷款期限一般较长，平均为17年，最长可达30年，宽限期一般为5年。

（3）贷款的利率参照国际资本市场利率确定，一般低于市场利率，且收取的杂费较少，仅对签约后未支取的贷款额收取0.75%的承诺费。

（4）世界银行一般只提供项目贷款所需金额的30%~50%，配套资金由借款方自己解决，同时借款方要承担汇率变动的风险，借款要按时归还，不得拖欠。

（5）申请世界银行贷款要遵循严格的程序，并接受世界银行的审查和监督，贷款必须专款专用。

（6）贷款金额不受成员方股本限制，是发展中国家发展经济的一条重要的筹资渠道。

（二）国际开发协会

国际开发协会是国际复兴开发银行的一个附属机构，1960年9月24日在华盛顿成立，目前有169个成员方。

国际开发协会的成立是因为世界银行无法满足发展中国家，特别是欠发达的低收入国家对廉价资金的大量需求，这些国家需要大量资金来摆脱贫困和发展经济。虽然世界银行的贷款较商业贷款优惠，但其相对严格的贷款条件及利息和本金的偿还，对经济基础薄弱、贫困人口众多的低收入国家来说，仍然是沉重的负担。在美国的提议下，世界银行决定建立一个专门向低收入国家提供优惠贷款的机构，即国际开发协会，以促进低收入国家的经济发展并消除贫困。

国际开发协会成立的宗旨是专门向低收入国家提供比世界银行贷款条件更为优惠的长期贷款（通常这类贷款是无息的），以促进低收入国家经济发展和居民生活水平提高，作为世界银行贷款的补充，推动世界银行目标的实现。

一个国家是否具备获得IDA援助的资格，决定因素是它的相对贫困程度。对相对贫困程度的定义是人均国民收入低于某个确定的、每年更新的临界点。IDA也为某些经济状况好于这个临界点但又不具备从IBRD获得借款资信的国家提供援助，其中包括若干小型岛国。

有些国家，如印度和巴基斯坦，根据人均收入水平，它们具备获得IDA援助的资格，也具备从IBRD借款的资信，它们被称为混合型国家。

目前，有82个国家具备获得IDA援助的资格。这些国家共拥有25亿人口，占全世界总人口的一半。据估计，这些国家有15亿人口每天靠2美元或不到2美元的收入维持生活。

1.国际开发协会的组织机构

国际开发协会的组织机构同世界银行相似，最高权力机构是理事会，其下设的执行董事会负责日常工作。国际开发协会名义上是一个独立的机构，有自己的资金来源和独立的法人地位，实际上它与世界银行是“一套人马，两块牌子”，其正、副理事，正、副执行董事，经理、内部机构人员，均由世界银行相应部门的人员兼任。

国际开发协会的成员方必须是世界银行的成员，成员方按人均收入指标分为两类：作为协会资金提供国的高收入国家（被称作一类国家）和作为协会资金接受国的低收入国家（被称作二类国家）。这两类国家均需向国际开发协会认缴股份，投票权与认缴股份相联系。

2.国际开发协会的资金来源

（1）成员方认缴的股本。资金提供国的股份可以用黄金或可自由兑换货币认缴，资金接受国认缴的股份则由10%的黄金或可自由兑换货币及90%的本国货币构成。

（2）成员方和其他捐助国提供的补充资金和特别捐赠。由于认缴的股份有限，必须依靠成员方和其他捐助国定期提供一定的补充资金来维持不断增长的资金需求。约有40个富裕国家每四年以捐款的形式为国际开发协会提供资金。

（3）世界银行的拨款（捐赠）。这是指世界银行从其净收入中拨付给国际开发协会的款项，一般也是每四年为一周期，

（4）国际开发协会本身业务经营的净收入。这部分资金数量较少。

可以看出，国际开发协会的资金主要来自富裕国家和世界银行的捐赠。

3.国际开发协会的资金运用

国际开发协会的主要业务活动是向贫穷的低收入国家提供长期的优惠贷款。2024年7月确定的低收入国家的标准是年人均国民收入在1 145美元以下。

国际开发协会的贷款对象实际上是成员方政府，贷款的特点是条件非常优惠，被称为开发贷款，又称软贷款，以别于世界银行的硬贷款。贷款具有明显的援助性质，主要投向农业、能源、交通运输、环境保护、教育及艾滋病防治等领域，期限长达30~40年，并有10年的宽限期，还不收利息，每年仅收0.75%的手续费。近年来，国际开发协会加大了向低收入国家无偿捐赠的力度，以配合联合国新千年发展目标的实现。

（三）国际金融公司

根据《国际复兴开发银行协定》，世界银行的贷款以成员方政府为对象，如果向企业等部门贷款，必须由政府担保，而且世界银行只能经营贷款业务，不能参与股权投资或为成员方的私人企业提供其他种类的风险投资，这在一定程度上限制了世界银行业务的发展。为了增加对成员方私人企业的国际贷款，在美国国际开发署的提议下，经世界银行成员方协商，于1956年正式成立了国际金融公司。国际金融公司是世界银行的附属机构，目前有176个成员方。

国际金融公司的宗旨是通过推动成员方私人部门的发展来促进欠发达国家的经济增长。

1.国际金融公司的组织机构

国际金融公司的组织机构与世界银行一样，最高决策机构是理事会，并设有管理日常业务的执行董事会。国际金融公司的经理由世界银行行长兼任，内部机构及人员也由世界银行的相应机构和人员兼管、兼任。只有世界银行的成员方才能成为国际金融公司的成员。

2.国际金融公司的资金来源

（1）成员方认缴的股本。国际金融公司法定资本最初为1亿美元，经过几次增资，目前认缴股本已达22.3亿美元。

（2）借款。这是国际金融公司主要的资金来源，目前这类资金占国际金融公司所有资金来源的80%以上。借款主要来自债券发行、国际信贷及世界银行和成员方政府的贷款。

（3）国际金融公司的投资收益和转让股权所获资金。

3.国际金融公司的业务活动

国际金融公司的业务活动是为成员方的私人企业提供资本，主要采取两种方式：

（1）直接向私人企业提供贷款，且不需要成员方政府提供担保。

（2）对私人企业直接投资，并参与其收益分配。

国际金融公司的业务主要面向生产性私人企业，这类企业规模较小，贷款额度一般为200万~400万美元，最高不超过3 000万美元；国际金融公司提供资金时，往往采取贷款与资本投资相结合的方式，但不参与投资企业的经营管理；国际金融公司通常与私人投资者共同投资，促进了发达国家对发展中国家私人企业的投资。

国际金融公司的贷款和投资对象主要集中在制造业、加工业、采掘业、公用事业及旅游等领域，贷款期限一般为7~15年，利率高于世界银行利率。国际金融公司在投资的同时，还向项目主办企业提供咨询服务，以协助企业创造良好的投资环境，促进私人投资的增加。

（四）多边投资担保机构和国际投资争端解决中心

多边投资担保机构成立于1988年，是世界银行集团的最新成员机构，目前有164个成员方。

多边投资担保机构的宗旨是：通过向外国投资者提供担保，使其免受非商业性风险（税收、货币不可兑换、转移限制以及战争和内乱）造成的损失，以此来鼓励外国投资者增加对发展中国家的投资。此外，多边投资担保机构还为成员方提供中介和咨询服务，帮助发展中国家吸引和保留投资。

作为担保业务的一部分，多边投资担保机构也帮助投资者和政府解决可能对其担保的投资项目造成不利影响的争端，防止潜在索赔要求升级，使项目得以继续。多边投资担保机构还帮助各国制定和实施吸引外国直接投资的战略，并以在线服务的形式免费提供有关投资商机、商业运营环境和政治风险担保的信息。

国际投资争端解决中心成立于1966年，现有140个成员方。国际投资争端解决中心的成立，是为了解决一国与外国投资者之间的争端。它通过调停或仲裁的方式，协助解决外国投资者和东道国之间的投资争端，以鼓励、促进国际资本流动，特别是向发展中国家的流动。此外，许多国际投资协议都援引国际投资争端解决中心的仲裁条款。

国际投资争端解决中心本身并不直接承担调解、仲裁工作，而只是为解决争端提供便利，为针对各项具体争端而分别组成的调解委员会或国际仲裁庭提供必要的条件，便于它们开展调解或仲裁工作。国际投资争端解决中心受理的争端仅限于一缔约国政府（东道国）与另一缔约国国民（外国投资者）直接因国际投资而引起的法律争端。

## 四、国际清算银行

国际清算银行是根据1930年1月20日签订的《海牙国际协定》，由英国、法国、意大利、德国、比利时和日本的中央银行及美国的三家商业银行组成的银行集团，于同年5月17日在瑞士巴塞尔成立，它是世界上第一家国际金融机构。国际清算银行成立的最初目的是方便第一次世界大战（以下简称一战）形成的国际债务的支付和转移。随着战争债务问题的解决，国际清算银行的职能逐步转变为促进各国中央银行的合作，为国际金融活动提供更多便利。世界大多数国家（地区）的中央银行都是其客户，它被人们称为“中央银行的银行”。

（一）国际清算银行的组织机构

国际清算银行是股份制性质的企业性金融机构，最高权力机构是股东大会。股东大会每年举行一次，由作为该行股东的各国中央银行派代表参加。股东大会的投票权根据认购股份数额按比例分配，目前有55家中央银行或货币当局派代表出席股东大会并享有投票权。

股东大会下设的董事会负责处理日常工作，董事会由21名成员组成，其中英国、法国、比利时、意大利、德国和美国的中央银行行长是董事会的固定成员，他们可各自选择一名本国工商金融界人士出任另一董事。此外，加拿大、日本、荷兰、瑞典、瑞士的中央银行行长也是固定董事。董事会成员选举董事会主席并任命总裁，通常情况下总裁由董事会主席兼任。2005年6月1日，经追加购买，中国共有该行4 285股的股本。2023年9月，中国人民银行潘功胜行长出任国际清算银行董事。

国际清算银行成立之初，其股本构成中既有中央银行为代表的官方资本，又有美国银行集团持有的私人资本。2001年1月，经董事会决定，国际清算银行的股份仅限中央银行持有，私人持有的股份将通过补偿支付收回。

（二）国际清算银行的主要职能

国际清算银行的主要任务是促进各国中央银行之间的合作，维护金融市场的稳定，为国际金融业务的顺利开展创造条件。

每年召开的年会、中央银行行长例会和全球经济会议是国际清算银行最高级别活动。各国中央银行行长利用这些会议，讨论全球经济及金融发展的最新形势和其他各方关注的问题，探讨如何协调宏观政策，彼此交换看法。

此外，国际清算银行定期召开董事会，主要发达国家的中央银行频繁接触，彼此交流各自的观点，对协调它们之间的货币政策起到重要作用。国际清算银行每两个月还召集“十国集团”召开一次会议，及时商讨世界经济、金融领域遇到的新情况、新问题，协调相互之间的立场，探讨共同的对策。另外，国际清算银行还定期举办高级别专门委员会会议，如巴塞尔银行监管委员会、支付和清算系统委员会、欧洲货币常设委员会等的会议，协调、解决相关领域所面临的问题。

国际清算银行的另一职能是为各国中央银行提供服务。它为成员方中央银行管理储备资产，开办各种金融服务。目前，约有120个国家（地区）的中央银行和国际金融机构在国际清算银行开立了账户，总资产超过1 000亿美元。它既为中央银行间的资金划拨提供结算服务，又在国际金融市场上代理中央银行买卖黄金和外汇。近年来，国际清算银行还向成员方中央银行提供投资、信贷、风险控制等方面的服务，以提高中央银行持有外汇储备资产的收益，使其对储备流动性的管理更为有效。

国际清算银行在国际金融形势研判、收集并处理各类信息方面有很高的权威性。它专门设立的各个委员会所提出的建议、发布的有关分析报告，为人们准确把握世界经济、金融发展趋势，制定相应对策，提供了有益的帮助。国际清算银行主持的巴塞尔委员会针对国际银行间的平等竞争和安全性问题所确定的《巴塞尔协议》，为国际银行业的统一监管提供了一个划时代的重要文件，经多次修改已成为真正的国际银行公约。

**拓展阅读**

### 上海国际金融中心建设

“全球金融中心指数”（Global Financial Centres Index，GFCI）是全球最具权威的国际金融中心地位的指标指数，每年3月和9月各更新一次，由英国智库Z/Yen编制发布。从2007年开始，“全球金融中心指数”报告对全球范围内的46个金融中心进行评价，每半年定期更新以显示金融中心竞争力的变化。其评价体系涵盖营商环境、金融体系、基础设施、人力资本、声誉及综合因素等五大指标。发展至今，GFCI已经成为展现金融中心竞争力的最重要标准之一。

上海是全球著名的金融中心，是全球人口规模和面积最大的都会区之一。2017年，上海高新技术企业总数达到7 642家，位列福布斯“中国大陆最佳商业城市排行榜”第一位。上海几乎囊括了全中国所有的金融市场要素：上海证券交易所、上海期货交易所、中国金融交易所、上海钻石交易所、上海黄金交易所、中国外汇交易中心、中国资金拆借市场等。

2018年3月26日，第23期“全球金融中心指数”报告在中国青岛金家岭金融区发布，伦敦、纽约、香港位列全球金融中心前三，上海、北京、深圳、广州、青岛位列中国内地上榜城市五强。

2021年9月24日，英国Z/Yen集团与中国（深圳）综合开发研究院联合发布第30期“全球金融中心指数”报告，纽约、伦敦、香港排名前三，上海排名第六。

2023年4月，第33期“全球金融中心指数”报告发布。纽约排名第一，成为当之无愧的国际金融中心；伦敦和新加坡紧随其后，位列第二和第三；香港排名第四；上海排名第七。

资料来源 作者根据相关资料整理。

本章小结

问题：结合以上内容，试分析提升上海国际金融中心的地位，应该做哪些改进？

分析要点：结合本章知识，考虑一下国际金融中心应该具备的基本条件有哪些。

## 同步测试

同步测试

（一）选择题

1.国际债券可分为（　　）两大类。

A.外国债券　　B.欧洲债券

C.公司债券　　D.政府债券

2.全球性的国际金融机构主要有（　　）。

A.亚洲开发银行　　B.国际货币基金组织

C.世界银行集团　　D.国际清算银行

（二）简答题

1.离岸金融市场与在岸金融市场有何区别？

2.如何理解国际金融市场的证券化趋势？

3.国际货币基金组织的业务活动包括哪些？

4.世界银行的贷款主要有哪几种？

5.简述国际开发协会的资金运用方向。

6.国际金融公司的业务活动主要是什么？

7.简述国际清算银行的主要职能。

# 第六章

# 国际资本流动与国际金融危机

## 学习目标

［知识目标］

掌握国际资本流动的类型与经济效应分析。

［能力目标］

掌握各种国际资本流动理论的基本内容。

［素养目标］

深化学生对未来国际金融发展的多种可能性的认识与思考，加强金融风险意识与危机意识。

## 引导案例

### 2022年中国的对外直接投资

2023年9月28日，商务部、国家统计局和国家外汇管理局联合发布《2022年度中国对外直接投资统计公报》。

2022年，中国对外直接投资流量1 631.2亿美元，为全球第2位，连续11年列全球前三，连续7年占全球份额超过1成。2022年末，中国对外直接投资存量达2.75万亿美元，连续6年排名全球前三。

2022年年末，中国境内投资者共在全球190个国家和地区设立境外企业4.7万家。近60%分布在亚洲，北美洲占13%，欧洲10.2%，拉丁美洲7.9%，非洲7.1%，大洋洲2.6%。其中，在共建“一带一路”国家设立境外企业1.6万家。

2022年，中国对外直接投资涵盖了国民经济的18个行业大类，其中流向租赁和商务服务、制造、金融、批发零售、采矿、交通运输等领域的投资均超过百亿美元。

2022年中国对外非金融类投资流量中，地方企业860.5亿美元，占61%，较上年提升3.3个百分点。其中，东部占比77.3%。浙江、广东、上海列前三位。

2022年，境外企业向投资所在地纳税750亿美元，增长35.1%。年末境外企业员工总数超410万人，其中雇用外方员工近250万。当年对外投资带动货物进出口2 566亿美元。非金融类境外企业实现销售收入3.5万亿美元，增长14.4%。

资料来源　商务部合作司. 商务部、国家统计局和国家外汇管理局联合发布《2022年度中国对外直接投资统计公报》[EB/OL].［2024-03-10］. http://perth.mofcom.gov.cn/article/jmxw/202310/20231003445672.shtml

对外直接投资是国际资本流动的主要形式之一，本章就这一问题展开分析。

# 第一节　国际资本流动类型与经济效应

国际资本大规模全球化的快速流动是当代国际金融领域的突出现象，作为经济要素资源全球范围配置的国际平台，国际资本流动在促进国际经济贸易增长和国际金融一体化的同时，也引发国际债务危机和国际货币危机。20世纪90年代以来，随着国际金融危机的不断爆发和加剧，国际资本流动再次引起了世人的高度重视。

## 一、国际资本流动的概念与分类

国际资本流动（International Capital Flow）亦称国际资本移动，是指资本从一个国家或地区转移到另一个国家或地区。它与商品贸易或劳动力输出（输入）所引起的货币流通有着本质的区别。后者在商品或劳动力的交换中发生货币所有权的转移，而国际资本在其流动中不产生所有权的转移，发生转移的仅仅是它的使用权。

国际资本流动从流向上看主要包括资本的流出和流入。资本流入（Capital Inflow）是指外国资本流入本国，即本国资本输入，主要表现为：①外国在本国的资产增加；②外国对本国负债减少；③本国对外国的债务增加；④本国在外国的资产减少。资本流出（Capital Outflow），指本国支出外汇，是本国资本流到外国，即本国资本输出，主要表现为：①外国在本国的资产减少；②外国对本国债务增加；③本国对外国的债务减少；④本国在外国的资产增加。

国际资本流动从期限上看主要包括长期资本流动与短期资本流动。

### （一）长期资本流动

长期资本流动是指使用期限在一年以上，或者未规定使用期限的国际资本流动。主要包括三种类型：国际直接投资、国际证券投资和国际贷款。

#### 1.国际直接投资

国际直接投资（International Direct Investment）是指一个国家的企业或个人对另一国企业部门进行投资，以取得某一企业的全部或部分管理和控制权。国际直接投资一般有以下方式：①在国外创办新企业，包括创办独资企业、设立跨国公司分支机构及子公司；②与东道国或其他国家共同投资，合作建立合营企业；③投资者直接收购现有的外国企业；④购买外国企业股票，获得一定比例以上的股权；⑤以投资者在国外企业投资所获利润作为资本，对该企业进行再投资。

#### 2.国际证券投资

国际证券投资（International Portfolio Investment），是指通过在国际债券市场上购买外国政府、银行或工商企业发行的中长期债券，或在国际股票市场上购买外国公司股票而进行的对外投资。证券投资与直接投资的区别主要表现在：证券投资者只能获取债券、股票回报的利息、股息或红利，对所投资企业无实际控制和管理权；而直接投资者则因持有股权要承担所投资企业的盈亏，并享有部分或全部管理控制权。

3.国际贷款

国际贷款（International Loans）是指一国政府、国际金融组织或国际银行对非居民（包括外国政府、银行、企业等）所进行的期限为一年以上的放款活动。主要包括政府贷款、国际金融机构贷款、国际银行贷款。

（二）短期资本流动

短期资本流动是指期限在一年或一年以内的国际资本流动。它主要包括如下四类：

1.贸易资本流动

贸易资本流动，是指由国际贸易引起的货币资金在国际上的融通和结算，是最为传统的国际资本流动形式。国际贸易活动的进行必然伴随着国际结算，引起资本从一国或地区流向另一国或地区。各国出口贸易资金的结算，导致出口国或代收国的资本流入；各国进口贸易资金的结算，则导致进口国或代付国的资本流出。

2.银行资金流动

银行资本流动，是指各国外汇专业银行之间由于调拨资金而引起的国际资本转移。各国外汇专业银行在经营外汇业务的过程中，由于外汇业务或谋取利润的需要，经常不断地进行套汇、套利、掉期、外汇头寸的抛补和调拨，短期外汇资金的拆进拆出，国际银行同业往来的收付和结算等，都要产生频繁的国际短期资本流动。

3.保值性资本流动

保值性资本流动又称为“资本外逃”（Capital Flight），是指短期资本的持有者为了不遭受损失而在国与国之间调动资本所引起的国际资本转移。保值性资本流动产生的原因主要有国内政治动荡、经济状况恶化、加强外汇管制、颁布新的税法、国际收支发生持续性的逆差等。这些原因会导致资本外逃至币值相对稳定的国家，以期资本保值，免遭损失。

4.投机性资本流动

投机性资本流动是指投机者利用国际金融市场上的利率差别或汇率差别来谋取利润所引起的国际资本流动。具体形式主要有：对暂时性汇率变动的投机；对永久性汇率变动的投机；与贸易有关的投机性资本流动；对各国利率差别作出反应的资本流动。由于金融开放与金融创新，国际上投机资本的规模越来越庞大，投机活动也越来越盛行。

国际资本流动从实际生产、交换角度看，主要分为产业性资本流动与金融性资本流动。产业性资本流动是指与实际生产、交换发生直接联系的资本流动。如在国际上兴办特定企业、控制或介入企业的实际经营管理的产业性资本流动——国际直接投资，作为商品在国际上流动的对应物、在国际贸易支付中发生的各种贸易性资本流动。金融性资本流动是指与实际生产、交换没有直接联系的资本流动。如国际银行存贷市场上与国际贸易支付不发生直接联系的银行存贷活动，国际证券市场上不以获取企业控制权为目的的证券买卖，外汇市场上与商品进出口没有直接联系的外汇买卖，国际衍生工具市场上与商品贸易套期保值无关的交易等等。

金融性资本流动具有更为明显的货币金融性质，近年来它的规模越来越大，而且发展非常迅速，形式日益复杂，特别是越来越脱离实物经济，表现出自身相对独立的运动形式。西方学者用国际资金流动、国际金融性资本流动（International Financial Capital Flow）等术语对其描述。因此，我们在国际金融学的研究中，应加以特别的关注。

## 二、国际资本流动的成因及经济效应

（一）国际资本流动的成因

国际资本流动的形成，是一种供给与需求关系产生的结果。正因为存在这样的一种供求关系，才从根本上导致了国际资本流动。

1.从资本供给看——牟利与规避风险的权衡

在国际资本流动中，长期资本与短期资本流动的具体原因各不相同，但从总体上看，其动因都不外乎两个：其一是追求利润，其二是规避风险。第二次世界大战后，由于世界经济发展的不平衡，各国资本的预期收益率出现差异。资本追逐利润最大化的本性驱使它从一国流向另一国。若一国资本的预期收益率高于他国，在其他因素相同的情况下，他国资本便会流入该国；反之，若一国资本的预期收益率低于他国，或者在相同收益率下风险高于他国，不仅外国资本会从该国抽走，而且本国资本也会出现外逃现象。

在国际资本流动中，追逐利润并非单纯的唯一动机。对投资者来说，还要考虑资本的相对安全性。在某国或地区风险因素超过投资者所能承受的范围时，资本外流也就产生了。因此，任何国际资本的流入流出，都是追求利润和规避风险的权衡结果。而也正是因为这两个原因的存在，使谋求流动的国际资本始终存在，从而产生资本供给。

2.从资本需求看——弥补资金缺口

资本需求是多方面的，但是发展中国家的资本需求是最为明显的。在发展中国家，由于国内储蓄不足以支持经济发展或起飞阶段所需要的投资需求，收入不足以支付进出口所需要的资金，为了开发本国资源、本国新产品、扩大生产能力以及引进先进技术和先进的管理经验，需要利用外资弥补经济发展的资金缺口，从而形成对国际资本持续的需求。同时，国际投机者，尤其是以对冲基金为代表的机构投机者，在进行投机交易时，需要动用巨额资金，从而产生对国际资本的投机性需求。

（二）国际资本流动的一般经济效应分析

西方新古典学派理论认为，资本流入一个国家增加了东道国的资本存量，而母国的资本存量则相应减少。在其他条件不变的情况下，会给两国都带来利益，从而实现资源的合理配置，对世界经济增长起推动作用。这就是麦克杜格尔于1960年提出，后经肯普发展而形成的资本移动促进国民收入学说。麦克杜格尔假定：（1）资本在国际上可以自由流动，不存在限制资本流动的因素；（2）存在A、B两类国家，其中，A国是资本丰富的国家，而B国是劳动力丰富的国家；（3）存在完全竞争的要素市场，即要素的价格等于要素的边际生产力。

1.资本流动对国民收入的影响

如图6-1，假定在一个A、B两国构成的世界中，世界资本存量为既定的OO′，但两国拥有的资本不一样；A国拥有OA量的资本，B国拥有O′A量的资本。

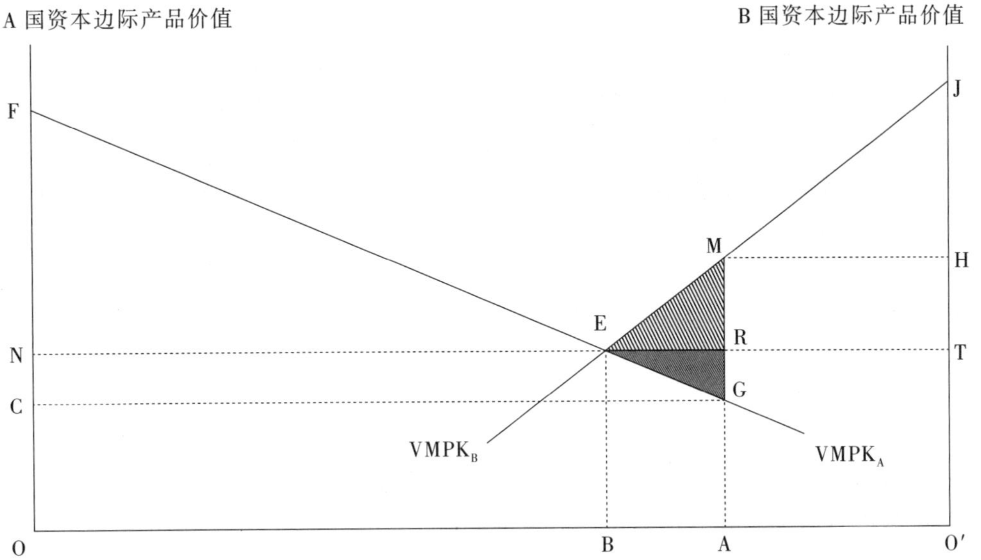


图6-1 资本流动与国民收入

在没有资本流动的条件下，A国资本收益率为OC时，在国内投入的全部资本总量为OA，因此，总产量可用边际产品价值曲线（VMPK）下的面积测算，为OFGA。其中，OCGA由A国资本所有者创造，剩下的CFG由其他合作要素所有者，比如劳动力和土地所有者创造。同样，在禁止资本流动条件下，B国资本收益率为O′H时，投入国内的全部资本存量为O′A，总产量是O′JMA。其中，O′HMA由B国资本所有者创造，剩下的HJM由其他合作要素所有者创造。

资本从A国流入B国，直至达到BE的水平（BE=ON=O′T），两国的资本收益率相等。A国国内总产量现在是OFEB，加上对外投资的总收益ABER，得出国民收入总量为OFERA，增加了ERG。随着国际资本的自由流动，A国资本总收益增加到ONRA，而其他合作要素总收益减少到NFE。

随着外国资本AB量流入B国，B国的资本收益的比率从O′H降低到O′T。表面上看来，B国国内总产量从O′JMA增长到O′JEB。在所增加的总产量ABEM中，ABER由外国投资者创造。在总产量增加部分中仍有ERM留给B国作为净收益。国内资本所有者总收益从O′HMA下降到O′TRA，而其他合作要素所有者总收益从HJM上升到TJE。

从整个世界范围看，总产量从（OFGA+O′JMA）增加到（OFEB+O′JEB），增加了EGM。因此，国际资本流动提高了国际资源配置的效率，提高了生产力，从而增加了国民收入。$VMPK_A$和$VMPK_B$曲线越陡，则从国际资本流动中获得的总收益越大。

2.资本流动对国民收入分配的影响

（1）对于投资国国民收入分配的影响。流动之后，A国的总产出虽然减少了BEGA部分，但其国民收入并没有下降。因为BA部分的对外投资，按EB水平的资本价格，给A国带来了EBAR量的海外投资收益。显然，A国的国民收入不仅没有减少，反而比流动之前增加了GER部分。

但是，A国国民收入的增加，对国内的资本要素和劳动力要素的收入分配却有着不同的影响：对资本要素收入的分配较之资本流出前增加了CGRN部分；而对劳动力要素收入的分配较之资本流动前相比减少了CGEN部分。可见，资本流动之后，使流动前劳动力要素所有者的一部分收入CGEN再分配给了资本要素所有者，从而产生了有利于资本要素所有者的收入分配效应。

（2）对于投资接受国国民收入分配的影响。B国在接受了BA部分的外资后，使总产出由流动前的O′JMN增加为O′JEB，增加了BAME部分。但这部分中，要将BARE部分以投资收益的形式支付给A国，对于B国而言，仍有三角形ERM部分的国民收入净收益。

B国国民收入的增加，在国民收入的分配上，产生了有利于劳动力要素所有者的分配效应。流动之前，B国资本要素和劳动力要素的收入分别为O′HMA和JHM。流动之后，B国国内资本要素和劳动力要素的收入增加总额HTEM中，HTRM正好是资本收入减少的部分，即：资本流动后，使原来归资本要素的部分收入再分配给了劳动力要素。

综合以上两个方面的分析，我们可以得到如下两点结论：①资本的国际流动，不仅可以增加全世界的生产和福利水平，而且可以同时增加投资国和投资接受国的国民收入；②资本流动对投资国和投资接受国各自的国民收入分配产生了相反的影响。对投资国而言，产生了有利于资本要素收入的分配而不利于劳动力要素收入的分配；对投资接受国而言。产生了有利于劳动力要素收入的分配而不利于资本要素收入的分配。

（三）国际资本流动的负经济效应分析

一般来说，国际资本流动对资本输出国和输入国都有很大影响。在错综复杂的经济活动过程中，其影响既有积极的一面，也有消极的一面。国际资本流动的负效应主要表现为：

1.长期过度的资本输出、输入会对世界经济的稳定发展产生影响

在货币总额一定的条件下，大量资本输出会使本国的投资下降，从而减少国内的就业机会，降低国内的财政收入，对本国经济发展造成压力。面对长期大量的资本输入，如果资本输入国缺少正确的政策，管理不善，使用不当，不仅会使本国资源遭到掠夺，无法建立自己的优势产业，而且可能会使本国的部分行业甚至国家的经济命脉受到国外垄断资本的控制，国家主权受到侵犯，处于依附发达国家的地位。

2.加重外债负担，甚至会陷入债务危机

对资本输入国来说，除外国的直接投资以外，流入的所有其他类型的资本都属于外债，是需要还本付息的。如果外债金额过大，超出了本国还本付息的承受能力，将会陷入债务危机的困境之中。

例如，20世纪80年代初墨西哥就开始吸引大量的证券投资，为其经济发展和繁荣创造了优良的资金环境。但由于国家政策失误、外债结构不合理、未能有效利用外债以及国际利率居高不下等原因，使其经济急剧紧缩并被迫宣布停止偿还债务，引起外国投资者的恐慌，大量抛售股票、债券，抽回本金，换得美元出逃。由此引起国内投资者的纷纷效仿，发生连锁反应，使得墨西哥证券和外汇市场巨幅震荡。墨西哥货币大幅贬值，也进而影响了周边国家乃至整个国际金融的稳定，造成了巨大的损失，其后在美国和国际金融组织的干预和支持下，才勉强渡过难关。

又如，2001年12月19日，阿根廷爆发大规模骚乱，大批商店被哄抢，造成了30多人死亡，经济部长卡瓦略、总统德拉鲁阿相继辞职。其后，在10天之内更换4位总统，由经济危机转为政治危机，其中一个原因就是阿根廷对高达1 550亿美元的外债偿还能力不足。

3.易于造成货币金融混乱

短期资本流动在这方面的消极影响最为明显。各国由于国际收支和利率的差异，导致了投机性的短期资本流动频繁，投资者利用汇率、利率的变动，炒买炒卖外汇，更加剧了各国国际收支的不平衡和汇率的不稳定，尤其是投机性强的国际游资一有风吹草动，就会兴风作浪，大规模地从一些国家流进流出，严重干扰和影响了一些国家正常的经济、金融秩序，造成较大的危害。

1997年首先在泰国引爆的东南亚金融危机就是一个很好的例证。20世纪90年代以来，这些国家纷纷推行金融自由化，但它们未实行有效的金融监管，使这一区域成了投机的“天堂”。另外，东南亚各国把发展经济的动力依附在大量的外国资本上，而且是长期过分地依赖，政府没能将社会上闲散资金有效地组织起来，更何况因为出口结构单一，出口竞争力下降，造成出口增长速度逐年放慢。也就是说，出口创汇能力逐渐下降，而国内的许多物品尚需使用外汇去国外进口，因此造成东南亚国家的外汇储备普遍不足，因而成了国际外汇投机者的最佳目标。东南亚金融危机的爆发，固然与其自身的隐患直接相关，但与国际游资的投机也有关系。

## 第二节　国际资本流动理论

国际资本流动理论是用以解释国际资本流动原因、动机、方式、变动因素及影响的国际金融学说。它是随着国际经济交往的不断扩大而发展与深化的。从历史上看，主要的国际资本流动理论有利率差异理论、国际直接投资理论、国际证券投资理论、“两缺口”模型理论等。

### 一、利率差异理论

利率差异理论（Interest Rate Theory）是古典的国际资本流动理论，是以借贷资本的国际流动为考察对象的。这种传统理论认为，国际资本流动的主要原因在于各国资本要素的价格（即利率）存在差异，而利率的这种国际差异又是由各国资本要素的相对供给量不同造成的。如果资本要素能在国际上自由流动，那么，当A国资本比B国更稀缺时，A国的利率必定高于B国，B国资本必将为高利率所吸引而流向A国。一般来说，在完全竞争的条件下，资本总是从供给相对丰富、利率较低的国家流向资本供给相对稀缺、利率较高的国家，这种流动将持续到两国的利率水平相等为止。由于强调各国利率差异是借贷资本跨国流动的决定性原因，所以这一理论被称为利率差异理论。

但是，利率差异理论有两个明显的历史局限性。一是把资本流动看得过于抽象，没有具体区分流向、结构和收益都不相同的直接和间接投资，而是只假定了各国市场始终处于完全竞争状态，资本在国际上可以自由流动，这就不能不使其理论停留在过分抽象的理想化状态。事实上，促成国际资本流动的因素不是单一的。除了利率这一基础性因素外，还有相关的汇率和其他经济因素，甚至文化、政治的因素。二是它以国际资本自由流动为前提，这与现实不符，在现实中有些国家对资本的流动是有管制的。

## 二、国际直接投资理论

从20世纪50年代后期起，以跨国公司为主体的国际直接投资急剧增长，成为资本国际流动的主要形式。一些西方学者从不同角度对这种国际投资行为进行了研究，提出了各种不同的看法，形成了众多的理论派别。

（一）垄断优势理论

垄断优势理论（Theory of Monopolistic Advantage）是美国学者海默于1960年首先提出的，后来又由约翰逊、凯夫斯、金德尔伯格等学者作了进一步补充完善。

海默认为，企业之所以能对外直接投资，是因为它具备比东道国的同类企业更有利的垄断优势。这种垄断优势又表现在两个方面：一方面是包括生产技术、组织成本、人才机制、管理水平、销售技能等所有无形资产在内的知识资产优势。另一方面是包括企业规模、产品结构、销售网络、资本实力、规模效益等综合能力在内的有形资产优势。投资者凭借这两方面的垄断优势，在没有或者短期内不可能有这种优势的东道国投资办企业，自然会在没有竞争对手的情况下独占当地市场，轻松地赚取高额利润。

约翰逊从另一个角度论述了企业的垄断优势。他认为，对外直接投资的垄断优势主要来自对知识资产的占有和使用。这是因为，培养积累和形成知识资产的成本很高，而通过直接投资占有或使用这些知识资产的成本都很低。所以，直接投资能利用投资国对东道国的这种知识资产优势，获取综合性效益。

凯夫斯和金德尔伯格认为，直接投资的垄断优势主要体现在它的产品具有因地制宜的适应能力和产品创新能力上。换言之，跨国公司之所以能在海外设厂生产，主要因为它能根据不同地区、不同层次的消费偏好，设计和生产出适合各种消费需求而东道国又无法生产的新产品。同时它能以驰名的国际资信、广泛的销售网络、高超的服务技巧，去迎合消费者现实和潜在的心理需求，进而获取更高的超额利润。

垄断优势理论的突破在于，它用不完全竞争和垄断代替了完全竞争，并将国际直接投资同国际证券投资区别开来研究，从而成为跨国公司的理论基础。但是，这一理论也有不足和局限性，缺乏普遍意义，不足以解释生产部门跨国化的地理布局和服务业跨国经营的行为，而且也无法解释发展中国家以及20世纪60年代和70年代日本企业对外直接投资的行为。

（二）比较优势理论

20世纪70年代中期，日本一桥大学小岛清教授，根据日本当时对外直接投资的情况，提出了新的理论——比较优势理论。

小岛清认为，对外直接投资应该从本国（投资国）已经处于或即将陷于比较劣势的产业（可称边际产业）依次开始进行，而这些产业是东道国具有明显或潜在比较优势的部门，但如果没有外来资金、技术和管理经验，东道国的这些比较优势就不能被利用。因此，投资国通过对外直接投资就可以充分利用东道国的比较优势。日本的传统工业部门之所以能够比较容易地在海外找到有利的投资场所，就是因为它们向具有比较优势的国家和地区进行投资。

小岛清的比较优势理论坚持用国际分工的原则来分析和论述对外直接投资，有其独到的理论见解，但是其局限性也是很明显的。比如，该理论否定垄断优势在对外直接投资中的作用，这既不符合历史事实，也不符合跨国公司对外直接投资的一般规律。

（三）国际生产综合理论

国际生产综合理论（Eclectic Theory of International Production），是英国经济学家邓宁应用折中方法，博采各家之长，于1976年提出的一种国际直接投资理论。

邓宁认为，企业之所以能够进行对外直接投资，是因为企业具有所有权优势、内部化优势和区位优势，正是这些优势的综合作用，推动着企业的对外直接投资。所谓所有权优势是指投资企业在生产要素（包括资金、技术、劳动力、自然资源等方面）、经营能力（包括生产工艺、产品开发、专利商标、销售技能等方面）和管理经验方面拥有东道国企业没有或者难以具备的优势。这些优势说明企业为什么能够对外直接投资。所谓内部化优势，是指企业将所拥有的所有权优势在内部使用而带来的优势。企业拥有的所有权优势，既可以转让给外部供其他企业使用，也可以在本企业系统内部使用。在跨国经营的条件下，这些所有权优势将用于国外分公司或子公司，从而形成内部化优势。所谓区位优势是指企业在投资区位方面所具有的优势。在拥有所有权优势和内部化优势的情况下，企业要投资生产，还要选择最佳区位，选择那些具有廉价的自然资源，能够享受各种优惠政策的国家和地区。这一优势说明跨国公司为什么非要到特定的国家和地区投资。

按照邓宁的分析，一个企业的对外直接投资行为，应该是由上述三种优势共同决定的。这三种优势中，所有权优势是基础条件。如果一个企业没有任何所有权优势，就缺乏对外直接投资的基础。但如果只有所有权优势而无其他两种优势，企业就会通过许可证安排的方式来获利。如果只有前两种优势而无对外投资的区位优势，企业就会在国内投资生产，通过出口贸易来参加国际经济活动。只有兼具以上三种优势时，企业才会对外直接投资。这三种优势的结合，不仅使对外投资成为可能，而且决定着对外投资的部门结构和地区结构。

（四）产品周期理论

产品周期理论（Theory of Product Cycle）由美国经济学家弗农于1966年首先提出，后由威尔等美国经济学家进一步作了补充发展。其基本观点是，当企业在市场上推出新产品时，产品的生命周期就开始了，并先后经历创新、成熟、衰老三个阶段。对某些产品具有技术创新垄断优势的企业，可以利用产品生命周期不同销售特点的差异，去抢占国内和国外暂时没有竞争对手的市场，从而获得更多的超额利润。这三个阶段是：

1.产品的创新阶段

这一阶段由于产品的生产集中在国内，而国内市场上需求弹性又很小，尚未出现竞争对手，企业在充分占领国内市场的同时，适当组织出口，其目的是在没有这类产品的国家和地区不仅首先获取该产品的超额利润，同时也为将来在这些国家和地区的直接投资打下基础。

2.产品的成熟阶段

这时，产品的生产已经标准化。在国际竞争中，其相对优势已不是技术，而是低成本。但随着产品出口的扩大，一方面进口国会设置更多的贸易障碍，使出口产品的边际成本逐步超过在国外生产的平均成本；另一方面，原来被创新国企业垄断的技术已逐渐被国外竞争者所掌握，后者结合其本身具有的其他优势，能够大规模地生产出成本低廉的仿制品同进口品竞争。这一切，促使创新国的企业大规模地对外直接投资，把生产基地转移到国外，既发挥企业本身的技术优势，又利用东道国某些生产要素成本低廉的优势，从而使其产品在国际竞争中处于优势。所以，产品成熟阶段是企业大规模对外直接投资的阶段。

3.产品的衰老阶段

产品的标准化使原创新者的特殊优势逐渐丧失，有的已被淘汰出市场，有的不得不采取产品差异化或组织卡特尔实行协定价来维持部分市场。当海外分公司生产的产品，其生产成本加上返销母国所需的各种费用低于母国国内生产的平均成本时，就会大量返销国内，从而完成了母国企业的出口转向对外直接投资的过程。

应该说，产品生命周期是市场经济运行中普遍存在的现象，企业凭借技术垄断优势充分把握这种普遍现象，并利用在国内外市场上的时间差和地域差去独占国内外销售市场的制高点，获取超额利润，这正是产品生命周期理论的独到之处，同时这一理论也在一定程度上揭示了全球的直接投资迅速增加、跨国公司迅猛发展的内在原因。

## 三、国际证券投资理论

国际证券投资理论包括古典国际证券投资理论和现代国际证券投资理论。

（一）古典国际证券投资理论

古典国际证券投资理论认为，国际证券投资的原因是各国间存在利率差异，如果一国利率低于另一国利率，则金融资本就会从利率低的国家向利率高的国家流动，直至两国的利率没有差别为止。进一步说，在国际资本能够自由流动的条件下，如果两国的利率存在差异，则两国能够带来同等收益的有价证券的价格也会产生差别，即高利率国家的有价证券的价格低，低利率国家的有价证券的价格高，这样，低利率国家就会向高利率国家投资购买有价证券。

其有价证券的收益、价格和市场利率的关系可表示如下：

$$p = \frac{I}{r}$$

式中：p表示有价证券的价格；I表示有价证券的年收益；r表示资本的市场利率。假设A、B两国市场上发行面值为1 000美元、附有6%息票的债券，A国市场上的利率为5%，B国市场上的利率5.2%。根据公式计算得出，每一张债券在A国的售价为1 200美元，在B国的售价为1 154美元。可见，由于A国的市场利率比B国的市场利率低，则同一张债券在A国的售价比在B国的售价要高。这样，A国的资本就会流向B国购买证券，以获取较高的收益或花费更小的成本，直至两国的市场利率相等为止。

（二）现代国际证券投资理论

现代国际证券投资理论，也被称为资产选择理论或证券投资组合理论，是美国学者马科维茨于20世纪50年代在其《有价证券选择》一书中首先提出的，后来托宾又发展了该理论。

这种理论认为，任何证券形式的资产都具有收益与风险并存的两重性，关键是投资者要以资产组合的方法去降低风险，要在各种资产之间进行选择，形成最佳组合，使其在投资收益一定时，风险最小；或投资风险一定时，收益最大。这是对古典国际证券投资理论的重要突破。

但在现实生活中，证券发行者往往不能保证投资收益的稳定性，投资者必须同时承担投资风险。那么，由多种证券互相抵补损失的组合投资可以降低风险，提高投资收益的稳定性。基于这种考虑，投资者就会选择不同国家的证券作为投资对象。这样，自然就引起资本在各国之间的双向流动。

可见，现代国际证券投资理论提出并强调了以资产组合方式降低投资风险的思想，不仅揭示出了国际资本双向流动的具体成因，而且比仅仅把利率差异作为投资动机的古典国际证券理论前进了一大步。

## 四、“两缺口”模型理论

“两缺口”模型理论（Theory of Two-gap Model）是20世纪60年代中期美国经济学家钱纳里等人提出的，认为发展中国家普遍存在着储蓄缺口和外汇缺口，“两缺口”模型理论的思路大致如下：

根据宏观经济分析中的恒等式，可知：

$$Y = C + I + G + X - M = C + S_p + T$$

$$X - M = S_p - I + T - G = (S_g + S_p) - I = S - I$$

$$M - X = I - S$$

三式中：Y表示国民收入；C表示总消费；I表示总投资；G表示政府支出；X和M分别表示出口总值和进口总值；$S_p$表示私人储蓄；T表示政府税收收入；$S_g$表示政府储蓄；S表示储蓄。第三个式子左端表示进口和出口之差；右端表示投资与储蓄之差。左右两端必须平衡，如果投资大于储蓄，则国内储蓄出现缺口，这个缺口要靠进口大于出口即由外汇缺口来平衡；或者说，在一定的核算阶段，储蓄缺口应与外汇缺口相等。倘若国内储蓄缺口大于外汇缺口时，就必须压缩投资或增加储蓄；当外汇缺口大于储蓄缺口时，就必须缩减进口或增加出口。否则就会减缓经济的发展速度。成功地引进外资将会得到双重经济效果：一方面，由于工程项目的建成，可以直接地增加出口，又由于成本的降低（规模经济与先进技术等所引起的结果），可以间接地刺激出口；另一方面，由于外资促进经济发展使收入水平提高，从而提高民间的储蓄能力，又增加政府的国库收入，使整个国民经济的总储蓄水平上升。因此，两个缺口的不平衡，使外资引进成为必要，而恰当地引进外资又可以助长出口能力、提高国内储蓄水平，最终使两个缺口的失衡现象自然而然地转向平衡。但是，利用外资也存在着相应的风险，尤其在放松或取消资本管制的情况下，所以，加强对国际流动资金的监督和控制，使之不危害本国经济的发展，已成为发展中国家开放资本市场的关键问题。

## 第三节　国际资本流动与国际金融危机

国际资本流动自20世纪70年代开始迅猛发展，对各国经济和金融进行了无孔不入的渗透。人们普遍认为，国际金融危机的两种主要形式——国际债务危机和国际货币危机——都与国际资本的流动有关。因此本节将分析国际资本流动与国际债务危机（以下简称债务危机）、国际货币危机（以下简称货币危机）的关系。

### 一、国际债务的内涵

国际资本流动与国际债务两者是相互联系的，国际资本的流入流出势必形成各国一定时期的外债。但国际资本流动与国际债务又是有区别的，是完全不同的两个概念。国际资本流动的概念前文已阐述过，现在我们界定一下国际债务的内涵。

国际货币基金组织、世界银行、经济合作与发展组织及国际清算银行等国际组织认为国际债务即外债，定义是：外债是在任何特定的时间，一国居民对非居民承担的已拨付尚未清偿的具有契约性偿还义务的全部债务，包括需要偿还的本金及需支付的利息。国际组织对外债定义的界定具有广泛的应用性和实际意义。世界银行每年第三季度公布的《国际债务报告》就是依此定义编制的。理解这个概念要注意四个方面：①必须是居民与非居民之间的债务；②必须是具有契约性偿还义务的债务；③必须是某一时点上的存量；④“全部债务”既包括外币表示的债务，又包括本币表示的债务，还可以是以实物形态构成的债务，如补偿贸易下以实物来清偿的债务。

根据我国外汇管理局的定义，外债指中国境内的机关、团体、企业、事业单位、金融机构或者其他机构对中国境外的国际金融组织、外国政府、金融机构、企业或者其他机构用外国货币承担的具有契约性偿还义务的全部债务，包括国际金融组织贷款、外国政府贷款、外国银行和金融机构贷款、买方信贷、外国企业贷款、发行外币债券、国际金融租赁、延期付款、补偿贸易中直接以现汇偿还的债务，以及其他形式的对外债务。

从我国对外债所下定义以及实际操作中可以看到，我国的外债定义，除包含外债的一般特性，还具有如下特征：①借款形式为货币。换句话说，以实物形式构成的债务不算外债。②由于目前人民币在国际上不能完全自由兑换。所以，规定了外债的币种是外币而非本币。③中国境内的外资和中外合资银行的债务视作非居民管理。④外汇担保只有在实际履行偿还义务时才构成外债，否则应视为或有债务，不包括在外债统计监测范围内。

由上述可见国际资本比国际债务包括的范围广。国际资本包括需要偿还的借贷资本和一般不采取偿还方式的直接投资；而国际债务只是那些需要还本付息的资本流动。同理，一个国家利用的外资和外债也是两个相互联系但又不同的概念。外资比外债的范围广。外资包括直接投资，而外债是外资当中需要还本付息的那一部分。

## 二、国际债务的管理

20世纪80年代以来，国际资本流动规模日益扩大，蕴含的风险也越来越大，尤其是债务危机、货币危机频发，凸显出国际资本流动管理的重要性，特别是要加强对国际债务的管理。国际债务的管理包括国际债务的规模管理、国际债务的结构管理、国际债务的投向管理和国际债务的风险管理。

（一）国际债务的规模管理

国际债务规模管理是确定一国的中长期和年度合理负债水平。负债过多会超过本国的承受能力和消化吸收能力，造成不必要的风险和浪费；而借款过少又难以满足国内建设的资金需求，造成国民经济发展的迟滞。因此，确定适度的外债规模是发展中国家有效地管理外债的关键之一，也是难点之一。

一般而言，国际债务规模主要受三个因素的影响：一是经济建设对外债的需求量；二是国际资本市场的可供量；三是本国对外债的承受能力。对外债的承受能力是确定举借外债规模最重要的因素，因此，加强国际债务规模的控制，必须通过科学的定性、定量分析，寻找最佳规模的数量界限。国际上常用的监控指标包括：

1.偿债率

偿债率指的是一国还本付息额与同期商品和劳务出口外汇收入总额之比，即：

偿债率=当期还本付息额/当期商品和劳务出口外汇收入总额×100%

一般认为，一国对外债务当年还本付息额不能超过该国当年出口收入总额的25%，超过这一界限就可能造成部分债务难以清偿，因此国际上把这一比率称为“警戒线”。这一指标的数值越低，说明一国的偿债能力越强。

偿债率这个指标有两个明显的优点：一是把债务负担即还本付息额与主要清偿资金来源即出口收入直接联系起来，因此基本上反映了负债规模与经济负担能力之间的相互关系。二是这个指标强调了对外还本付息是债务国外汇收入的优先支出项目，反映了债务国国际收支状况的回旋余地及其对于出口收入降低的脆弱性。但尽管如此，如果对债务国的对外债务状况都利用上述“警戒线”比率进行一刀切式的分析，就很可能得出错误的结论。事实上，有的国家能够比另一些国家承担更大的比值，而有的国家即使这一指标值大大低于25%，也会不堪重负。

2.负债率

负债率指的是一国外债余额与同期国内生产总值之比，即：

负债率=当期外债余额/当期国内生产总值×100%

这个比率用于衡量一个国家对外资的依赖程度或一国总体的债务风险。国际上公认的安全数值是20%，超过这个数值，就有可能过分依赖外资，当金融市场或国内经济发生动荡时，容易出现偿债困难。

3.债务率

债务率指的是一国外债余额与同期商品和劳务出口外汇收入总额之比，即：

债务率=当期外债余额/当期商品和劳务出口外汇收入总额×100%

债务率是表明一国外债偿还能力和风险的指标，该比率以不大于1为界限，即债务率应小于100%。但这也不是绝对的，尽管一国外债余额很大，只要长期和短期债务期限分布合理，还本付息额也可以保持在适当的水平。

4.短期债务率

短期债务率表示一国的短期外债占整个外债的比率，即：

短期债务率=当期短期外债余额/当期外债余额×100%

短期债务率是衡量一国外债期限结构是否安全合理的指标，它对某一年的债务还本付息额影响很大，国际上公认的安全线为25%以下。

除以上指标外，还有一些参考指标：①一国当年外债还本付息额占当年GNP的比率。根据经验数据，这个比率控制在5%以下为安全线。②外债总额与本国黄金外汇储备额的比率，一般控制在3倍以内。

（二）国际债务的结构管理

国际债务结构管理是在确定的总规模范围内，通过对国际资本市场的预测、分析，结合国内建设对资金需求的特点，对构成总量的各个债务要素如来源、币种、期限、利率等进行最优组合，以降低成本，减少风险，保障偿债能力，使外债发挥最大效益。其具体内容包括：

1.来源结构管理

国际债务来源主要有两大类：一类是来自国际金融组织和国外政府的贷款。另一类是来自国际金融市场的商业银行贷款和国际债券。一般情况下，应当提高前一类借款的比重，严格监测和控制后一类借款的增加。

2.币种结构管理

管理币种的目的是，尽量避免或减少汇率变化所引起的借款损失。需要遵循的原则是：第一，力求对国际金融市场作出比较有效的预测，使本国的外债中各币种之间保持合适的比例。第二，外债币种结构与本国经常项目收汇的币种尽量保持一致。第三，一定时期内需要偿还的币种与国际储备的币种相互搭配。第四，运用最新的技术手段和金融工具，对现有的外债进行币种互换，以改善预期不佳的币种结构。

3.期限结构管理

期限结构是指1年期以上的中长期外债和1年期以下（含1年）的短期债务的分布状况。对国际债务的期限结构的管理，一是对外债年限进行合理布局，按照国际惯例，使短期外债占外债总额的比例控制在25%以下。二是要避免借入大量年限相同的外债，防止还债过于集中。三是避免短期外债的增长长时间超过中长期外债的增长，防止债务短期化。四是防止借短用长，即短期借入，用于长期的建设项目的投资。

4.利率结构管理

管理利率结构的主要任务是选择利率的最佳搭配，把市场利率的风险控制在最低限度之内。国际上通行的做法有：第一，根据国际金融市场利率变化的趋势，测算出预期的各种借款成本，以期抓住有利时机筹资。比如，在利率低时以固定利率借款，在利率高时以浮动利率借款。第二，应用最新金融手段和国际金融市场许可的有利条件，及时调整和转换利率，以避免即期利率与远期利率出现较大差异的风险。

（三）国际债务的投向管理

国际债务的投向决定了外债的回收和偿还，关系到能否支持国民经济长期、稳定、协调发展，因此，国际债务的投向要与国民经济发展战略和产业政策相一致。按照这一要求，对国际债务的投向管理主要包括如下内容：

（1）要求政府贷款和国际金融组织的贷款主要投向国家重点项目和基础产业，以及优化国民经济结构的行业，如能源、交通、电子、通信等。

（2）商业银行贷款主要投向创汇能力强、回收期短的项目，以增强出口创汇能力，增强偿还能力。

（3）短期借款只能用于流动资金和临时周转，不能用于长期投资，以防止债务短期化。

（4）根据不同行业和不同地区确定不同形式的外债投入，使国民经济均衡发展。

（5）创汇项目、非创汇项目和社会效益项目要保持适度比例和梯形格局，使国民经济既有发展后劲，又能保证对外偿付的来源。

（四）国际债务的风险管理

国际债务的风险管理关键在于：增强应变能力，适应国际贸易、金融的变化和国民经济政策与结构的调整；加强监督、检查，及时做好利率、汇率的风险调整，使债务合理化；建立偿债风险基金和风险预警机制，以确保按期偿还本息。

如果国际资本流动或国际外债管理出现问题，将引发债务危机、货币危机、国际金融危机。所以接下来将探讨债务危机、货币危机问题。

## 三、债务危机成因及其解决方案

所谓债务危机（以下简称债务危机），是指债务国因缺乏偿还能力，无法如期偿还已经到期的外债本息，导致债务国及相关地区金融市场波动而引发的金融危机。

20世纪80年代初，席卷全球的拉美国家债务危机是典型案例。这场危机始于墨西哥，1982年8月，墨西哥政府宣布不能按期履行偿还外债义务。随后，一系列国家相继宣布无力清偿外债，就此爆发了世界性的债务危机，并从急性债务危机演变为持续于整个20世纪80年代的慢性债务危机。国际社会为此采取了一系列挽救措施，但是直到目前，国际债务问题仍没有得到彻底解决，并对国际金融形势产生着深远的影响。

拉美国家的这场债务危机，是有其特定的形成原因的。具体来讲，可以从内外部两方面来分析。

（一）债务危机爆发的内因

1.债务规模过大

20世纪70年代以后，发展中国家的债务不断扩大，从20世纪70年代的1 300多亿美元猛增到20世纪80年代初的6 000多亿美元，又从20世纪80年代末的9 000多亿美元再次攀升到20世纪90年代的15 000多亿美元。尤其是拉美、非洲和东南亚的许多债务国家的债务总额不断膨胀，还本付息的负担不断加重，期待国际金融机构提供更多的新贷款以减缓偿债压力，渡过难关。

2.外债结构不合理

在其他条件相同的情况下，外债结构对债务的变化起着重要作用。外债结构不合理主要表现有：①商业贷款比重过大。商业贷款的期限一般较短，在经济较好或各方一致看好经济发展时，国际银行就愿意不断地贷款，因此一些债务国就可以不断地通过借新债还旧债来“滚动”发展。但在经济发展中一旦出现某些不稳定因素，如政府的财政赤字、巨额贸易逆差或政局不稳等使市场参与者失去信心，外汇储备不足以偿付到期外债时，汇率就必然大幅度下跌。这时，国际银行再也不愿贷新款了。为偿还到期外债，本来短缺的外汇资金这时反而大规模流出，使危机爆发。②外债币种过于集中。如果一国外债集中于一两种币种，汇率风险就会变大，一旦该外币升值，则外债就会增加，增加偿还困难。③期限结构不合理。如果短期外债比重过大，超过国际警戒线，或未合理安排偿债期限，都会造成偿债时间过于集中，若流动性不足以支付到期外债，就会爆发危机。

3.外债投向不合理

许多债务国在大量举债后，没有根据投资额、偿债期限、项目创汇率以及宏观经济发展速度和目标等因素综合考虑，制定出外债使用走向和偿债战略，不顾国家的财力、物力和人力等因素的限制，盲目从事大工程建设。由于这类项目消耗大量资金、工期长，短期内很难形成生产能力以创造出足够的外汇，造成债务积累加速。同时，不仅外债用到项目上的资金效率低，而且还有相当一部分外债根本没有流入到生产领域或用在资本货物的进口方面，而是盲目过量地进口耐用消费品和奢侈品，这必然导致投资率的降低和偿债能力的减弱。而不合理的消费需求又是储蓄率降低的原因，使得内部积累能力跟不上资金的增长，进而促使外债的进一步增长。有些国家则是大量借入短期贷款在国内作长期投资，而投资的方向主要又都是房地产和股票市场，从而形成泡沫经济，一旦泡沫破灭，危机也就来临了。

4.存在着资本外逃现象

由于一些发展中国家过分追求国内经济的快速增长，扩张性的财政货币政策加剧了国内的通货膨胀，在维持汇率稳定的情况下，出现了事实上的本币高估，因而，导致了市场上对未来本国货币的贬值预期，在贬值预期下，出现了非常严重的资金外逃。据统计，在1981—1982年间，阿根廷、墨西哥、委内瑞拉三国的资金外逃额占同期所借外债总额的比率分别高达64%、40%、137%。这意味着这些发展中国家在借入大量资金的同时，相当数量的资金又以各种途径流出国外，所借大量外债中，只有很少一部分能真正为其所用，这必然会产生大量债务偿付问题。

5.缺乏有效的外债管理

其主要表现是：有些国家对借用外债的管理比较混乱，多头举债，无节制地引进外资，往往使债务规模处于失控状态，债务结构超出合理化范围。甚至有些国家外债的统计监督制度不健全，政府不能对债务状况进行及时调整，一旦发现问题，往往债务危机就已经形成了。

（二）债务危机爆发的外因

1.世界经济周期变化的影响

1979年爆发的石油危机使发展中国家的石油进口支出大幅增加，同时，这一危机还引起了世界经济衰退，而且以美国为首的西方发达国家为转嫁危机实施了严厉的贸易保护政策，使发展中国家原材料商品的出口价格与出口数量都明显下降。随着出口收入大幅减少，发展中国家偿债能力随之大幅度降低。据统计，石油危机带来的冲击导致发展中国家外债增加约401亿美元。20世纪80年代初西方发达国家对经济结构的调整，是诱发债务危机的主要因素之一。

2.国际市场利率变化的影响

从20世纪80年代开始，美国为支持美元汇率在国际外汇市场的趋势，采取高利率政策，吸引大量国际资金流向美国，从而诱使美元汇率大幅提高。由于发展中国家的债务多数是以美元计债且以浮动利率计息，美元升值和利率上升对这些国家来说无异于雪上加霜。发达国家基准利率的上升会拉动商业贷款利率攀升，导致债务国的还本付息负担加重。

3.国际商业银行贷款政策变化的冲击

20世纪70年代，各商业银行普遍出现了资金的大量过剩，急于寻找出路；加之，时任美国花旗银行董事长的瑞斯顿宣扬“国家永不破产”的观点，使得各商业银行在向发展中国家政府贷款时，对风险不加控制，贷款规模大幅增加。到80年代初，发展中国家出现债务危机时，各银行又出于风险的考虑，压缩了向发展中国家的信贷规模，加剧了其债务问题的严重程度，对债务危机的形成和发展起了推波助澜的作用。

（三）债务危机的解决方案

债务危机给世界带来了巨大的冲击。因此，对债务危机寻求及时与合理的解决，成为20世纪80年代国际金融领域最重大的事件之一。自债务危机初现端倪起，债权国和债务国双方加强合作，制订和实施了一系列解决方案。

1.债务危机的最初解决方案（1982—1984年）——债务重新安排

1982年，债务危机爆发后，美国等债权国与国际货币基金组织普遍认为此次债务危机是发展中国家暂时出现的流动性困难，据此共同制订了重新安排债务的计划，核心是采取措施使债务国克服资金紧缺。债务重新安排包括两方面的内容：第一，通过债权方和债务方的合作，改变偿债条件，例如延长债务期限和偿债宽限期等；第二，对债务国实行融资，缓解其短期内的偿债压力。

按来源分，各国债务可以分为官方债务和私人债务，因此债务重新安排也通过官方债务重新安排和私人债务重新安排两种形式进行。官方债务重新安排，一般以多边形式在“官方债权者俱乐部”或主要援助国的国际财团范围内实施。所谓“官方债权者俱乐部”，是指在20世纪50年代末至60年代初形成的债权者集团，主要包括巴黎俱乐部、伦敦俱乐部和海牙俱乐部。其中巴黎俱乐部①是官方债务重新安排的主要债权方。私人债务重新安排，在特殊的银行咨询委员会与债务国之间进行。这些银行咨询委员会通常由来自金融中心的大银行的谈判代表组成，受许多债权银行的委托与债务国谈判。私人债务重新安排的过程和官方债务重新安排相似，但是，债务国获得私人债务重新安排需要满足以下两个先决条件：一是债务国必须先签署和实施国际货币基金组织要求的“稳定经济计划”；二是债务国必须如期支付所有的到期利息。

债务重新安排和IMF的“稳定计划”实施后，经过近3年的调整，并没有起到预期的效果，反而加剧了债务国的负担。例如，在IMF稳定计划和债务偿还的双重压力下，大多数债务国陷入了持续几年之久的经济衰退，普遍出现了投资萎缩、通货膨胀加剧、贫富差距扩大、社会动乱和政府动荡等严重的经济和社会问题。

2.债权国的新战略（1985—1992年）

债务危机后的第一个阶段实施的债务重新安排失败后，国际社会的各方终于认识到，债务危机并不是由债务国暂时的流动性困难引起的，其真正的原因在于债务国现有的经济状况根本不具有清偿能力，主要债权国提出了解决债务危机的新方案。其中，最主要的方案包括贝克计划、债券换债务和布雷迪计划。

（1）贝克计划

1985年9月，在韩国汉城（今首尔）召开的IMF和世界银行第40届年会上，美国财政部长贝克提出了“美国关于发展中国家持续增长的计划”。其主要观点是，通过对债务国新增贷款、将原有债务的期限延长等措施来促进债务国的经济增长，同时要求债务国调整国内政策。该计划被称为“贝克计划”。

该计划可以分为以下三个方面的内容：第一，主要的债务国家必须实行“全面综合的宏观经济和结构政策”，降低通货膨胀率并实现国际收支的平衡，通过恢复经济增长提高偿债能力。第二，在IMF的主持下，由世界银行等多边国际性和地区性银行在3年内向15个主要债务国增加总额为90亿美元的贷款，并从IMF的信托基金中拨出27亿美元，专门提供给经济形势特别恶劣的15个债务国（包括墨西哥、阿根廷和秘鲁）。第三，私人商业银行在3年内向上述15个债务国增加200亿美元的贷款。

①巴黎俱乐部是国际货币基金组织的一个附属机构，于1962年6月由美国、英国、法国、联邦德国、意大利、日本、荷兰、加拿大、比利时和瑞典10国在巴黎组成，也称10国集团或10国俱乐部。

在美国的极力支持和劝说下，贝克计划得到了各主要债权国的支持，同时也受到了债务国的欢迎。但是，该计划同样收效甚微。其原因在于，尽管国际商业银行、世界银行和有关债权国在口头上支持该计划，但是由于作为倡导者的美国没有承诺其承担什么义务，使这项计划不具有说服力，令应在此次融资行动中挑大梁的各类银行心存疑虑。因此，新贷款远远没有达到预期的数额，主要债务国的债务负担仍然日益沉重。

（2）债券换债务

1987年，美国摩根保证信托银行提出了“债券换债务”计划，得到了美国和墨西哥政府的认可。

所谓债券换债务，是指墨西哥政府将用20亿美元储备购买美国财政部发行的100亿美元期限为20年的特别无息票债券（到期后一次还本付息）。墨西哥政府将以此债券为担保，发行本金100亿美元、为期20年的债券，并将其在卢森堡证券交易所向国际债权银行出售，债权银行将以墨西哥欠它的债务以50%的折扣换取墨西哥的新债券。也就是说，100亿美元的新债券可以换回200亿美元的旧债务。

这一计划能从本质上减轻债务负担，是债务危机解决方案中一种重要的金融创新手段，为今后的债务危机的解决提供了重要的思路。但由于美国政府仅仅担保墨西哥新债券的本金，而不包括利息，使该债券的信用有所下降。同时，各国银行也不愿意接受50%之高的折扣比例。这使墨西哥的债务只被抵销了11亿美元（其总额为780亿美元）。所以，这个计划在实际操作中仍然缺乏力度。

（3）布雷迪计划

1989年3月10日，美国财政部长布雷迪提出一项旨在减轻发展中国家债务负担的新计划。布雷迪计划的基本构想是：利用世界银行和国际货币基金组织的现有财源，设立一个基金公库（约200亿~250亿美元），为债务国减债后的其余外债还本付息提供担保，同时以日本提供的资金作为补充基金；在“自愿”的基础上，债务国以上述基金作为担保，与债权银行进行债务转换交易，将债务换成低面值债券，或将债务换回同等面值的低利率债券，或将债务换成债务国企业的部分股权。

布雷迪计划主张减轻债务国偿债负担，比贝克计划有所进步，但仍未摆脱过去政策的缺陷。首先，债务问题逐个解决，不考虑全面解决；其次，解决债务问题主要依赖市场的力量，由私人银行和债务国在金融市场进行减债交易；最后，被减债或得到新贷款的债务国必须实施国际货币基金组织认可的紧缩性调整方案。

3.债务国的偿债战略

在债务危机的解决过程中，债务国不仅要完成偿债任务，还要实现国内的经济复苏。在此过程中，除了努力配合债权国和国际货币基金组织进行各项计划以及对国民经济进行调整外，它们也在不断努力，“债务资本化”就是其中的代表。

债务资本化是指债权银行按官方汇率将全部债务折合成债务国货币，并在债务国购买等值的股票或直接投资取得当地企业的股权，这一过程也称为“债务-股本互换”。例如，智利政府实行的就是允许国内外投资者在二级市场上公开购买智利的外债，并将债务兑换成本国货币进行生产投资。该计划首先在巴西、阿根廷进行，起先规模很小，从1985年开始，该计划在债务国逐渐铺开。到1988年，通过债务资本化减少的债务额已经从1984年的10亿美元增加到270亿美元，其中巴西、墨西哥和智利最为积极。

## 四、货币危机及其主要理论

20世纪80年代以后，随着全球资本市场一体化程度的逐步加深，大量基本不受各国监管当局和国际金融组织监控的私人短期资本，利用衍生金融工具与金融系统漏洞，几乎不受任何限制地在国际自由移动，致使国际金融市场的动荡经常发生。1997年爆发的亚洲金融危机便是典型案例，表明投机性短期资本的冲击可造成货币危机，并诱发金融危机。

（一）国际投机性资本与货币危机

所谓国际投机性资本（或称国际游资），是指那些没有固定的投资领域，为追逐短期高额利润而在各市场间频繁移动的资本。投机性资本以短期资本为主，但并非所有的投机性资本都是短期资本。现代国际投机性资本的特点之一是隐蔽性，它们也可能顺应市场周期做中长期投资。另外，并非所有的短期资本都是投机性资本，比如涉及国际贸易资金融通和结算的短期资本，以及银行的短期拆放资金或头寸调拨等业务资金等，都不是投机性资本。

国际投机性资本随着国际资本市场规模的扩大、流动速度的加快以及流动范围的扩大而不断发展。投机者根据对汇率变动、利率变动、证券价格变动、金价或特定商品价格变动等的预期，在较短时间内突然大规模进行买空卖空等交易，大幅度改变资产组合，并通过影响其他资产持有人的信心，导致市场价格的更大不稳定，以创造获取短期高额利润的机会。这种突发性的扰动市场行为即投机性冲击，如对其管理不善有可能导致货币危机。

货币危机有广义、狭义之分。广义货币危机是指一国货币的汇率变动在短期内超过一定幅度。狭义货币危机主要发生于固定汇率制度下，是指固定汇率制度下，当市场参与者对一国的汇率稳定失去信心时，在外汇市场集中抛售该国货币，由此导致该国固定汇率制度崩溃、货币大幅度贬值、外汇市场持续动荡等。货币危机可以诱发金融危机，即汇率波动可诱发股票市场和银行体系等国内金融市场上的价格波动，以及金融机构的经营困难与破产等。

（二）货币危机理论

1.第一代货币危机理论——克鲁格曼危机理论

克鲁格曼于1979年提出了关于货币危机的第一个比较成熟的理论。克鲁格曼认为，在一国货币需求稳定的情况下，国内信贷扩张会带来外汇储备的流失和经济基本面的恶化，导致原有的固定汇率在投机冲击下产生危机。

克鲁格曼危机理论认为，政府过度扩张的财政货币政策会导致经济基础恶化，它是引发对固定汇率的投机攻击并最终引爆危机的基本原因。我们将借助国际收支的货币分析法来分析这种货币危机发生的过程，并假设货币分析法的前提假定在此也成立。

首先，假定一国的货币需求非常稳定，而货币供给则由国内信贷及外汇储备两部分构成。在其他条件不变时，该国居民将会通过向外国居民购买或出售商品、劳务、金融资产等国际收支活动引起外汇储备变化，从而使货币供给与货币需求达到平衡。在该国货币供求平衡时，如果政府持续扩张国内信贷来融通财政赤字，就会带来货币供给的增长。由于居民会通过国际收支自动使货币供给与稳定的货币需求保持平衡，根据货币分析法可知，国内信贷扩张必然伴随着外汇储备的减少。

但是，一国的外汇储备总是有限的。在其他条件不变时，国内信贷的持续扩张必然最终导致该国外汇储备持续下降，直至为零。而外汇储备是政府维持固定汇率制的主要工具，当政府不持有任何外汇储备时，势必只能听任外汇市场的汇率自由浮动。所以，一国持续扩张的货币政策导致该国外汇储备下降从而放弃固定汇率制时，由汇率自由浮动确立的汇率水平会较原有的固定汇率水平有大幅度的贬值。

在此基础上，若考虑投机者的心理预期因素，在储备下降到最低限之前，投机者就会发动攻击，以防止因固定汇率的崩溃而可能给他们带来的损失。这是因为，如果投机者对经济基本面因素有比较正确的预期（即具有完全预期），必然会对未来汇率的大幅贬值提前作出反应。例如，当投机者根据基本面的真实情况预见到固定汇率制的崩溃，往往会提前以当前的固定汇率购入外汇。如果市场上的投机者在某一时刻一致抛售本币、抢购外汇，就形成了对该国固定汇率制的投机冲击。这一投机冲击一般发生在原有的外汇储备下降为零的时刻之前，并将造成本国外汇储备加速耗尽，使政府被迫放弃固定汇率制。

从以上的分析可以看出，克鲁格曼危机理论对货币危机的分析具有如下特点：

（1）在货币危机的成因上，认为货币危机是由于政府宏观政策与固定汇率的维持这两种政策目标之间发生冲突引起的。这一分析将国际收支问题视为货币供求的自动调整过程，国内信贷扩张是储备流失最重要的原因，因此是政府扩张政策将经济推向货币危机之中的。

（2）在危机的发生机制上，强调投机攻击导致储备下降至最低限是货币危机发生的一般过程。在这一过程中，中央银行基本上处于被动的地位，预期只是使货币危机发生的时间提前，储备存量则是决定固定汇率制放弃与否的中心变量。

（3）在政策含义上，克鲁格曼危机理论最主要的结论是：紧缩性财政货币政策是防止货币危机发生的关键。鉴于货币危机的原因在于经济基础，投机性攻击只是外在条件，因此诸如从国外借款、限制资本流动等措施只能暂时性地稳定汇率，如果没有基本经济政策的调整，固定汇率制最终仍将崩溃。

2.第二代货币危机理论——预期自我实现模型

奥伯斯法尔德的第二代货币危机理论——预期自我实现模型认为，投机者之所以对货币发起攻击，并不是由于经济基础的恶化，而是由贬值预期的自我实现所导致的，即如果市场预期某种货币将要贬值，不管是出于投机还是保值目的，人们都会减少这种货币的持有量，在市场上抛售这种货币，其结果是导致市场上该货币供大于求出现贬值。从理论上讲，当投机攻击爆发后，政府可以通过提高利率以抵销市场的贬值预期，吸引外资获得储备来维持平价。但是，如果提高利率维持平价的成本大大高于维持平价所能获得的收益，政府就会被迫放弃固定汇率制。反之，投机者是否继续攻击也视攻击为投机者带来的成本、收益而定。所以，固定汇率制是否能够维持是政府与投机者双方的成本-收益比较分析的结果。

首先看投机者的收益。投机者对一国货币的冲击步骤往往是首先在该国国内货币市场上借入本币，再在外汇市场对本币进行抛售。如果这一攻击能取得成功，投机者会在本币贬值后再用外汇购回本币，归还本币借款。这样，预期收益则是持有外汇资产期间外国货币市场上的利率所确定的利息收益以及预期本币贬值幅度所确定的收入（即为 $i_f + \frac{E^e - e}{e}$，其中，$i_f$表示外汇资产存款利率，$E^e$表示预期汇率，e表示直接标价法的汇率）。其次，再看其投机成本。投机成本是由本币市场上的利率（即i）所确定的利息。投机者的策略实际上是比较投机活动的成本和收益。只要预期投机攻击成功后其收益大于成本即：$i_f + \frac{E^e - e}{e} > i$，或$\frac{E^e - e}{e} > i - i_f$，即该国货币贬值幅度超过两国利率之间的差幅，投机者就会进行投机攻击。需强调的是，投机冲击的出现有可能与经济基本面因素无关，而是在国际短期资本流动独特的内在运动规律下，主要由心理预期因素导致的。因此，一国可能在没有实施扩张性政策、外汇储备充足的情况下，突然面临投机冲击而发生货币危机。

由上述分析可以看出：在外国利率不变，投机者对本币未来贬值幅度的预期一定的情况下，政府只要将利率提高，使$\frac{E^e - e}{e} = i - i_f$，则投机者预期无利可图，就可以阻止投机行为。因而，从理论上讲，政府总可以将利率提高到一定水平来维持固定汇率制度。问题在于，提高利率不是没有成本的，政府最终决定维持还是放弃固定汇率制，也取决于其成本与收益的对比。当政府被迫放弃固定汇率制时，一定是因为提高利率来维系固定汇率制的成本大大高于收益。在这里，政府的成本和收益冲突就集中表现在维持经济的合理开放性与实现经济的稳定和发展之间的矛盾。

一般来讲，政府维持平价的收益包括：第一，消除汇率自由浮动给国际贸易与投资带来的不利影响，为一国经济创造一个较为稳定的外部环境；第二，发挥固定汇率的“名义锚”（Nominal Anchor）作用，遏制通货膨胀；第三，政府可以在对汇率的维持中获得政策一致性的名声，这在政府政策对象是具有理性预期的公众时是极为重要的，使政府以后的经济政策容易收到成效。

政府提高利率以维持平价的成本可能是：第一，如果政府债务存量很高，高利率会加大预算赤字；第二，高利率不利于金融稳定。高利率意味着经济紧缩，带来衰退与高失业率。尤其是现代经济中股票市场、房地产市场状况与利率存在着密切联系，如果因为利率过高而导致股市暴跌、房地产价格低迷，将使整个经济陷入萧条乃至于危机的境地。

政府面临投机冲击时，是否提高利率维持固定汇率实际上是对成本和收益的权衡过程。当维持固定汇率的收益超过其成本时，政府就应将其维持下去，反之，则放弃。也就是说，政府只能将利率提高到一定限度，如果为维持固定汇率制度而将利率提高到超过这一限度，则政府宁肯选择放弃对投机攻击的抵御，听任汇率自由浮动。与此同时，如果投机者预期该国货币的贬值幅度足够大，那么在利率提高到该国政府可以承受的上限后，投机者仍可以接受这一利息成本，继续进行投机攻击，则该国的固定汇率制将会被放弃，货币危机将爆发。但是，投机者最终能否取得成功，取决于投机者掌握的投机资本数量、羊群效应是否发生、政府态度的坚决性，以及政府之间的国际协调和合作是否及时有效。

由此可见，货币危机是否发生取决于政府与投机者之间的动态博弈过程。预期因素决定了货币危机是否会发生、发生到什么程度，而利率水平则是决定固定汇率制度放弃与否的中心变量。在信息不对称的条件下，市场对政府放弃平价的成本（假定为f）只能推测出大致区间（$[f, \bar{f}]$），在此区间内不断进行投机攻击。如果在政府捍卫平价期间有足以改变投机者预期的好消息来临，货币危机将被阻止；否则政府将被迫实行贬值。

3.第三代货币危机理论

（1）道德风险论

这一理论的主要代表人物是麦金农和克鲁格曼。所谓道德风险，是指因当事人的权利和义务不相匹配而可能导致他人的资产或权益受到损失。在金融危机中，道德风险表现为政府对存款者所作的担保（无论是明显的还是隐含的）使金融机构进行风险很高的投资行为，造成了巨额的呆坏账，引起公众的信心危机和金融机构的偿付力危机，最终导致金融危机。

该理论认为，若假定市场上有两种成本相同的项目可供金融中介选择：第一个项目为低风险，相应的回报率也较低，而第二种项目具有较高的风险性，但一旦成功，收益率也较高。在没有政府显性或隐性担保的情况下，市场的约束将会使金融中介从安全性出发，选择低风险、低收益项目。因为其资产的风险性过高会使投资者或储户意识到其经营的风险，因而减少向该中介机构的投资，使其资金来源减少，经营难以为继。但如果存在政府担保，即使金融机构进行了扭曲的投资决策，人们仍然会放心地将资金贷放给这些机构。对于金融机构而言，这会使其在经营决策中更多地选择高风险、高收益项目。因为一旦成功，它将得到超额收益，但如果失败，损失的并不是其自有资金，而是将资金存放在金融机构的存款者。这样，利润最大化的经营目标会激发金融中介对外的过度借贷，这会使得各种资产价格迅速上涨，引起整个经济的“投资”热潮，金融泡沫由此产生。在此过程中，资本市场开放会加剧过度投资。因为如果资本市场不开放，金融机构的资金只能依赖于有限的国内储蓄。因此，金融机构无法满足的资金饥渴只能引起利率上扬。而融资成本的提高在一定程度上能够消除投资欲望。相反，开放资本市场意味着能从国际资本市场上得到资金，使投资（或者投机）需求不断膨胀，并将风险扩散到国际市场。如果在资本市场开放的同时还维持着固定汇率制，居高不下的利率会使外资不可遏止地向国内涌入。

在泡沫经济持续了一段时间之后，金融机构对资产价格上涨而形成的“良好”财务状况开始引起关注和警觉。这种警觉渐渐演变为普遍的金融恐慌，高风险的投资项目出现漏洞，泡沫开始破裂。在此过程中，首当其冲的就是一直扶摇直上的资产价格。资产价格的下降使中介机构的财务状况迅速恶化，出现偿付危机。此时，虽然金融机构的经营状况已岌岌可危，但是人们期待已久的政府援助并没有出现，破灭了的希望很快引起金融市场的动荡，资产价格进一步下降，金融机构的偿付力问题很快蔓延开来，金融体系崩溃，金融危机爆发。

道德风险论对亚洲金融危机具有一定的解释力。但是，道德风险论遗漏了许多重要的方面，从而削弱了它的解释力。

首先，道德风险论建立在三个重要的前提上：①在存在政府隐含担保时，金融机构必定会过度投资；②风险性投资行为一定会挤出金融机构和其他经济部门的全部“正当”投资行为；③外资必然会优先考虑具有政府隐含担保的企业或金融机构。但在危机发生之前，亚洲国家所有类型的投资行为（包括外国投资者的直接投资）都有所上升，还有半数以上的国际银行贷款和几乎所有的证券或直接投资（相当于外资总额的3/5）都进入了没有国家担保的非银行企业。其次，没有说明是什么因素促使危机突然爆发，忽略了国际游资的恶意攻击。所以，道德风险论是对货币危机的一个侧写，它虽然具有较高的理论价值，但有重要的缺陷。

（2）金融恐慌论

金融恐慌论对资本流动恶化危机的作用进行了比较完整的描述。该理论认为，在货币危机爆发前大多会有一个资金迅速流入的过程，但是外资的流入是很脆弱的，极易受到金融恐慌的影响而发生逆转，一旦发生大规模逆转，危机就会发生。

所谓金融恐慌（Financial Panic），是指由于某种外在的因素，短期资金的债权人突然大规模地从尚具有清偿能力的债务人那里撤回资金，这是一种集体行为（Collective Action）。

具体而言，造成恐慌的原因有三个：①一国或一个金融机构的短期债务超过了短期资产的数额；②一国或一个金融机构不具备足够的流动资金来偿还其所有的短期债务；③没有一个经济单位能够担负起最后借款人的职责。如果上述现象发生，那么当一个债权人（包括存款者）发现其他债权人已经撤回资金，它就会作出同样的行为；相反，如果债权人发现其他的债权人还在继续借出资金，它同样也会这样做。从经济学意义上讲，这两种行为都是理性的。但是。第一种行为将会演化成大规模的金融恐慌，引起严重的经济损失（如投资项目半途而废和银行挤提等），并引发危机。

1998年美国经济学家瑞得立克和萨克斯对金融恐慌论进行了论述和修正，形成了新一代金融恐慌论，其观点可以概括如下：

首先，在危机之前一段较短的时间内突然流入的外资潜伏着巨大的风险。20世纪90年代受亚洲强劲的经济增长的吸引，国际资本的流入迅猛攀升。但是，这些外资多为短期资金，而且大多投向风险性较强的行业，因此非常容易发生逆转。

其次，危机爆发前后，金融市场上出现了一系列导致金融恐慌的触发事件（Triggering Events）。这些事件包括金融机构和企业的破产、政府违背自己的承诺或是金融市场上投机者的恶意炒作。这些事件引发了信心危机，加上国际游资对各国货币发起了猛烈的攻击，外资纷纷撤出，危机爆发。

最后，危机爆发后，盲目而短视的防治措施和危机爆发后的诸多经济现象放大了“金融恐慌”，加速了资金外逃，使各国金融市场和经济在一个很短的时间内彻底崩溃。

总之，20世纪90年代以来，伴随着国际资本流动规模的不断扩大，货币危机的爆发也越来越频繁，对货币危机理论的研究将成为国际金融领域的一个重要课题。

### 拓展阅读

#### 欧洲主权债务危机

欧洲主权债务危机，是指自2009年以来在欧洲部分国家爆发的主权债务危机。欧债危机是美国次贷危机的延续和深化，其本质原因是政府的债务负担超过了自身的承受范围。

早在2008年10月华尔街金融风暴初期，北欧的冰岛主权债务问题就浮出水面，而后中东债务危机爆发，鉴于这些国家经济规模小，国际救助比较及时，其主权债务问题未酿成较大全球性金融动荡。

2009年10月20日，希腊政府宣布当年财政赤字占国内生产总值的比例将超过12%，远高于欧盟允许的3%上限。随后，全球三大评级公司相继下调希腊主权信用评级，欧洲主权债务危机率先在希腊爆发。

2010年4月27日，葡萄牙遭降级。西班牙的信用评级第二天也被下调。5月2日，欧元区成员国决定启动希腊救助机制，和IMF一道在未来3年内为希腊提供总额1 100亿欧元贷款。希腊同日宣布了大规模财政紧缩计划。

2010年5月10日，欧盟27国财长决定，联手IMF设立一项总额高达7 500亿欧元的稳定机制，帮助可能陷入债务危机的欧元区成员国，阻止希腊债务危机蔓延。2010年6月7日，受欧洲主权债务危机拖累，欧元对美元汇率一度跌破1比1.19，创下自2006年3月以来的最低水平。

资料来源　作者根据相关资料整理。

问题：试分析欧洲主权债务危机的原因有哪些？

分析要点：结合本章知识与以上案例，分析债务危机、货币与金融危机背后的非金融因素有哪些？

本章小结

## 同步测试

同步测试

（一）选择题

1.长期资本的国际流动形式主要有（　　）三大类。

A.国际直接投资　　B.贸易资本流动　　C.国际证券投资　　D.国际贷款

2.国际直接投资理论主要包括（　　）四类。

A.垄断优势理论　　B.比较优势理论　　C.国际生产综合理论

D.产品周期理论　　E.投资组合理论

3.常用的国际债务监控指标主要包括（　　）四类。

A.偿债率　　B.负债率　　C.债务率

D.杠杆率　　E.短期债务率

（二）简答题

1.如何理解国际资本流动的定义？

2.简述国际资本流动的原因。

3.分析国际资本流动的经济影响。

4.引发国际债务危机的原因是什么？

5.国际上衡量偿债能力的指标主要有哪些？

6.试述国际债务管理的内容。

7.分析不同国际资本流动理论的主要观点，并进行简要评价。

8.试比较三代货币危机理论对货币危机产生原因的不同解释。

# 第七章

# 开放经济下的财政、货币政策

## 学习目标

［知识目标］

1.掌握开放经济条件下的政策目标，以及内部均衡和外部均衡的相互关系。

2.理解米德冲突、丁伯根法则与蒙代尔有效市场分类原则的基本思想。

3.运用蒙代尔－弗莱明模型分析开放经济条件下财政、货币政策的效力。

［能力目标］

能够运用蒙代尔－弗莱明模型并结合各国实践，分析开放条件下财政、货币政策的效力。

［素养目标］

理解协同合作能够产生强大而持久的力量，培养学生的创新思维能力和协作精神。

## 引导案例

### 宏观调控中的政策协调

2008年亚洲金融危机爆发并传到中国，导致中国出口下降，波及实体经济，使得消费和投资萎缩；进而交易性货币需求下滑，在货币供给没有变化的情况下，出现了流动性过剩。这时如果同时考虑防范资产价格泡沫，就应该采取财政松、货币紧的组合，用财政扩张稳定实体经济，用货币紧缩去除过剩的流动性。但当时中国的就业压力大，如果货币紧，则会影响财政政策对就业的促进作用，因此为了优先解决就业问题，中国采取了财政、货币双松的政策组合。与危机期间的美国相比，除了面临的形势不一样，不同的政策组合也取决于中国宏观调控目标是单一的稳经济还是要兼顾控制资产价格泡沫：如果是前者，协调一致的政策是货币、财政“双松”的组合；如果是后者，协调一致的政策是财政松、货币紧。因此，政策的一致性要看宏观经济政策的目标体系和约束条件。

资料来源　苏剑．宏观调控中的政策协调［J］．现代金融导刊，2023（12）．

宏观调控中，财政政策和货币政策之间可能的组合有四种：双松，双紧，货币松、财政紧，货币紧、财政松。前两个组合方向一致，互相不冲突。而后两种组合的出现，是因为宏观调控有多个目标或者面临多种约束。本章将对开放经济下的财政与货币政策的搭配问题展开分析。

# 第一节　开放经济下的政策搭配原理

## 一、政策目标

20世纪30年代的世界经济大萧条使得以国家干预为主要标志的凯恩斯主义宏观经济理论应运而生，并逐渐取代传统古典经济学的自由放任经济思想而居于主导地位。自此，政府对经济制定宏观经济目标并运用各种政策工具加以实现，已成为各国调节宏观经济的普遍模式。一般而言，一国的宏观经济目标包括内部均衡和外部均衡两个方面。

（一）内部均衡目标

一国经济的内部均衡目标主要包括：经济增长、充分就业、价格稳定。

1.经济增长

经济增长是指在一定时期内国内生产总值的增长率。其通常采用一国或地区的生产总值（GDP）的年增长率作为衡量指标。

2.充分就业

广义的充分就业是指一切生产要素（包含劳动）都有机会以自己愿意的报酬参加生产的状态。但是，由于在实际中测量各种就业程度非常困难，因此各国大都以失业率高低作为衡量就业状态的指标。失业率是指失业者人数对劳动力人数的比率。劳动力是指一定年龄范围内具有劳动能力且愿意工作的人。失业者是指那些想工作但尚未找到工作的人。狭义的充分就业是这样一种经济状态，即经济中的“非自愿失业”完全消失，失业仅限于摩擦失业和自愿失业。所谓摩擦失业是指生产过程中由于难以避免的摩擦所造成的短期性和局部性失业，如劳动力流动性不足、工种转换困难所引致的失业。自愿失业是指个人不愿接受现行工资水平而形成的失业。根据著名的奥肯定律，GDP每增加3%，失业率大约下降1%。由此可见，经济增长和失业二者之间具有强相关关系，失业的成本是巨大的。因此，降低失业率、实现充分就业就常常成为各国宏观经济政策的首要目标。

3.价格稳定

价格稳定是一个宏观的概念，是指价格总水平的稳定。由于在经济生活中各种商品价格变化的情况复杂造成统计上的困难，一般用价格指数来表述一般价格水平的变化。价格指数是表示若干种商品价格水平的指数，目前使用较多的为消费物价指数（CPI）、批发物价指数（PPI）和国内生产总值缩减指数（GDP Deflator）三种。价格稳定之所以成为内部平衡目标，主要在于无论是通货膨胀还是通货紧缩都对经济具有破坏作用。

以上三个内部平衡目标之间是存在着冲突的。一般来说，经济增长往往伴随通货膨胀，而低通货膨胀或通货紧缩又常常会导致高失业现象。在封闭经济条件下，政府宏观调节的主要任务就是协调这三者之间的冲突，确定并实现这三者的合理组合。

（二）外部均衡目标

经济开放对一国经济有着重大的影响。它不仅为本国经济提供了许多封闭经济条件下不具备的有利条件，同时也对本国经济的稳定与发展产生了很大的冲击。衡量经济开放性的主要工具是国际收支，因此，经济开放性的这种影响就会反映在国际收支与经济增长、充分就业、价格稳定等内部宏观经济目标之间存在的复杂关系之上。

当一国国际收支处于逆差时，首先会引起本国汇率下浮。若该国政府不愿接受本币汇率走低的后果，则必须动用外汇储备，对外汇市场的供求现状进行干预，即抛售外汇买进本国货币。这既会耗费外汇储备，又会引起货币供应的缩减，从而导致本国利率水平上升，国内消费和投资减少，经济增长速度减缓且失业率上升。如果该国的逆差是因出口不足以弥补进口而出现的长期性赤字，则意味本国对国外商品存在净需求，这使得国内生产下降，失业增加。若逆差的原因是因为资本的净流出，则国内资金供给减少，利率上升，结果必然影响国内商品市场的需求。

当一国国际收支长期出现顺差，也会给国内经济带来不良影响。首先，持续累积的外汇储备会造成货币供应增加，引起物价上涨。其次，一国的国际收支盈余会给本币带来升值的压力。最后，一国的盈余意味着他国的赤字，长此以往，必然影响他国的经济运行状况，引起国际摩擦，结果还会对本国经济产生不利影响。

可见，将国际收支平衡纳入经济的政策目标是非常必要的。一般来说，国际收支越是不平衡，其不利影响也越大。但相比之下，逆差所造成的影响更为严重。因此，各国政府对国际收支逆差时的调节措施都尤为重视。

在国际收支的理论研究中，所有的交易都可以按照发生的动机分为自主性交易和补偿性交易。所谓自主性交易，是指个人和企业为某种自主性目的而从事的交易；所谓补偿性交易，是指为弥补国际收支不平衡而发生的交易，比如为弥补国际收支逆差而向外国政府或国际金融借款、动用国际储备，等等。

所谓国际收支差额，就是指自主性交易的差额。当这一差额为零时，称为“国际收支平衡”；当这一差额为正时，就称为“国际收支顺差”；当这一差额为负时，就称为“国际收支逆差”。后两者统称为“国际收支不平衡”。

由于一国的对外经济活动与国内经济活动是密切相连的，因此把国际收支平衡同国内经济的均衡联系起来考察，便产生了国际收支均衡这一更深刻的概念。所谓国际收支均衡，是指国内经济处于均衡状态下的自主性国际收支平衡，即国内经济处于充分就业和物价稳定下的自主性国际收支平衡。

总之，外部均衡的目标，就是指国际收支均衡。

（三）内部均衡与外部均衡的综合分析

一国在封闭条件下经济均衡一般用IS-LM模型来说明，而在开放经济条件下，则通过IS-LM-BP模型来加以说明。开放经济条件下宏观政策的总目标是实现内外均衡。因此，一国经济的理想状态是：国内实现了充分就业的均衡，同时国际收支也处于均衡状态。图7-1说明了这种理想状态。

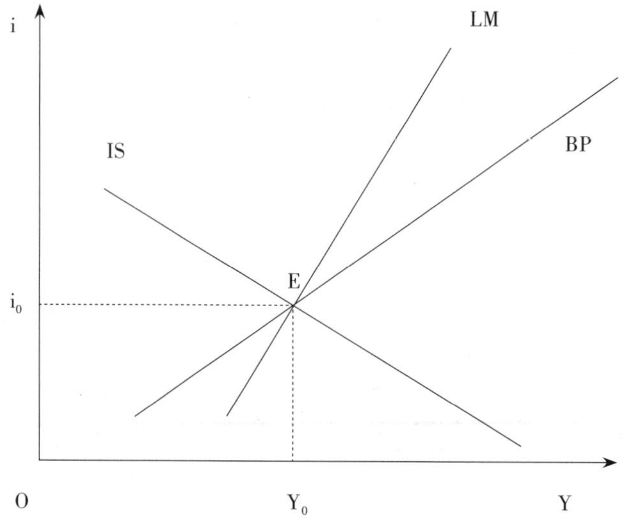


图7-1　开放经济条件下宏观经济均衡

图中的$Y_0$表示充分就业的产出水平，$i_0$表示均衡的利率水平。E点是IS线与LM线的交点，表示实现了充分就业的国内均衡。E点同时又位于BP线上，说明在该点国际收支也处于平衡状态。但在现实经济生活中这种理想状态很少能够实现，开放经济条件下宏观经济往往处于非均衡状态，为此，就需要政府采取相应的政策措施加以调控。政府通常可采取的调节政策主要包括财政政策、货币政策和汇率政策，以及融资政策等。

## 二、米德冲突和丁伯根法则

（一）米德冲突

英国经济学家米德于1951年在其著作《国际收支》中首次提出了固定汇率制度下内外均衡冲突问题。他指出，由于在汇率固定不变时，政府只能运用影响社会总需求的政策来调节内外均衡，这样，在开放经济运行的特定区间便会出现内外均衡难以兼顾的情形。例如，在开放经济条件下，经济可能面临着如表7-1所示的内外经济状态的组合（假定失业和通货膨胀相互独立、外部均衡不包括资本账户而仅指经常账户平衡）。

表7-1　固定汇率制度下内部均衡与外部均衡的矛盾

| | 内部经济状态 | 外部经济状态 |
|---|---|---|
| 1 | 经济衰退／失业增加 | 国际收支逆差 |
| 2 | 经济衰退／失业增加 | 国际收支顺差 |
| 3 | 通货膨胀 | 国际收支逆差 |
| 4 | 通货膨胀 | 国际收支顺差 |

在表7-1中，第二和第三种情况意味着内外均衡的一致。如在第二种情况下，为实

现内部均衡，显然要求政府采取增加社会总需求的措施进行调整，这会导致进口相应增加，在出口保持不变时，就会改善原有的顺差状态使国际收支趋于平衡。在这种情形下，政府在采取措施实现内部均衡的同时也对外部均衡的实现发挥了积极影响，因而是内外均衡一致的情况。

而第一和第四种情况则意味着内外均衡的冲突，即米德冲突。因为政府在通过调节社会总需求实现内部均衡时，会引起外部经济状况距离均衡目标更远。可见，米德冲突，即指在固定汇率制度下，失业增加与经常账户逆差或者通货膨胀与经常账户盈余这两种特定的经济状态组合，见表7-2。

表7-2 米德冲突

| | 失业 | 通货膨胀 |
|---|---|---|
| 国际收支逆差 | 解决失业问题必须施以扩张政策，而经常账户逆差要以紧缩政策加以治理，扩张政策与紧缩政策之间存在着冲突 | |
| 国际收支顺差 | | 解决通胀问题必须施以紧缩政策，而经常账户盈余要以扩张政策加以治理，紧缩政策与扩张政策之间存在着冲突 |

米德分析的不足在于主要是针对固定汇率制度的情况，而且也没有考虑资金流动对内外均衡问题的影响。实际上，在浮动汇率制下，政府同样面临着内外均衡冲突问题。由于在浮动汇率制度下，政府完全利用外汇市场自发调节国际收支是不可能的。在汇率变动受到政府一定管理的条件下，通过国内总需求的变动来调节内外均衡仍是相当常见的做法，因此浮动汇率制下也会出现许多与固定汇率制下相类似的内外均衡冲突现象。并且，在汇率变动程度与固定汇率制下相比非常剧烈的条件下，外部均衡与内部均衡之间的相互影响或干扰更加复杂，内外均衡冲突问题甚至可能更加深刻。例如，通过调节国内需求来实现内部均衡目标时，国内需求的变动同时会通过多种途径造成汇率的变化，汇率又会通过一系列机制影响到内部均衡。更为严重的是，活跃在国际金融市场上的巨额资金不仅导致各国汇率的动荡不定，而且直接影响到各国的宏观经济，使各国的国内经济政策受到了更多的制约，一国同时实现内外均衡目标会变得更加困难。

（二）丁伯根法则

为解决米德冲突，荷兰经济学家丁伯根提出了将政策目标和政策工具联系在一起的正式模型，指出要实现若干个独立的政策目标，至少需要相互独立的若干个有效的政策工具。此即丁伯根法则。

我们用一个简单的线性框架分析丁伯根法则。假定只存在两个目标$T_1$、$T_2$与两种工具$I_1$、$I_2$，政策调控追求的$T_1$和$T_2$的最佳水平为$T_1^*$和$T_2^*$。令目标是工具的线性函数，即：

$T_1 = a_1I_1 + a_2I_2$

$T_2 = b_1I_1 + b_2I_2$

在这一情况下，只要决策者能够控制两种工具，每种工具对目标的影响是独立的，决策者就能通过政策工具的配合达到理想的目标水平。

从数学上看，只要 $a_1/b_1 \neq a_2/b_2$（即两个政策工具线性无关），就可以求解出达到最佳的目标水平 $T_1^*$ 和 $T_2^*$ 时所需要的 $I_1$ 和 $I_2$ 的水平，即：

$I_1 = (b_2T_1^* - a_2T_2^*)/(a_1b_2 - b_1a_2)$

$I_2 = (a_1T_2^* - b_1T_1^*)/(a_1b_2 - b_1a_2)$

当 $a_1/b_1 = a_2/b_2$ 时，这意味着两种工具对这两个政策目标有着相同的影响，也就是说，决策者只有一个独立的工具而试图实现两个目标，这是不可能成功的。

这一结论可以进行推广。如果一个经济具有线性结构，决策者有N个目标，只要有至少N个线性无关的政策工具，就可以实现这N个目标。对于开放经济而言，这一结论具有鲜明的政策含义：只运用支出增减政策（我们假定财政政策、货币政策影响产出的效果一致）通过调节支出总量的途径同时实现内外均衡两个目标是不够的，必须寻找新的政策工具并进行合理配合。

丁伯根法则指出了应运用N种独立的工具进行配合来实现N个独立的政策目标，这一结论对于经济政策理论具有深远意义。但是，丁伯根法则具有如下特点：一是假定各种政策工具可以供决策当局集中控制，从而通过各种工具的紧密配合实现政策目标；二是没有明确指出每种工具有无必要在调控中侧重于某一目标的实现。这两个特点与实际情况不完全符合，无法满足实际调控的需要。蒙代尔于20世纪60年代提出的关于政策指派的“有效市场分类原则”弥补了这一缺陷。

## 三、政策搭配运用：蒙代尔有效市场分类原则

丁伯根法则指出要同时实现两个政策目标，必须采用两个政策工具。但他并没有说明用哪一个工具来实现哪一个目标效果更好。蒙代尔于20世纪60年代提出的“有效市场分类原则”弥补了这一缺陷。这一原则的含义是：每一目标应指派给对这一目标有相对最大的影响力、因而在影响政策目标上有相对优势的工具。如果在指派问题上出现错误，则经济会产生不稳定性而距均衡点越来越远。根据这一原则，蒙代尔区分了财政政策、货币政策影响内外均衡上的不同效果，提出了以货币政策实现外部均衡目标、财政政策实现内部均衡目标的指派方案。

蒙代尔的政策指派模型如图7-2所示，图中纵轴表示货币政策，Nm为政策中性，向下为货币紧缩，向上为货币扩张；横轴表示财政政策，Nf为政策中性，向右为财政扩张，向左为财政紧缩。IB曲线（内部均衡线）表示能够维持充分就业的财政政策和货币政策的组合，曲线为负斜率，即在充分就业条件下，如果实行紧缩性货币政策，就必须相应采取扩张性的财政政策才能保持国内充分就业的均衡。IB曲线右边的货币政策和财政政策搭配会产生通货膨胀，曲线左边的政策搭配则不足以形成充分就业。EB曲线（外部均衡线）表示能够维持国际收支平衡的财政政策和货币政策的组合，

曲线的斜率可以是正也可以是负，因为财政政策对国际收支的影响有两方面，财政扩张可导致收入提高从而恶化经常账户，但同时又因提高利率水平可以吸引外部资金流入而改善资本账户。图7-2中的EB曲线为负斜率是假定扩张性的财政政策对国际收支总体的净影响是负的，即经常账户的恶化程度超过资本账户的改善程度。于是扩张性的财政政策恶化国际收支，则货币政策就必须紧缩，提高利率以吸引资金流入来保持国际收支平衡。

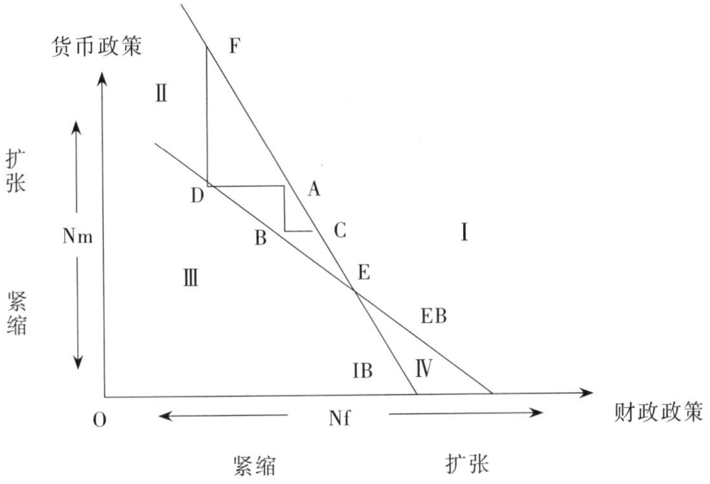


图7-2　政策指派模型

IB曲线比EB曲线更陡，是因为财政政策扩张导致收入提高一定比例对国际收支的恶化作用，要比货币政策扩张形成同样比例收入提高所导致的国际收支恶化作用弱。因为财政扩张政策会导致利率水平提高，由此引致的资本流入会部分弥补国际收支逆差，而货币扩张政策导致利率水平下降，只会加重收入提高导致的国际收支恶化。所以货币政策对保持外部平衡更有效，而财政政策对保持内部平衡更有效。IB和EB曲线将图形划分为四个区域，Ⅰ区为通货膨胀、逆差，Ⅱ区为失业、逆差，Ⅲ区为失业、顺差，Ⅳ区为通货膨胀、顺差。

蒙代尔认为在固定汇率条件下，应该运用货币政策解决外部均衡，运用财政政策解决内部均衡。根据蒙代尔的分析，如果起点为A点，对内是充分就业均衡，但存在国际收支逆差。需对应以紧缩性货币政策使经济状态运动到B点，于是外部取得平衡，但又出现了失业。再应之以扩张性的财政政策，使之达到C点。这消除了失业，但又出现了国际收支逆差。然后再紧缩货币克服逆差，调节的幅度会越来越小，最后收缩到实现内外均衡的E点。如果政策当局将政策工具错误分派，使用财政政策对付国际收支失衡，使用货币政策解决失业。于是紧缩性的财政政策使经济状态从A点运动到D点，外部均衡得以解决，但是其代价是更为严重的经济萧条和失业。如果决策者继之使用扩张性的货币政策来应对萧条和失业，经济状态则从D点运动到F点。显然，经济状态距离稳定的均衡点E越来越远，可见错误的政策分派是相当危险的。

上述政策搭配的原理可同样推广到其他区间。由此，我们得到如表7-3所示的几种搭配。

表 7-3 财政政策与货币政策的搭配

| 区间 | 经济状况 | 财政政策 | 货币政策 |
| --- | --- | --- | --- |
| Ⅰ | 失业 / 国际收支逆差 | 扩张 | 紧缩 |
| Ⅱ | 通货膨胀 / 国际收支逆差 | 紧缩 | 紧缩 |
| Ⅲ | 通货膨胀 / 国际收支顺差 | 紧缩 | 扩张 |
| Ⅳ | 失业 / 国际收支顺差 | 扩张 | 扩张 |

蒙代尔的主要贡献在于提出了政策工具应与其最能发挥作用的目标相匹配的新思想，丰富了开放经济下宏观政策调控理论。有效市场分类原则与丁伯根原则一起确定了开放经济条件下政策调控的基本原理，即针对内外均衡目标，确定不同政策工具的指派对象，并尽可能地进行协调以达到内部平衡与外部平衡的一致。

## 第二节 开放经济下的财政、货币政策

### 一、蒙代尔-弗莱明模型简介

在西方的文献中，蒙代尔-弗莱明模型被称为开放经济下进行宏观分析的工作母机（Workhorse），对国际金融学的发展有重大影响。因此，我们必须很好地掌握这个分析方法。蒙代尔-弗莱明模型的分析对象是一个开放的小型国家，对国际资金流动采取了流量分析。它的分析前提有：

第一，总供给曲线是水平的。这意味着产出完全由总需求水平确定。另外，名义汇率与实际汇率之间不存在区别。

第二，即使在长期，购买力平价也不存在。因此，浮动汇率制下汇率完全依据国际收支状况进行调整。

第三，不存在汇率将发生变动的预期，投资者风险中立。

我们分析的框架是IS-LM-BP模型，在由国民收入与利率构成的坐标空间中展开分析。其中，反映商品市场平衡的是IS曲线，这一曲线斜率为负，政府支出增加及汇率贬值都会使之右移；反映货币市场平衡的是LM曲线，这一曲线斜率为正，货币供应量增加会使之右移；反映外汇市场平衡的是BP曲线。为了使问题得到简化，我们仅分析资金完全流动的情况。

当资金完全流动时，资金流动情况决定了国际收支平衡与否。由于假定风险中立以及对汇率的静态预期，因此当该小国利率水平完全与世界利率水平一致时，该国国际收支处于平衡状态，资金的流动将弥补任何形式的经常账户收支不平衡。此时，BP曲线是一条水平线，汇率的贬值对之无影响。

另外，为便于读者进行对比，我们先简单介绍封闭条件下的货币、财政政策效应。如图7-3所示，货币扩张会使LM曲线右移，这带来利率的下降、国民收入的提高。财政扩张会使IS曲线右移，这带来利率的上升、国民收入的提高。

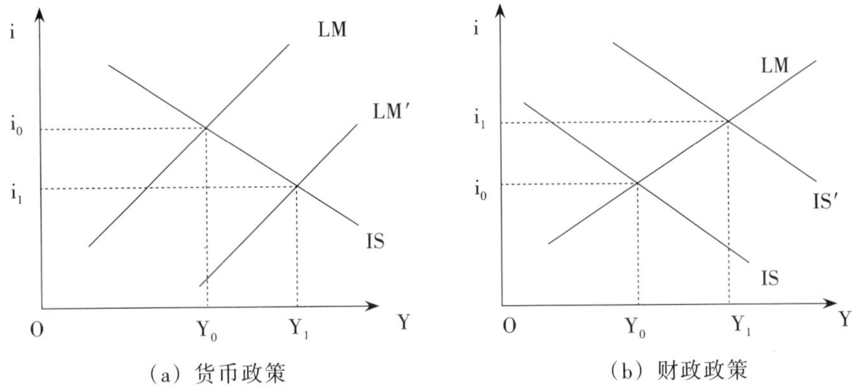


图7-3　封闭条件下财政政策、货币政策分析

## 二、固定汇率制下的财政、货币政策分析

在固定汇率制下，政府有义务在固定的汇率水平上按市场要求被动地买进、卖出外汇，因此外汇储备量完全受国际收支状况的影响，这使得政府不能控制货币供应量。由国际收支因素导致的货币供应量的波动，是固定汇率制下经济调整的一般机制，也是我们理解这一制度下财政、货币政策效力的关键。

当资金完全流动时，开放经济的平衡状态如图7-4所示。

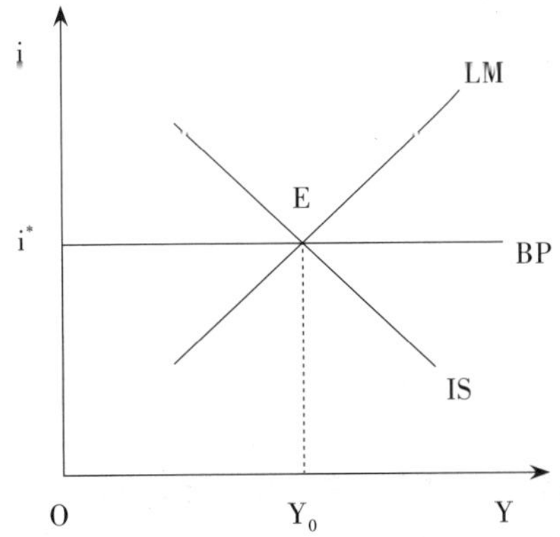


图7-4　固定汇率制下，资金完全流动时的经济平衡状态

（一）货币政策分析

如图7-5所示，扩张性的货币政策将会引起利率的下降，但在资金完全流动的情况下，本国利率的微小的、不引人注意的下降都会导致资金的迅速流出，这立即降低了外汇储备，抵消了扩张性货币政策的影响。也就是说，此时的货币政策甚至在短期也难以发挥效应，政府完全无法控制货币供应量。

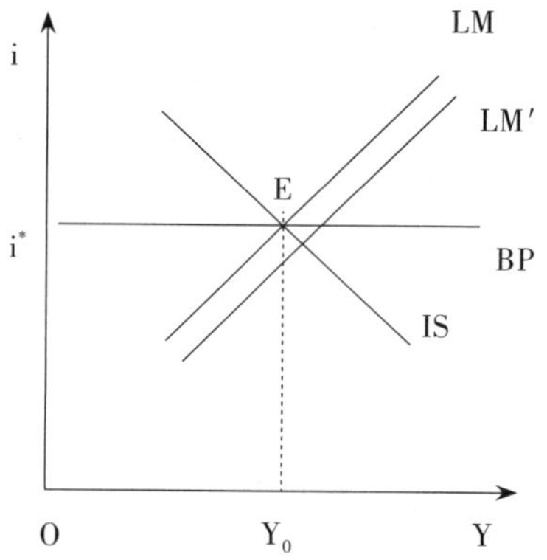


图7-5　固定汇率制下，资金完全流动时的货币政策分析

小结如下：在固定汇率制下，当资金完全流动时，货币扩张在短期内无法对经济产生影响。也就是说，此时的货币政策是无效的。

（二）财政政策分析

如图7-6所示，扩张性财政政策将会引起利率的上升，而利率的微小的上升都会增加货币供应量，使LM曲线右移直至利率恢复期初水平。也就是说，在IS右移过程中，始终伴随着LM曲线的右移，以维持利率水平不变。在财政扩张结束后，货币供给也相应地扩张了，经济同时处于长期平衡状态。此时，利率不变，收入不仅高于期初水平，而且较封闭条件下的财政扩张后的收入水平（Y′）也增加了。

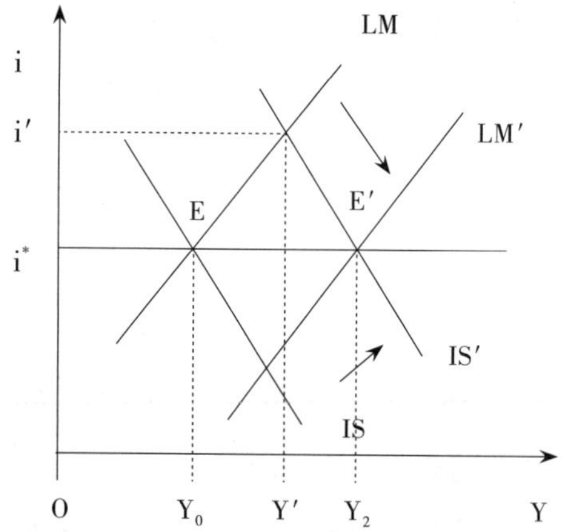


图7-6　固定汇率制下，资金完全流动时的财政政策分析

小结如下：在固定汇率制下，当资金可完全流动时，财政扩张不能影响利率，但会带来国民收入较大幅度（与封闭条件下相比）的提高。也就是说，此时的财政政策是非常有效的。

## 三、浮动汇率制下的财政、货币政策分析

在浮动汇率制下，我们对财政、货币政策研究的分析方法同固定汇率制下相比有很大不同，这体现在：

第一，经济的主要调整机制不是由国际收支不平衡引起的货币供应量的调整，而是由国际收支不平衡引起的汇率调整。

第二，我们假定本国货币贬值能改善经常账户收支，增加外国对本国商品的需求。这就是说，本国货币贬值能使BP曲线与IS曲线右移。

（一）货币政策分析

货币扩张造成的本国利率下降，会立刻通过资金流出造成本币贬值，这推动着IS曲线右移，直至与LM曲线相交确定的利率水平与世界利率水平相等为止，如图7-7所示。此时，收入不仅高于期初水平，而且也高于封闭条件下的货币扩张后的情况，本币贬值。

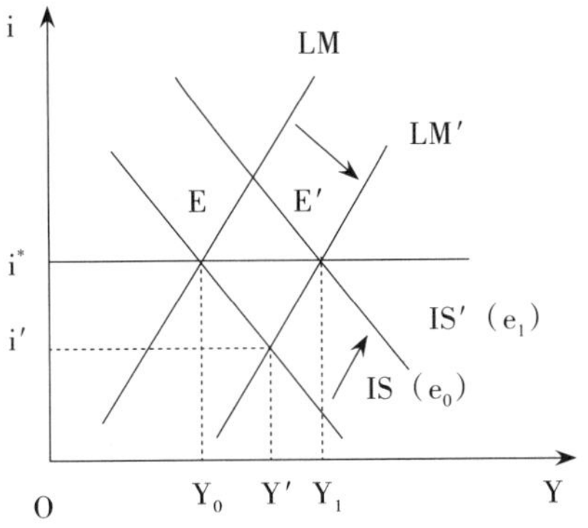


图7-7　浮动汇率制下，资金完全流动时的货币政策分析

我们可小结如下：在浮动汇率制下，当资金完全流动时，货币扩张会使收入上升，本币贬值，对利率无影响。可见，此时的货币政策是非常有效的。

（二）财政政策分析

财政扩张造成的本国利率上升，会立刻通过资金的流入而造成本币升值，这将会推动，IS′曲线左移，直至返回原有位置，利率水平重新与世界利率水平相等为止。此时与期初相比，利率不变，本币升值，收入不变。需要指出的是，此时收入的内部结构发生变化，财政政策通过本币升值对出口产生了完全挤出效应，即财政支出造成了等量的出口下降，如图7-8所示。

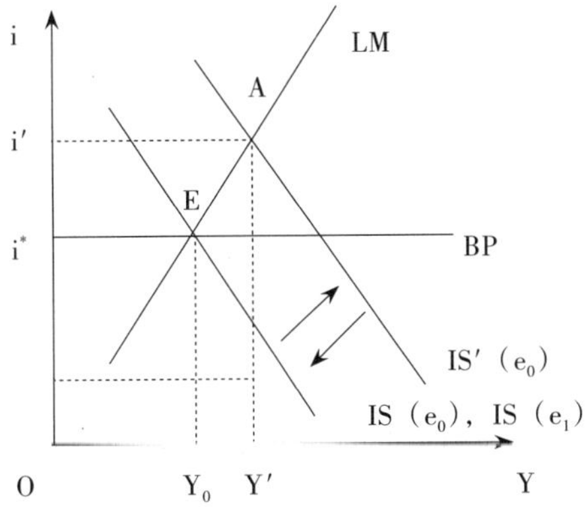


图7-8　浮动汇率制下，资金完全流动时的财政政策分析

我们可小结如下：在浮动汇率制下，当资金完全流动时，扩张性财政政策会造成本

币升值，对收入、利率均不能产生影响。

可见，此时的财政政策是完全无效的。

以上我们对不同汇率制度、资金完全流动情况下的财政货币政策效力作了具体分析。我们可以用表7-4对以上的分析做一个总结。

表7-4 蒙代尔-弗莱明模型中的财政政策、货币政策的效应比较

| 项目 | 固定汇率制 | 浮动汇率制 |
|---|---|---|
| 货币政策 | 无效 | 有效 |
| 财政政策 | 有效 | 无效 |

## 四、三元悖论

蒙代尔-弗莱明模型实际上已蕴含着三元悖论（Trilemma），即资本自由流动、固定汇率与货币政策独立性三者之间存在着“不可能三角”（Impossible Triangle）的思想。1997年克鲁格曼根据亚洲金融危机的经验，特别是马来西亚对资本管制的案例，在1998年初发表文章认为，在这个模型里三者都是变量，货币当局可以控制、管制资本，并自由选择是否允许资本自由流动；但提出三者只能取其二，不能兼备。例如，要想选择独立货币政策和固定汇率制度的政策组合就必须放弃资本自由流动，实行资本管制。要想选择固定汇率制度和资本自由流动的政策组合就必须放弃独立的货币政策。要想选择独立货币政策和自由资本流动的政策组合就必须放弃固定汇率制度，实行浮动汇率制度。我们可以用一个简单的图来表示上述结论，如图7-9所示。

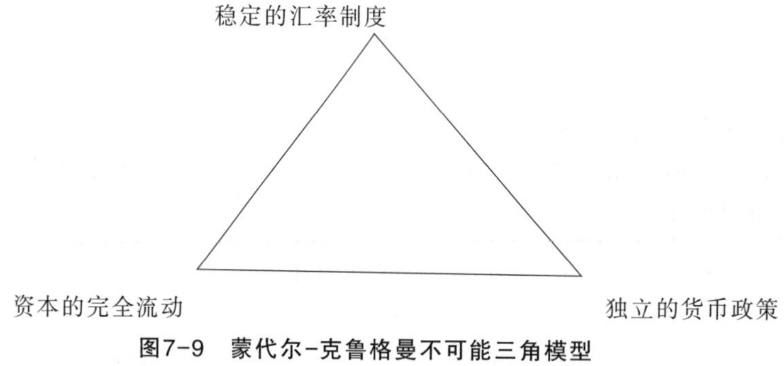


图7-9 蒙代尔-克鲁格曼不可能三角模型

在图中，稳定的汇率制度、资本的完全流动、独立的货币政策这三个目标就如同一个三角形的三个顶点，政府不能同时实现这三个目标，而只能在选择其中两个的同时放弃另外一个，这便被称为三元悖论，上述表述这个关系的三角形便被称为蒙代尔-克鲁格曼不可能三角模型。

**拓展阅读**

**财政货币政策联动 确保政策效用最大化**

财政政策与货币政策是宏观调控的两大支柱，事关国民经济平稳运行。2024年3月5日，国务院总理李强在政府工作报告中指出：“强化宏观政策逆周期和跨周期调节，

继续实施积极的财政政策和稳健的货币政策，加强政策工具创新和协调配合。”这与2023年年底召开的中央经济工作会议精神是一脉相承的。

2024年政府工作报告指出，“积极的财政政策要适度加力、提质增效”“稳健的货币政策要灵活适度、精准有效”。众所周知，财政政策和货币政策都属于宏观经济政策，终极目标是一致的，都是为了实现经济稳增长、物价稳定、充分就业和国际收支平衡。两者只有协同发力、相互配合，才能使政策效用最大化。

财政政策方面，切实将财政资金用在刀刃上，有力促进经济总体回升向好。从“适度加力”可以看出，财政政策将根据实际情况适当加码，继续发力；从“提质增效”可以看出，更加注重政策的质量和可持续性，更强调效果。

具体来看，2024年将继续保持适当支出强度，提高财政资金效益，合理安排政府投资规模，加大均衡性转移支付力度，兜牢基层“三保”底线。税费方面，要注重政策的延续性，深挖政策潜能，优化税制结构，提高政策的精准性、针对性和有效性。财政部也明确了2024年的工作目标：将重点做好着力支持加快现代化产业体系建设、着力扩大国内需求、着力持续深入实施科教兴国战略、着力支持保障和改善民生、着力支持推动乡村全面振兴、着力推进城乡区域发展、着力支持加强生态文明建设等七方面工作。

货币政策方面，我国始终坚持“以我为主”，不搞大水漫灌。从“灵活适度、精准有效”可以看出，货币政策的松紧要适度，通过精打细算合理配置资源，来实现效果最大化，对政策效率的要求也更高。正如中国人民银行行长潘功胜所说，当前，我国货币政策仍然有足够的空间，我们将平衡好短期和长期、稳增长和防风险、内部均衡和外部均衡的关系，强化逆周期和跨周期调节，为经济运行创造良好的货币金融环境。

具体来看，要综合运用多种货币政策工具，保持流动性合理充裕，把握好新增信贷的均衡投放，增强信贷增长的稳定性，不断优化信贷结构，提升金融服务实体经济能力。同时，兼顾内外均衡，继续深化汇率市场化改革，保持人民币汇率在合理均衡水平上的基本稳定。注重提升效能，聚焦“五篇大文章”，发挥货币政策工具总量和结构双重功能。

资料来源 苏诗钰．财政货币政策联动 确保政策效用最大化［N］．证券日报，2024-03-06（A04）．

问题：2024年我国财政、货币政策如何搭配，才能够确保政策效用最大化？

分析要点：实施积极的财政政策和稳健的货币政策，同时加强政策工具创新和协调配合。财政政策和货币政策要注重灵活性、相互匹配、同频共振、紧密协调，避免出现政策不同步的真空期，更好地为2024年经济增长按下“快进键”，实现经济“稳中有进”。

本章小结

## 同步测试

同步测试

（一）选择题

1.一般而言，一国经济的内部均衡目标主要包括（　　）。

A.经济增长　　B.充分就业　　C.国际收支平衡　　D.价格稳定

2.一般而言，一国经济的外部均衡目标主要是指（　　）。

A.经济增长　　B.充分就业　　C.国际收支平衡　　D.价格稳定

3.根据蒙代尔的有效市场分类原则，应该实施（　　）的指派方案。

A.货币政策实现外部均衡　　B.货币政策实现内部均衡

C.财政政策实现外部均衡　　D.财政政策实现内部均衡

（二）简答题

1.开放经济下的宏观调控目标是什么？

2.简要说明内部均衡与外部均衡的基本内容及关系。

3.简要说明蒙代尔有效市场分类原则的基本内容及重要意义。

4.试利用蒙代尔–弗莱明模型分析短期内不同汇率制度下的财政、货币政策效力。

5.如何理解蒙代尔–弗莱明模型在国际金融学中的地位？

# 第八章

## 汇率制度与汇率政策

### 学习目标

[知识目标]

1. 掌握汇率制度、固定汇率制度与浮动汇率制度的基本含义。
2. 了解主要的中间汇率制度。
3. 掌握政府对外汇市场进行干预的目的与类型。
4. 掌握外汇管制的概念、作用及局限性，理解外汇管制的内容。
5. 掌握货币自由兑换的含义、条件及其次序。

[能力目标]

培养学生能够从汇率制度的演变、货币自由兑换的条件与次序中探索一般规律和进行理论概括的能

[素养目标]

通过了解汇率制度的演变，引导学生理解我国当前的汇率制度与汇率政策符合本国的利益，深化对制度与政策的认同。

### 引导案例

**中国香港金管局出手买入港元，以维护联系汇率制度**

在美国接连加息的情况下，为了维持金融市场稳定，2022年5月12日中国香港金管局宣布在市场买入15.86亿港币，这也是中国香港金管局时隔3年首次入市买入港元。此后，中国香港金管局连续9次出手买入港元，买入金额达到568.35亿港元。

此外，中国香港金管局于6月16日跟随美联储将基本利率上调75个基点至2%。中国香港金融管理局总裁余伟文表示，尽管美国接连加息，中国香港的货币及金融市场继续保持稳定，外汇市场运作畅顺有序，市场流动性充裕。随着美国再次加息，港美息差会再度扩大。在联系汇率制度下，当息差扩大至相当程度的时候，自然出现足够诱因引发市场人士进行套息交易，驱使资金逐渐从港元流向美元，因此港元汇率偏弱是正常现象。

中国香港自1983年10月17日实施联系汇率制度，通过严谨、稳健和透明的货币发行局制度，使港元汇率保持稳定在7.75至7.85港元兑1美元的区间内。

根据联系汇率制度的设计，当港元汇率触发7.85弱方兑换保证，金管局会买港元沽美元，资金流出港元体系，港元拆息会逐步上升，有助于抵消套息交易的诱因，最终令港元稳定于7.75至7.85的区间内。

资料来源 陈佩珍．香港金管局本周出手4次买入319亿港元，以维护联系汇率制度［EB/OL］．［2022-06-18］．https：//m.haiwainet.cn/middle/3541083/2022/0618/content_32445630_1.html.

香港金管局在市场上多次买入美元，同时跟随美国而采取的加息政策，目的是维持香港的联系汇率制度。本章将介绍汇率制度的含义、汇率制度的类型及其特点，以及汇率政策问题。

# 第一节 汇率制度

## 一、汇率制度的含义

汇率制度（Exchange Rate Regime），是指一国货币当局对本国汇率水平的确定、汇率变动方式等问题所作的一系列安排或规定。由于汇率的特定水平及其调整对经济有着重大影响，并且不同的汇率制度本身也意味着政府在实现内外均衡目标的过程中需要遵循不同的规则，所以选择合理的汇率制度是一国乃至国际货币制度面临的非常重要的问题。

## 二、固定汇率制度与浮动汇率制度

按照汇率变动的方式，汇率制度分为两大类型，即固定汇率制度与浮动汇率制度。

固定汇率制度（Fixed Exchange Rate Regime）是指政府用行政或法律手段确定、公布、维持本国货币与某种参考物之间固定比价的汇率制度。在纸币流通的条件下，不同货币之间的固定汇率往往是人为规定的，在经济形势发生较大变化时，这一汇率可以进行调整，因此这种固定汇率制度实际上是一种可调整的固定汇率制，称为可调整的钉住汇率制度（Adjustable Pegging Regime）。

浮动汇率制度（Floating Exchange Rate Regime）是指汇率水平完全由外汇市场上的供求决定、政府不加任何干预的汇率制度。

固定汇率制度与浮动汇率制度最大的区别在于出现国际收支不平衡后经济恢复内外均衡的自动调节机制。在固定汇率制度下，货币当局会在固定的汇率水平上通过调整外汇储备来消除外汇市场上的供给与需求的缺口，相应地通过货币供应量的变动来对经济的不平衡进行调节。而在浮动汇率制度下，完全通过外汇市场上的汇率变动来平衡外汇的供求，这一汇率变动进而通过各种机制调节经济运行。

两种汇率制度都不是十全十美的，各有其特点。就其本质来说，这两种汇率制度的比较实际上意味着在内外均衡目标的实现中，对“可信性”（Credibility）与“灵活性”

（Flexibility）的权衡，而这两者常常是不可兼得的。因此，从纯粹抽象的讨论中是无法简单得出哪种汇率制度更为优越的结论的。

另外，还存在处于固定汇率制与浮动制之间的中间汇率制度，如爬行钉住汇率制、汇率目标区制和钉住一篮子货币汇率制。

## 三、中间汇率制度

（一）爬行钉住汇率制

爬行钉住汇率制是指汇率可以作经常的、小幅度调整的固定汇率制度。这一制度有两个基本特征。首先，该国负有维持某种平价的义务，这使得它属于固定汇率制这一大类。其次，这一平价可以进行经常的、持续的、小幅度的调整（如调整2%~3%），这又使得它与一般的可调整的钉住汇率制度相区别，因为后者的平价调整是很偶然的，而且一般幅度很大。

1.爬行钉住汇率制的优点

（1）它提供了一种更有效的内外均衡调节机制

在爬行钉住汇率制下，汇率调整成为对国际收支进行调节的经常性工具，这就使得国际收支问题得以及时的纠正，不会出现在可调整的钉住汇率制度下因汇率调整滞后所带来的投机冲击。同时，它的每次汇率调整的幅度都很小，可以避免对经济造成过大的冲击。另外，与浮动汇率制相比，它又可以避免汇率的不稳定所带来的种种不便。

（2）它可以使一国抵消境外通货膨胀的影响

在浮动汇率制下，用汇率的调整来抵消国外通货膨胀的影响，可以使一国选择本国独立的通胀率水平。爬行钉住汇率制的汇率可以及时调整的特征，使得它具有一定的浮动汇率制度的功能。

（3）它可以减少一国持有的外汇储备的数量

这是因为它并不需要政府长期维持某一汇率水平，当出现较严重的国际收支赤字趋势时，可以通过本国货币的经常贬值予以解决。

2.爬行钉住汇率制的缺陷

（1）国内货币政策仍受到来自外部的严重制约

在爬行钉住汇率制下，短期中的本国货币贬值措施将要求本国利率的相应上升以维护国际收支平衡。因此，在经常进行汇率调整的情况下，这一制度意味着本国货币政策受到比可调整的钉住汇率制度更为严重的外在制约，无法用于实现内部均衡目标。

（2）汇率调整的速度不够迅速

因为爬行钉住制下的汇率调整是小幅度的，国民经济在遭受突然的外在冲击而需要对汇率水平进行大的调整时，这一制度就显得不够及时、不够到位。

（3）汇率调整极易转化为国内的通货膨胀

与固定汇率制度下汇率调整的偶然性，以及浮动汇率制度下汇率调整的频繁性不同，爬行钉住制的汇率调整是相对有规律地进行的，因此极易导致国内的价格体系、工资采取与汇率相挂钩的指数化措施，这会使货币贬值迅速转化为国内价格水平的上升，从而抵消了贬值的效果。

（二）汇率目标区制

汇率目标区制的含义可分为广义与狭义两种，我们在此分析的主要是广义的汇率目标区制。广义的汇率目标区制，泛指将汇率浮动限制在一定区域内（例如中心汇率的上下各10%）的汇率制度。

汇率目标区制是不同于其他类型的汇率制度的。首先，从它与浮动汇率制的比较看，区别有两点：①在汇率目标区制下，当局在一定时期内对汇率波动制定出比较确定的区间限制；②在汇率目标区制下，当局要更为关注汇率的变动，必要时要利用货币政策等措施，将汇率变动尽可能地限制在目标区内。它与可调整钉住制的主要区别则在于：目标区制下，政府并不严格承诺在任何情况下都对外汇市场进行干预以将汇率维持在目标区内；同时，目标区制下汇率变动的范围更大。

依据目标区区域的幅度、目标区调整的频率、目标区的公开程度以及对目标区进行维持的承诺程度，目标区制可分为严格的目标区制与宽松的目标区制两种类型。前者的目标区区域较小、极少变动，目标区域公开，政府负有较大的维系目标区的义务；后者目标区区域较大、经常进行调整，目标区域保密，政府只是有限度地将货币政策运用于对汇率目标区的维持。

汇率目标区制在进入20世纪90年代后引起了研究者的特殊兴趣，这是因为，在新形势下，在目标区域内的汇率变动具有某些非常重要的特征。我们以下对此进行简要介绍。

我们假定目标区是完全可信的，也就是交易者确信汇率永远将在目标区以内变动，政府仅在汇率变动至目标区的上下限时才进行干预，经济基本面的变动完全是随机的。那么，当汇率的变动逐渐接近目标区边缘时，交易者会预期汇率很快将作反向调整，重新趋近于中心汇率。这一预期将会产生稳定性作用，汇率的变动在不存在政府干预时也不会超过目标区范围，而是保持在目标区边缘并且常常会自动向中心汇率调整。

汇率目标区下的汇率变动还存在另外一种情况，那就是由于经济基本面向某一方向的变动程度很大并且已表现为长期的趋势，市场交易者普遍预期汇率目标区的中心汇率将作较大的调整，此时汇率目标区不再具有可信性。在这种情况下，对中心汇率的投机发生，市场汇率变动将不再自动倾向于中心汇率。相反，此时的汇率变动非常剧烈，而且一般超过了浮动汇率制下的正常汇率变动程度。

可以看出，汇率目标区是对汇率制度可信性与灵活性的一种折中，这导致它的汇率变动也具有双重特征。显然，这种双重特征对达成开放经济内外均衡的同时实现有利也有弊。怎样运用目标区制度因而也成了当代国际金融理论和政策讨论的一个热门话题。

## 四、人民币汇率制度

改革开放后人民币汇率制度的演变，基本上经历了如下几个阶段：

（一）官方汇率与贸易内部结算汇率并存的双重汇率制度（1979—1984年）

1980年我国正式恢复了在国际货币基金组织中的合法地位。按照IMF的有关规定，其会员国可以实行多种汇率，但必须尽量缩短向单一汇率过渡的时间。从国内经济环境来看，20世纪70年代末期发起的总体经济改革激发了众多学者对人民币汇率政策的热烈争论，1979年8月国务院决定改革外汇管理体制，除官方汇率外，决定从1981年1月1日起开始试行贸易内部结算汇率，从而形成了人民币双重汇率。

（二）官方汇率与外汇调剂市场汇率并存的双重汇率制度（1985—1993年）

这一阶段，又可分为两个分阶段：

1985—1990年，为有限灵活汇率制度。从国际经济环境来看，主要社会主义国家都在进行经济体制改革。这种国际经济环境对我国既有推力也有压力。从国内经济环境来看，1985年1月1日我国取消了贸易内部结算汇率，恢复单一汇率，该汇率以贸易汇价为基础。虽然在名义上实行了单一汇率，但由于外汇调剂市场汇率的存在，形成了官方汇率与外汇调剂汇率并存的局面，实际上又形成了新的双重汇率。虽然官方汇率被钉住，但是由于外汇调剂市场汇率被逐渐地放开，因而汇率波动暗含着有效汇率实际上是灵活的。所以，这一阶段可称为有限灵活汇率制度。

1991—1993年为外汇调剂市场汇率主导的浮动汇率制度。1991年4月，中国政府正式宣布采用浮动汇率制度。据统计，到1993年年末，中国外汇交易中近乎80%都是通过外汇调剂市场来进行的。外汇调剂市场已被证实对于人民币汇率市场化是一种十分有用的过渡机制。然而，作为过渡机制，外汇调剂市场也引发了许多问题，诸如市场因为准入资格、价格限制等易遭受随机性影响；地方政府总是通过行政手段来频繁地阻滞区域间外汇流动；更严重的是，多重汇率导致难以预见的歧视、寻租活动和腐败等。而且，官方汇率与外汇调剂汇率并存的汇率双轨制不符合国际惯例，常常成为西方国家对我国实行经济制裁的借口，不利于我国对外正常的经贸往来，并且对于我国加入WTO也是非常不利的。因此，进行外汇管理体制改革，尽快结束汇率双轨制，实行单一汇率制度势在必行。

（三）有管理的浮动汇率制度（1994年至2005年7月20日）

从国际经济环境来看，市场经济已经在全球范围内得到了极大程度的扩展，特别是信息技术和互联网的迅猛发展，更使得世界经济呈现出一体化的发展态势。我国要想加入WTO、融入经济一体化、发展市场经济，就必须按照国际惯例改革我国外汇管理体制，尽早结束人民币汇率双轨制。从国内经济环境来看，我国社会主义市场经济体制已初步建立，官方汇率与外汇调剂汇率并存的汇率双轨制引发的问题愈发显著。在此情况下我国对外汇管理体制进行了重大改革：决定从1994年1月1日起，实现人民币官方汇率与外汇调剂市场汇率并轨，并轨后的人民币汇率实行以市场供求为基础的、单一的、有管理的浮动汇率制度。此次外汇管理体制改革的创新之处在于确立了统一的以市场为基础的管理浮动汇率制度和经常账户下有条件可兑换。但是，由于实行银行结售汇制，人民币汇率并未实现完全意义上的汇率市场化。

（四）人民币参考一篮子货币汇率制度（2005年7月21日至今）

尽管我国宣布自1994年1月1日起，人民币汇率实行以市场供求为基础的、单一的、有管理的浮动汇率制度，但1997年以后人民币汇率变动的事实说明，我国名义上的“有管理的浮动汇率制度”事实上是一种钉住美元的固定汇率制度。人民币兑美元的汇率除1994年汇率并轨初期略有波动外，基本上维持在1美元兑8.28元人民币的水平。长期以来人民币钉住美元汇率制度促进了我国对外贸易和投资的迅速发展，但是当我国主要贸易伙伴国之间的货币发生波动时，这种钉住单一货币的汇率制度将汇率波动传导至人民币有效汇率，增加了我国进出口贸易和宏观经济的内在不稳定性。在人民币存在升值预期的情况下，人民币钉住美元汇率制度，不仅会增加我国通货膨胀的压力，丧失货币政策的独立性，而且可能会危及我国的金融稳定。

1.“7·21”汇改

2005年7月21日，中国人民银行正式宣布，废除原先钉住单一美元的货币政策，开始实行以市场供求为基础、参考一篮子货币进行调节的浮动汇率制度。当天，美元兑人民币官方汇率由8.27调整为8.11，人民币汇率升幅约为2.1%。2007年1月11日，人民币对美元7.80关口告破，自1994年后首次超过港币。

2007年5月21日，中国人民银行决定，银行间即期外汇市场人民币对美元交易价浮动幅度，由0.3%扩大至0.5%。2008年4月10日，人民币对美元汇率中间价突破7.00。

2008年中期至2010年6月，人民币自2005年汇改以后已经升值了19%，但受到2008年美国金融危机的影响，人民币停止了升值走势；同时，在危机爆发后，人民币开始紧盯美元。

2.“二次汇改”

2010年6月19日，中国人民银行宣布，重启自金融危机以来冻结的汇率制度，进一步推进人民币汇率形成机制改革，增强人民币汇率弹性。2012年4月14日，中国人民银行决定自2012年4月16日起，银行间即期外汇人民币兑美元交易价浮动幅度，由0.5%增至1%。

2014年3月15日，中国人民银行决定自2014年3月17日起，银行间即期外汇市场人民币兑美元交易价浮动幅度由1%扩大至2%，即每日银行间即期外汇市场人民币对美元的交易价，可在中国外汇交易中心对外公布的当日人民币对美元中间价上下2%的幅度内浮动。外汇指定银行为客户提供当日美元最高现汇卖出价与最低现汇买入价之差不得超过当日汇率中间价的幅度由2%扩大至3%。

3.“8·11汇改”

2015年8月11日，中国央行宣布调整人民币对美元汇率中间价报价机制，做市商参考上日银行间外汇市场收盘汇率，向中国外汇交易中心提供中间价报价。这一调整使得人民币对美元中间价报价机制进一步市场化，更加真实地反映了当期外汇市场的供求关系。此后一年，人民币对美元中间价，最高6.2298，最低6.6971，降幅为8.3%，终结了此前十年的人民币对美元累计33%的升值。

人民币汇率制度改革的长期目标应是浮动汇率制度，但鉴于当前我国金融市场、微观经济主体和金融监管等方面存在的问题，我国选择了较为缓和的参考一篮子货币进行调节、有管理的浮动汇率制度。人民币参考一篮子货币汇率制和钉住一篮子货币汇率制，对稳定实际有效汇率、有效配置资源和增强货币政策独立性都有积极作用，但前者在有效配置资源和增强货币政策独立性方面效果更好。另外，人民币参考一篮子货币汇率制度也增加了市场预期的不确定性，对宏观经济产生了一些消极影响。事实上，人民币参考一篮子货币汇率制度基本上是国际上所说的BBC（Basket，Band and Crawl）汇率制度。BBC汇率制度使新加坡实现了低通胀下的持续经济增长。但我国的国情毕竟和新加坡不同，人民币参考一篮子货币汇率制度能否成为适合我国国情的较理想的汇率制度，还有待时间检验。

## 第二节　汇率管理与外汇管制

现在世界上的主要国家的货币之间基本上都采取了浮动汇率的形式，但所有的国家基本上都未放弃对汇率的管理，都在不同程度上对汇率不断地施加一定的干预和影响，因此，我们有必要就政府对外汇市场的干预问题进行分析。

### 一、汇率管理

（一）政府进行汇率管理的目的

1.防止汇率在短期内过分波动

汇率是以一种货币表示的另一种货币的相对价格，这种价格的过分波动，通过打乱人们的预期而对经济体与经济体之间的正常的贸易与投资带来了风险，从而对各个经济体与经济单位产生负面影响。在国际资金流动量巨大的今天，汇率在短期内的过分波动（Excess Volatility）常常发生。现代外汇市场上，各种与市场基本面因素无关的投机行为非常盛行，少数有实力的机构投资者凭借各种金融衍生工具在市场上兴风作浪，汇率中的泡沫成分非常高，投机因素已成为汇率短期内大幅度波动的主要原因。

2.避免汇率水平在中长期内失调

从中长期来看，汇率的平均水平与趋势如果较为明显地处于定值不合理，或高估或低估时，我们就可称之为汇率失调（Misalignment）。确定汇率水平是否失调，一般是依据对均衡汇率的估算得出。国际上计算均衡汇率的方法最主要有两种。一是购买力平价法。由于多种因素都会导致汇率偏离购买力平价，所以一般认为在汇率与购买力平价的偏离超过20%时，央行有必要干预。计算均衡汇率的另一种方法是威廉姆森提出的基本均衡汇率（Fundamental Equilibrium Exchange Rate，FEER）。从宏观调控的角度，威廉姆森认为政府应追求的汇率水平是在中期内（一般指5年）实现经济内外均衡的汇率，此即所谓的基本均衡汇率。由于基本均衡汇率是一种实际汇率，因此在管理汇率制度下就需要政府根据通货膨胀率对名义汇率及时进行调整，以保持实际汇率不变。

3.进行政策搭配的需要

中央银行在外汇市场上的干预是一国货币政策的重要组成部分，因为中央银行在市场上买入外汇，意味着它的基础货币投放增加了，具有同国债市场上的公开业务操作相类似的效果。央行在外汇市场与国债市场上的相等数量与方向的操作，对利率与汇率相对影响的强弱常常是存在差异的，这就提供了货币政策内部的不同工具搭配的可能性。同时，在外汇市场的干预还可与财政政策以及其他政策进行多种形式的搭配。

4.向市场传达政府当局的意图

政府可以公开宣布它将通过货币政策或财政政策改变汇率，或明确表达对汇率趋势的看法的同时也可进行冲销式干预，让市场参与者进一步据以确定宏观经济政策的走向。它给予了这样一个信号，即中央银行期望汇率朝哪个方向变动，这一信号能够改变市场对未来汇率的预期，甚至会立即引起市场汇率的变动，这种效应称作干预的信号效应。外汇干预规模与整个外汇市场的规模相比是很小的，其作用就在于当汇率前景不明朗时，通过干预与市场参与者进行心理较量，引导市场走向，从而对汇率的变化产生重大影响。

5.其他目标

政府对外汇市场的干预可能还出于其他目标。例如，政府为维持低汇率刺激本国出口，可能进入外汇市场人为地造成本币低估；对于存在长期性外汇短缺问题的国家，政府可能入市小批量地持续买进外汇，以增加其所持有的外汇储备；政府可能在外汇市场上买进卖出不同币种的外汇，以调整其持有的外汇储备的结构等。

以上的分析证明，政府有充足的理由对外汇市场进行干预。在实行浮动汇率的初期，许多倡导自由市场经济的经济学家还曾反对过政府对外汇市场的干预，但自20世纪80年代以来，这一问题已不再成为问题，受到普遍关注的是政府如何进行干预、干预是否有效的问题。

（二）政府进行汇率管理的类型

根据不同的角度，政府对汇率进行管理有如下几种分类：

1.按干预的手段划分，可分为直接干预与间接干预两种类型

（1）直接干预是指政府直接入市买卖外汇，改变原有的外汇供求关系以引起汇率变化的干预。

（2）间接干预则是指政府不直接进入外汇市场而进行的干预，其做法有两种：一是通过改变利率等国内金融变量的方法，使不同货币资产的收益率发生变化，从而达到改变外汇市场供求关系进而影响汇率的目的；二是通过公开宣告的方法影响外汇市场参与者的预期，进而影响汇率。政府可以通过新闻媒介表达对汇率走势的看法，或者发表有利于中央银行政策意图的经济指标，这些做法都可以达到影响市场参与者心理预期的目的。

2.按是否引起货币供应量的变化分，可分为冲销式干预与非冲销式干预两种类型

（1）冲销式干预（Sterilized Intervention）是指政府在外汇市场上进行交易的同时，通过其他货币政策工具（主要是在国债市场上的公开市场业务）来抵消前者对货币供应量的影响。

（2）非冲销式干预（Unsterilized Intervention）则是指不存在相应冲销措施的外汇市场干预，它引起了一国货币供应量的变动。

这两种类型的干预方式是政府对外汇市场进行干预的最重要的分类，它们各自的效

力成为外汇市场干预讨论中最受关注的问题。

3.按干预策略分，可分为熨平每日波动型干预、砥柱中流型干预和非官方钉住型干预三种类型

（1）熨平每日波动型干预（Smoothing out Daily Fluctuation），它是指政府在汇率日常变动时在高价位卖出，低价位买进，以使汇率变动的波幅缩小的干预形式。

（2）砥柱中流型或逆向型干预（Leaning Against the Wind），它是指政府在面临突发因素造成的汇率单方向大幅度波动时，采取反向交易的形式以维护外汇市场稳定的干预形式。

（3）非官方钉住型干预（Unofficial Pegging），它是指政府单方向非公开地确定所要实现的汇率水平及变动范围，在市场汇率变动与之不符时就入市干预的干预形式。

政府在外汇市场干预中常常交替使用以上三种干预策略。

4.按参与干预的国家分，可分为单边干预与联合干预两种类型

（1）单边干预是指一国对本国货币与某外国货币之间的汇率变动，在没有相关的其他国家的配合下，独自进行的干预。单边干预主要出现在小国对其与大国货币之间的汇率进行调节的情形下，缺乏国际协调时的各国对外汇市场的干预也多采取单边干预的形式。

（2）联合干预是指两国甚至多国联合协调行动，对汇率进行的干预。由于外汇市场上投机性资金的实力非常强大，同时国际上的政策协调已大大加强，各国对外汇市场的比较有影响的干预基本上采取的都是联合干预。

## 二、外汇管制

（一）外汇管制的概念

根据国际货币基金组织的分类，外汇管制（Forcign Exchange Control）的概念有狭义和广义之分，狭义外汇管制也称外汇限制（Foreign Exchange Restriction），指一国政府对本国居民从国外购买经常账户下的商品和劳务所需的外汇进行限制；广义的外汇管制，也叫外汇管理（Foreign Exchange Management），指一国政府授权本国的货币金融当局或其他机构，对外汇收支、买卖、借贷、转移以及国际上的结算、外汇汇率和外汇市场等实行的管制措施。

外汇管制是体制性概念，往往同一个国家的经济体制有着密切联系（如战时管制政策、计划经济）。外汇管制与货币自由兑换性密切相关，在外汇管制条件下，本国货币同外汇的兑换部分或全部地受到限制，本币成为不可兑换或不可完全兑换的货币，从而使境外的外汇买卖、国际结算、国际投资等金融活动都置于国家的严密控制之下。可以说，一国货币的不可兑换性或不可完全兑换性正是外汇管制的核心内容和必然结果。

（二）外汇管制的作用及局限性

1.外汇管制的作用

（1）防止资金外逃

国内资金外逃是国际收支失衡的一种表现。在自由外汇市场下，当资金大量外移

时，由于无法阻止或调整，势必造成国家外汇储备锐减，引起汇率剧烈波动。因此，为制止一国国内资金外逃，避免国际收支危机，有必要采取外汇管理，直接控制外汇的供需。

（2）维持汇率稳定

汇率的大起大落，会影响国内经济和对外经济的正常进行，所以要通过外汇管制，控制外汇供求，稳定汇率水平，使之不发生经常性的大幅度波动。

（3）维护本币在国内的统一市场不易受投机影响

实行外汇管制，可以分离本币与外币流通的直接联系，维持本币在国内流通领域的唯一地位，增强国内居民对本币的信心，抵御外部风潮对本币的冲击。

（4）便于实行贸易上的差别待遇

一国实行外汇管制，对外而言，有利于实现其对各国贸易的差别待遇或作为各国政府谈判的手段，还可通过签订清算协定，发展双边贸易以克服外汇短缺的困难。对内而言，通过实行差别汇率或贴补政策，有利于鼓励出口，限制进口，增加外汇收入，减少外汇支出。

（5）保护民族工业

发展中国家工业基础薄弱，一般工艺技术有待发展完善，如果不实行外汇管制及其他保护贸易政策，货币完全实行自由兑换，则发达国家的廉价商品就会大量涌入，从而使其民族工业遭到破坏与扼杀。实行外汇管制，一方面可管制或禁止那些可能摧残本国新兴工业产品的外国商品的输入，同时可鼓励进口必需的外国先进的技术设备和原材料，具有积极发展民族经济的意义。

（6）有利于国计民生

凡涉及国计民生的必需品，在国内生产不足时，政府均鼓励进口，准其优先结汇，按较低汇率申请进口，以减轻其成本，保证在国内市场上廉价供应，而对非必需品、奢侈品则予以限制。

（7）增强本币信心，稳定物价

实行外汇管制，可集中外汇资财，节约外汇支出，一定程度上可以提高货币的对外价值，增强本币信心，加强一国的国际经济地位。

另外，货币对外表现为汇率，对内表现为物价。当一国主要消费物资和生活必需品价格上涨过于剧烈时，通过外汇管制对其进口所需外汇给予充分供应，或按优惠汇率结售，则可增加货源，促进物价回落，抑制物价水平上涨，保持物价的稳定。因此，外汇管制虽直接作用于汇率，但对稳定物价也有相当作用，可避免或减轻国外通货膨胀对国内物价的冲击。

此外，外汇管制也可作为外交政策，当别的国家实施外汇管制而对本国经济和政治产生不利影响时，本国即可启用外汇管制作为一种报复手段。这样外汇管制便成为一种政策工具。

2.外汇管制的局限性

外汇管制从另外的角度看，对国际贸易和国家经济也会产生一定的副作用，主要表现在：

（1）不利于平衡外汇收支和稳定汇率

法定汇率的确定，虽可使汇率在一定时期和一定范围内保持稳定，但是影响汇率稳定的因素很多，单纯依靠外汇管制措施以求汇率稳定是不可能的。比如，一个国家经济状况不断恶化，财政赤字不断增加，势必增加货币发行，引起纸币对内贬值。通过外汇管制，人为高估本国币值的法定汇率，必然削弱本国商品的对外竞争能力，从而影响外汇收入，最后本国货币仍不得不对外公开贬值，改变法定汇率。若财政状况还没有根本好转，新的法定汇率就不易维持，外汇收支也难以平衡。

（2）阻碍国际贸易的均衡发展

采取外汇管制措施，虽有利于双边贸易的发展，但由于实施严格的管制后，多数国家的货币无法与其他国家的货币自由兑换，必然限制多边贸易的发展。另外，官方对汇率进行干预和控制，汇率不能充分反映外汇供求的真实状况，经常出现高估或低估现象。而汇率高估，对出口不利；汇率低估，又不利于进口，汇率水平不合理会影响进出口贸易均衡发展。

（3）限制资本的流入

实行外汇管制，在一定情况下，不利于本国经济的发展与国际收支的改善。比如，外商在外汇管制国家投资，其投资的还本付息、红利收益等往往难以自由汇兑回国，势必影响其投资积极性，进而影响本国经济发展。

（4）价格机制失效，资源难以合理配置

外汇管制会使国内商品市场和资本市场与国际相分离，国内价格体系和国际相脱节，这使一国不能充分参加国际分工和利用国际贸易中的比较利益原则来发展本国经济，资源不能有效地分配和利用。资金有盈余的国家，不能将其顺利调出，而急需资金的国家又不能得到它，资金不能在国际上有效流动。

（5）引起国与国之间的摩擦和纠纷

一般来说，外汇管制被认为是一种人为妨碍公平竞争的手段。所以实行严格外汇管制的国家常遭到其他国家的报复，产生国家间的经贸摩擦。国际货币基金组织要求其成员国未经批准不得对贸易和非贸易等经常性项目的收支加以限制，并且要求成员国通过各项改革来逐步放松已实施的外汇管制，以减少国与国之间的摩擦和创伤。

（三）外汇管制的内容

1.对贸易外汇的管制

贸易收支，通常在一国的国际收支中所占的比例最大，所以实行外汇管制的国家大多对贸易外汇实行严格管制，以增加出口外汇收入，限制进口外汇支出，解决贸易逆差，追求国际收支平衡。

（1）对出口收汇的管制

对出口实行外汇管制，一般都规定出口商须将其所得外汇及时调回国内，并结售给指定银行。也就是说，出口商必须向外汇管制机构申报出口商品价款、结算所使用的货币、支付方式和期限，在收到出口外汇后又必须向外汇管制机构申报交验许可证，并按官方汇价将全部或部分外汇收入结售给指定的银行；剩余部分既可用于自己进口，也可按自由市场的汇率转售他人。

许多国家在税收、信贷、汇率等方面采取措施以促进本国商品出口，同时对国内供应短缺的某些商品则实行限量出口，也有些国家按其与有关国家达成的协议，对某些商品的出口实行数量限制。有些发达国家虽对出口收汇并无限制，但由于政治上的原因，对某些国家采取各种临时性的贸易制裁或禁止某些战略物资和尖端技术的出口。

（2）对进口付汇的管制

实行外汇管制的国家，除对进口外汇实行核批手续外，为了限制某些商品的进口，减少外汇支出，一般都实行下述措施：进口存款预交制（Advance Import Deposit），进口商在进口某项商品时，应向指定银行预存一定数额的进口货款，银行不付利息，数额根据进口商品的类别或所属的国别按一定的比例确定；购买进口商品需外汇时，征收一定的外汇税；限制进口商对外支付使用的外币；进口商品一定要获得外国提供的一定数额的出口信贷，否则不准进口；提高或降低开出信用证的佣金额，以控制进口；进口商在获得批准的进口用汇以前，必须完成向指定银行的交单工作，增加进口成本；根据情况，允许（或禁止）发行特定的债券，偿付进口货款，以调节资金需求，减少外汇支出，控制进口贸易。

2.对非贸易外汇的管制

非贸易外汇收支的范围较广，贸易与资本输出以外的外汇收支均属非贸易收支。主要包括：与贸易有关的运输费、保险费、佣金；与资本输出有关的股息、利息、专利费、许可证费、特许权使用费、技术劳务费等；与文化交流有关的版权费、稿费、奖学金、留学生费用等；与外交有关的驻外机构经费；旅游费和赡家汇款。其中与贸易有关的从属费用，如运输费、保险费和佣金等，基本按贸易外汇管制办法处理，一般无须再通过核准手续，就可由指定银行供汇或收汇。其他各类非贸易外汇收支，都要向指定银行报告或得到其核准。实行非贸易外汇管制的目的在于集中非贸易外汇收入，限制相应的外汇支出。各个国家根据其国际收支状况，往往不同时期实行宽严程度不同的非贸易外汇管制。

3.对资本输出入的管制

资本的输出入直接影响一国的国际收支，因此无论是一些发达国家还是绝大多数发展中国家，都很重视资本的输出入，只是根据不同的需要，对它实行不同程度的管制。

发展中国家由于外汇短缺，一般都限制资本输出，同时对有利于发展本国民族经济的外国资金，则实施各种优惠措施，积极引进。例如：对外商投资企业给予减免税优惠；允许外商投资企业的利润用外汇汇出等等。此外，有些发展中国家对资本输出入还采取如下措施：一是规定输出入资本的额度、期限与投资部门；二是从国外借款的一定比例要在一定期限内存放在管汇银行；三是银行从国外借款不能超过其资本与准备金的一定比例；四是规定接受外国投资的最低额度等。

相对来说，发达国家较少采取措施限制资本输出入，即使采取一些措施，也是为了缓和汇价和储备所受的压力。例如，20世纪70年代，日本、瑞士等发达国家由于国际收支顺差，它们的货币经常遇到升值或上浮的压力，成为国际游资（Hot Money）的主要冲击对象，并且这些国家国际储备的增长，又会加剧它们本国的通货膨胀，因此这些国家就采取了一些限制资本输入的措施，以避免本国货币的汇率过分上浮。这些措施包括：规定银行吸收非居民存款要缴纳较高的存款准备金；规定银行对非居民存款不付利息或倒收利息（Negative Interest）；限制非居民购买本国有价证券等。与此同时，这些国家还采取了鼓励资本输出的措施。譬如，日本从1972年起对于居民购买外国有价证券和投资于外国的不动产基本不加限制。

4.对汇率的管制

汇率管制是一国从本国的经济利益出发，为调节国际收支、稳定本币价值，而对本国所采用的汇率制度和汇率水平进行的管制。管制的方法主要有以下几种：

（1）直接管制汇率

一国政府指定某一部门制定、调整和公布汇率。这一官方的汇率对整个外汇交易起着决定性的作用。各项外汇收支都须以此汇率为基础兑换本国货币。但这种汇率的形成人为因素较大，很难反映真实的汇率水平，极易造成价格信号的扭曲。此外，采取这种形式的汇率管制，通常都伴之以对其他项目较严格的外汇控制。

（2）间接调节市场汇率

由市场供求决定汇率水平的国家，政府对汇率不进行直接的管制，而是通过中央银行进入市场买入或抛出外汇，来达到调节外汇供求、稳定汇率的效果。为进行这一操作，许多国家都建立了外汇平准基金，运用基金在市场上进行干预；有的则是直接动用外汇储备进行干预。除通过中央银行在外汇市场上直接买卖外汇以外，中央银行还通过货币政策的运用，主要是利率杠杆来影响汇率。利率水平的提高和信贷的紧缩，可以减少市场上对外汇的需求，同时抑制通胀，吸引国外资金流入，阻止汇率贬值；反之，则可抑制汇率升值。

（3）实行复汇率制度

复汇率制度是指一个国家通过外汇管制，使本国货币汇率有两个以上的表现形式，出现多重的汇兑标准。

一般来说，经济高度发达的市场经济国家，其汇率制度一般为自由浮动，国家不对汇率进行直接管制，而是运用经济手段间接调控引导汇率；而那些经济欠发达，市场机制发育不健全、缺乏有效的经济调控机制和手段的国家，则采取直接的行政性的方式来管理汇率，以保证汇率为本国经济政策服务。

5.对黄金和现钞输出入的管制

实行外汇管制的国家对黄金交易也进行管制，一般不准私自输出或输入黄金，而由中央银行独家办理。对现钞的管理，习惯的做法是对携带本国货币出入境规定限额和用途，有时甚至禁止携带本国货币出境，以防止本国货币输出用于商品进口和资本外逃。

## 三、货币自由兑换问题

一种货币之所以不能成为自由兑换货币，一个重要原因就是该国实行的外汇管制。

既然非自由兑换货币是外汇管制的产物，要放松外汇管制，就意味着货币可逐渐变成可自由兑换的货币。那么，什么是货币的自由兑换呢？

（一）货币自由兑换的含义

货币自由兑换是指在外汇市场上，能自由地用本国货币购买（兑换）某种外国货币，或用某种外国货币购买（兑换）本国货币。

依货币可兑换的程度，货币自由兑换可分为完全可兑换（自由兑换）和部分可兑换（部分自由兑换）。

完全可兑换是指一国或某一货币区的居民可以自由地将其所持有的本国或本地区的货币兑换成其他国家或地区的货币，用于经常项目和资本与金融项目的国际支付和资金转移。

部分可兑换是指一国或某一货币区的居民可以在国际支付的部分项目下，自由地将其所持有的本国或本地区的货币兑换成其他国家或地区的货币，用于国际上的支付和资金转移。例如，在经常项目下自由兑换，用于国际上商品和劳务交易的支付，但此时并不一定必须对资本与金融项目实行自由兑换。实行自由兑换还是实行部分自由兑换，在一定程度上取决于一个国家对资本管制的宽严程度，以及一国货币政策和财政政策的运筹能力。

IMF规定，如果一国解除了经常项下支付转移的限制，即实现了经常项下的货币可兑换，也即承担了IMF协定第8条款所规定的义务，成为IMF的第8条款的成员国。

（二）货币自由兑换的条件和次序

1.货币自由兑换的条件

从表面上看，自由兑换是一国货币能不能自由地与其他国家货币兑换的问题，但其实质则是一国的商品和劳务能不能与其他国家自由交换。这种能否自由兑换和自由兑换的程度，是与一国经济在国际上的地位密切相关的，是受一国商品、劳务在国际、国内市场上的竞争能力、资本余缺状况等许多因素制约的。因此，一国货币实现自由兑换，必须具备以下几个条件：

（1）有充分的国际清算支付能力

在不受限制的情况下，国际收支平衡体现了一国的外汇收入满足了国民对外汇的需求，这样才能保持国家外汇储备的稳定和增加，为本币自由兑换提供基础。如果国际收支长期逆差，国家的外汇储备会很快减少甚至消失，从而动摇货币自由兑换的基础。保持国际收支大体平衡和外汇储备的稳定及增长，要求该国有较强的经济实力，其产品和劳务在国际、国内市场上有较强的交换性和替代性。

（2）具有合理的汇率水平和开放的外汇市场

货币自由兑换要求避免和取消汇率管制，任何企业和个人都可以在外汇市场上买入和卖出外汇，这就需要有开放的外汇市场；同时还要求汇率能够客观地反映外汇的供求，从而正确引导外汇资源的合理配置。

（3）具有完善有效的宏观调控系统

在财政方面，收支平衡没有过大的财政赤字而导致国际收支逆差；在金融方面，中央银行有较强的实施货币政策的能力，具有较强的外汇市场干预政策和操作能力，包括外汇风险管理与控制，储备资产投资战略以及与这些业务有关的会计和监管能力。同时，还应具备良好的宏观经济政策环境。

（4）国民对本币具有信心

必须抑制通货膨胀，维持物价基本稳定，建立货币政策的可信性，增强国民对本币的信心。随着上述过程的深入和国民对本币信心的树立，对经常项目交易以及对所有外汇交易的限制即可逐步取消，实现本币的自由兑换。

（5）具有宽松的外汇管制政策或取消外汇管制

一国货币能否自由兑换，与一国的外汇管制程度密切相关。可以说，一国实现货币自由兑换的过程，就是一国逐渐取消外汇管制的过程。一国如果适度放宽外汇管制，例如放宽经常项目管制，就可说该国实现了货币在经常项目下可自由兑换。如果一国大幅度放宽或取消外汇管制，也就意味着该国货币基本实现了自由兑换或实现了完全可自由兑换。当然，一国要放松或取消外汇管制，应具备一定的条件，必须依据一国的整体经济发展状况、金融市场的成熟程度以及相应的管理水平来进行。

（6）微观经济实体对市场价格能作出迅速反应

货币自由兑换与微观经济实体如银行、企业等关系密切，只有微观经济实体能对市场价格作出迅速反应，才会加强对外汇资源的自我约束能力，自觉参与市场竞争，提高在国际市场上的竞争能力。

2.货币自由兑换的次序

（1）货币对内自由兑换

货币对内自由兑换是指本国居民和企业在国内可以自由获得和持有外汇，通常是指自由地向银行兑取外汇、持有外币现钞和存款，用外币购物和参与外汇市场买卖，但不能将外汇带出境外。

（2）经常项目自由兑换

这是指对经常项目收支（货物贸易收支、服务收支和经常转移收支）不实行外汇限制，保证本国货币与外汇自由兑换，一国实现经常项目自由兑换是接受国际货币基金组织协定第八条款的同义词。

（3）资本项目自由兑换

所谓资本项目自由兑换是指对资本与金融项目交易的资金转移支付不得加以限制和拖延。资本不仅可以在境内自由流动，亦可在境内与境外之间自由流动。

拓展阅读

### 人民币汇率有条件保持基本稳定

中国经济运行总体回升向好的同时，中美货币政策周期错位也在逐步改善。2024年开年以来，我国跨境资本流动平稳有序，外汇市场供求基本平衡，市场预期总体稳定，人民币汇率延续了2023年下半年以来“稳”的走势。2024年2月19日，人民币对美元汇率中间价为7.1032，与上年末基本持平。预计2024年人民币汇率将继续在合理均衡水平上保持基本稳定。

回顾2023年全年人民币汇率走势，大致可分为3个阶段：第一阶段为“强预期、弱现实”背景下的强势反弹行情；第二阶段为预期部分兑现背景下的震荡调整行情；第三阶段为外围环境回暖带动的止跌回升行情。2023年11月初至12月末，伴随着美元指数的高位回落，叠加国内经济增长恢复向好、中央金融工作会议和中央经济工作会议接连释放“稳预期”信号、中美关系有所改善等因素，人民币对美元大幅走升。

随着我国各项政策举措不断发挥效应，经济运行持续回升向好，人民币资产将持续具有吸引力，叠加美元指数走势趋弱，外部压力不断缓解，2024年人民币汇率“稳”的基础将更为牢固。

从国外看，发达经济体货币政策调整的外溢影响将减弱。美联储今年大概率会降息，中美货币政策周期错位有望改善，推动中美利差趋稳并收敛，有助于跨境资金流动更为平衡。从国内看，政策开年发力也有利于提振境内外投资者信心。近期财政、金融、股市政策频出，市场信心进一步增强。人民币债券作为全球少数价格稳定的金融资产，对境外投资者吸引力持续增强，2023年9月以来，境外投资者已连续5个月净增持境内债券，累计近7 000亿元。同时，外汇市场深度和广度不断增强，跨境贸易和投融资便利化程度持续提高，企业更加重视风险中性理念，套保率已超过20%，境内经营主体面对外部冲击和汇率波动的韧性也显著增强。

近年来，在应对多轮外部冲击的过程中，中国人民银行、国家外汇管理局积累了丰富的经验，也具有充足的政策工具储备。中国人民银行、国家外汇管理局作为外汇市场的监管者，有经验、有能力、有信心应对各种冲击和挑战，维护我国外汇市场的稳定运行。中国人民银行、国家外汇管理局将继续按照党中央、国务院决策部署，坚持汇率主要由市场供求决定，保持人民币汇率弹性，发挥汇率调节宏观经济和国际收支自动稳定器的功能。同时，坚持底线思维，丰富应对工具，防范汇率超调风险，防止形成单边一致性预期并自我强化。

资料来源　姚进. 人民币汇率有条件保持基本稳定［N］. 经济日报，2024-02-23（7）.

问题：根据上述材料分析人民币汇率制度的特点。

本章小结

分析要点：（1）市场供求为基础：人民币汇率与经济基本面、货币政策、资本的输出入等因素密切相关，上述因素的变化会影响外汇供求进而作用于人民币汇率，这是人民币汇率的基础。（2）有管理的浮动汇率：中国人民银行、国家外汇管理局运用汇率政策工具对人民币汇率进行必要的管理。

## 同步测试

同步测试

（一）选择题

1.1994年至2005年7月20日，人民币汇率制度是（　　）。

A.双重汇率制　　　　B.汇率目标区制

C.有管理的浮动汇率制　　　　D.浮动汇率制

2.人民币汇率制度目前实行的是（　　）。

A.双重汇率制　　B.参考一篮子货币汇率制
C.有管理的浮动汇率制　　D.浮动汇率制

3.中间汇率制度主要包括（　　）。
A.固定汇率制　　B.爬行钉住制
C.汇率目标区制　　D.浮动汇率制

4.按是否引起货币供应量的变化，政府对汇率的管理可分为（　　）。
A.直接干预　　B.冲销式干预
C.间接干预　　D.非冲销式干预

5.按干预策略，政府对汇率的管理可分为（　　）。
A.熨平每日波动型干预　　B.砥柱中流型干预
C.非冲销式干预　　D.非官方钉住型干预

（二）简答题

1.简述固定汇率制度与浮动汇率制度的基本含义。

2.什么是爬行钉住制？什么是汇率目标区制？

3.政府干预外汇市场的目的有哪些？

4.简述政府对外汇市场干预的类型。

5.简述外汇管制的作用及其局限性。

6.简述外汇管制的主要内容。

7.货币自由兑换的条件及次序是什么？

# 第九章

## 国际储备

### 学习目标

[知识目标]

1.掌握国际储备的概念、构成、作用。

2.理解国际清偿力与国际储备的异同。

3.了解国际储备管理的原则、国际储备的总量管理和结构管理以及影响国际储备适度规模的因素。

[能力目标]

能够根据当前的经济状况分析国际储备管理问题。

[素养目标]

理解我国政府庞大外汇储备给予人民币的信心支撑及对人民币国际化的助力推动，增强发展进程中的道路自信。

### 引导案例

**扎实推动人民币在国际贸易和金融交易中广泛使用**

近年来，中国人民银行会同金融管理部门贯彻落实中央经济工作会议和中央金融工作会议精神，主动有序推动金融业开放取得积极进展，扎实推动人民币在国际贸易和金融交易中广泛使用。

近年来，中国人民银行在顺应市场需求的基础上，不断完善人民币跨境使用制度安排和金融基础设施，人民币的跨境支付、投融资、储备等国际货币功能稳步增强，已成为全球第五大储备货币、第四大支付货币、第五大交易货币和第三大贸易融资货币。

当前，人民币已初步具备了国际使用的网络效应，为境内外主体提供了更加多元化的货币选择，便利了跨境贸易和投融资活动，降低了汇率风险和汇兑成本。2022年5月，国际货币基金组织将人民币在特别提款权篮子中的权重由10.92%上调至12.28%，这是国际社会对中国经济发展成绩的充分肯定，也是对金融业开放成果的重要认可。

资料来源　罗知之．央行：扎实推动人民币在国际贸易和金融交易中广泛使用［EB/OL］．［2024-03-12］．https：//baijiahao.baidu.com/s？id=1793323776578816986&wfr=spider&for=pc.

推动人民币在国际贸易和金融交易中广泛使用，是有序推进人民币国际化的重要举措，有助于提升人民币在国际储备货币中的地位。本章将围绕国际储备的概念、特征及构成，以及国际储备的管理问题展开阐述。

# 第一节　国际储备的内涵及构成

## 一、国际储备的内涵

（一）国际储备的概念

国际储备（International Reserve），是指一国货币当局能随时用来干预外汇市场、支付国际收支差额的资产。其数量多少反映了一国在涉外货币金融领域中的地位。

与国际储备相近而又不同的概念是国际清偿力（International Liquidity）。国际清偿力的含义比国际储备要广一些，可定义为一个国家为本国国际收支赤字融通资金的能力。它不仅包括货币当局持有的各种国际储备，而且包括从国际金融机构和国际资本市场融通资金的能力、该国的商业银行所持有的外汇、其他国家希望持有这个国家资产的愿望，以及该国提高利率时可以吸引资金流入的程度等。实际上，它是指一国弥补国际收支赤字而无须采取调整措施的能力。比较来看，一国国际储备只局限于无条件的国际清偿力，而不包括有条件的国际清偿力（即一国潜在的借款能力）。就不同类型的国家而言，它们所拥有的国际清偿力有很大的区别。一般来说，发达国家所拥有的国际清偿力要比发展中国家强。有些学者认为，发展中国家的国际清偿力等同于其国际储备，这是因为发展中国家进入国际金融市场进行应急性筹资的能力受到极大的限制。区分国际储备和国际清偿力，有助于分析对国际储备的需求和管理。。

（二）国际储备的特征

按照国际储备的定义，一项资产能否成为国际储备资产，要看它是否具备下列三个基本条件：

1.可得性

作为国际储备的资产必须是该国政府所拥有的，或能随时、方便地被政府得到。民间企业和居民自己拥有的黄金和外汇资产不能被认作该国政府的官方储备资产，意味着这类资产的获取是有条件的。

2.流动性

作为国际储备的资产必须具有较强的无损变现能力。其要点包括：①国际储备能方便地转换成现金；②这种转换需不发生损失或尽可能少发生损失。

3.普遍接受性

作为国际储备的资产能在外汇市场上维持本币汇率稳定或在政府间清算国际收支差额时被普遍接受。

应该注意的是，不是所有可兑换货币表示的资产都可以成为国际储备。只有当该种可兑换货币价值相对稳定、在国际经贸领域被广泛使用，以及该可兑换货币发行国在世界经济中具有特殊地位等条件得到满足时，它才能成为储备货币（或称为关键货币、世界货币），其发行国称为储备货币发行国。

## 二、国际储备的构成

依照国际储备的概念及特征，广义的国际储备包括自有储备和借入储备两部分。

（一）自有储备

自有储备，即狭义的国际储备，其构成在不同的历史时期有所不同，构成比例也有所变化。在国际金本位时期，黄金是一国主要的国际储备。第二次世界大战后，国际货币基金组织先后为其成员国提供了两类资产作为国际储备的补充。目前，按照国际货币基金组织的统计口径，一国的国际储备由四部分组成：黄金储备、外汇储备、在国际货币基金组织的储备头寸以及特别提款权（Special Drawing Right，SDR）余额。

1.黄金储备（Gold Reserve）

黄金储备是指一国货币当局作为金融资产持有的黄金，非货币性用途的黄金不在此列。黄金作为国际储备资产已有很长的历史。在国际金本位制和布雷顿森林体系时期，黄金一直是重要的国际储备资产和国际支付与清算手段。然而自1976年起，根据国际货币基金组织通过的《牙买加协议》，黄金开始非货币化，黄金同国际货币制度和各国的货币逐渐脱钩，黄金不再是货币制度的基础，也不再用于政府间的国际收支差额清算。但是，IMF在统计和公布各成员国的国际储备时，依然把黄金储备列入其中。其主要原因是黄金长期以来一直被人们认为是最后的支付手段，它的贵金属特性使它易于被人们所接受，加之世界上存有发达的黄金市场，各国货币当局可以方便地通过向市场出售黄金来获得所需的外汇，平衡国际收支的差额。

2.外汇储备（Foreign Exchange Reserve）

外汇储备是当今世界国际储备中的主体。说它是主体，首先是因为就金额而言，它超过了所有其他类型的储备。更重要的是，外汇储备在实际中使用的频率最高、规模最大；黄金储备几乎很少使用；储备头寸和特别提款权因其本身的性质，规模和作用也远远小于外汇储备。

由于外汇储备是国际储备中的主体，因此，就全球而言，外汇储备供给状况直接影响世界贸易和国际经济往来能否顺利进行。供给太少，很多国家将被迫实行外汇管制或采取其他不利于国际经贸活动顺利开展的措施；反之，若供给太多，又会增加世界性通货膨胀的压力。因此，外汇储备的供应如何在总体上保持适量，是国际金融研究的一个重要课题。

20世纪70年代以前，外汇储备的供应主要依赖美元。美国通过其国际收支逆差，使大量美元流出美国，成为一种世界性货币，其中一部分被各国政府所拥有，成为各国的美元储备。自70年代初期起，由于美元币值的相对不稳定，加之日本、联邦德国在经济上的崛起以及在世界经贸领域中作用的扩大，储备货币的供应开始出现多样化。

据国际货币基金组织统计，截至2022年第四季度，美元在全球官方黄金和外汇储备中所占的比重降至58%，为近30年来的最低水平。美元在各国央行外汇储备中的比重已接近1995年的水平。

3.在国际货币基金组织的储备头寸（Reserve Position in IMF）

储备头寸又称普通提款权，是IMF成员国在IMF的普通账户中可以随时自由提取和使用的资产，包括成员国在IMF的储备部分提款权余额和IMF对成员国货币的净使用。IMF犹如一个股份制性质的储蓄互助会。当一个国家加入IMF时，须按一定的份额向该组织缴纳一笔钱，我们称为份额（Quota）。按IMF现在的规定，认缴份额的25%须以可兑换货币缴纳，其余75%用本国货币缴纳。当成员国发生国际收支困难时，有权以本国货币抵押的形式向该组织申请提用可兑换货币。提用的数额分5档，每档占其认缴份额的25%，条件逐档严格。由于第一档提款额就等于该成员国认缴的可兑换货币额，因此，条件最为宽松。在实践中，只要提出申请，便可提用这一档。该档提款权为储备部分提款权，其余4档为信用提款权，实际上是IMF向成员国提供的可兑换货币贷款。

4.特别提款权余额

一国国际储备中的特别提款权部分，是指该国在IMF特别提款权账户上的贷方余额。特别提款权是在普通提款权之外又一种使用资金（可兑换货币）的权利，是相对于普通提款权而言的。IMF为了解决国际储备不足问题，于1969年创设特别提款权，并于1970年按成员国认缴份额开始向其分配。成员国可动用分配的特别提款权换成外汇用于弥补国际收支逆差，也可以直接偿还国际货币基金组织的贷款。

特别提款权原与美元等值。1971年12月18日，美元对黄金贬值7.89%，含金量减至0.818513克，黄金官价从每盎司35美元提高到38美元。由于特别提款权的含金量仍为0.888671克，因此特别提款权对美元的比价由原来的1：1改为1：1.08571（0.888671÷0.818513）。1973年2月12日，美元再次贬值10%，含金量减至0.73662克，黄金官价从每盎司38美元提高到42.22美元。因此1特别提款权对美元的比价又改为1：1.20635（0.888671÷0.73662）。

至1973年，多数其他主要货币对美元的固定汇率先后被放弃，布雷顿森林体系解体。IMF在讨论是否需要继续增加SDR分配时，考虑到美国的收支逆差使全球储备货币增加，SDR作为补充性储备资产的功能不再那么重要，决定不再增加SDR。

与此同时，随着固定汇率体系被打破，SDR开始与一篮子货币挂钩，起初是16种货币，后改为美英德法意五国货币。日元在1980年被纳入SDR篮子。欧元在1999年出现后，代替三个欧洲大陆国家货币，与美元、英镑、日元一起组成了新千年头15年内的货币篮子。

2016年10月，人民币加入特别提款权货币篮子。自2022年8月1日起，每一单位特别提款权，是由美元（43.38%）、欧元（29.31%）、人民币（12.28%）、日元（7.59%）和英镑（7.44%）组成的一个“一篮子”货币。

作为取得特别提款权的条件，IMF成员国必须承担两项义务：支付利息和在需要时按照IMF指定的原则，接受特别提款权并兑出相应的货币。一般情况下，只有在国际收支和储备总额方面实力特别强的国家才有可能承担第二项义务。特别提款权的收付义务均通过IMF开立的特别提款权账户履行。一国可实际动用的特别提款权数额平均不能超过其在IMF中的份额的70%，但可持有3倍于自身配额的特别提款权。

与其他储备资产不同，SDR具有自身特点：①它不具有内在价值，是IMF人为创造的，是纯粹账面上的资产，因此它也被称作“纸黄金”（Paper Gold）。②它不像黄金和外汇那样通过贸易或非贸易交往取得，也不像储备头寸那样以所缴纳的份额作为基础，而是由IMF按份额的一定比例无偿分配给各成员国的。③它具有严格限定的用途，可用于偿付国际收支逆差，或偿还IMF的贷款，但不能兑换黄金和用于国际上的一般支付，它只能在IMF及各国政府之间发挥作用，任何私人企业不得持有和运用，不能直接用于贸易或非贸易的支付。

（二）借入储备

在国际金融的发展过程中，一些借入资产具备了国际储备的三大特征，因此，IMF把它们计入国际清偿力的范围之内。一国的借入储备主要由三部分构成：备用信贷、互惠信贷协议、本国商业银行的对外短期可兑换货币资产；用以衡量一国政府在国际金融市场上筹措资金的能力。

1.备用信贷

所谓备用信贷，是一成员国在国际收支发生困难或预计要发生困难时，同IMF签订的一种备用借款协议。这种协议通常包括可借用款项的额度、使用期限、利率、分阶段使用的规定、币种等。协议一经签订，成员国在有需要时便可按协议规定的方法提用，无须再办理新的手续。对于未使用部分的款项，只需缴纳约1%的年管理费。备用信贷协议中规定的借款额度，有时并不被完全使用。有的成员国与IMF签订了备用信贷协议后，甚至根本不去使用它。凡按规定可随时使用但未使用的部分，计入借入储备。备用信贷协议的签订，对外汇市场上的交易者和投机者具有一种心理上的作用。它一方面表明政府干预外汇市场的能力得到了提高，另一方面又表明了政府干预外汇市场的决心。因此，协议签订本身，有时就能起到调节国际收支的作用。

2.互惠信贷协议

互惠信贷协议是指两个国家签订的使用对方货币的协议。在这种协议下，当其中一国发生国际收支困难时，便可按协议规定的条件（通常包括最高限额和最长使用期限）自动地使用对方的货币，然后在规定的期限内偿还。这种协议同备用信贷协议一样，获得的储备资产是借入的、可以随时使用的。两者的区别是：互惠信贷协议不是多边的，而是双边的，它只能用来解决协议国之间的收支差额，而不能用作清算同第三国的收支差额。美国在20世纪60年代分别同10多个国家签订过双边互惠信贷协议，以期减缓当时外汇市场上对美元的压力。

3.本国商业银行的对外短期可兑换货币资产

本国商业银行的对外短期可兑换货币资产，尤其是在离岸金融市场或欧洲货币市场上的资产，虽其所有权不属于政府，也未被政府所借入，但因为这些资金流动性强、对政策的反应十分灵敏，政府可以通过政策的、新闻的、道义的手段来诱导其流动方向，从而间接达到调节国际收支的目的，故这些资产又被称为诱导性储备资产。

## 三、国际储备的作用

国际储备的作用，可以从两个层次来理解：第一个层次，是从世界范围来考察国际储备的作用。随着世界经济和国际贸易的发展，国际储备也相应增加，它在国际商品流动和世界经济发展中起着媒介的作用。第二个层次则是具体到每一个国家来考察。从一国角度看，持有国际储备的主要目的在于：

（一）弥补国际收支赤字

这是各国货币当局持有国际储备的主要作用。当一国发生国际收支困难时，可以通过动用外汇储备，减少在IMF的储备头寸和特别提款权持有额，在国际市场上变卖黄金来弥补国际收支赤字所造成的外汇供给不足，能够使国内经济免受政策调整产生的不利影响。当然，一国的国际储备不是取之不尽的，其应对国际收支困难的能力也是有限的。对于短期性国际收支赤字，理应通过动用国际储备来弥补。对于长期性国际收支赤字，一定规模的调整是必要的，但为了使调整政策的实行有一个合理的时间分布，避免过快调整所带来的国际经济震荡，就需要动用国际储备作为辅助措施，为调整政策的从容实施提供必要的支撑，既使赤字在中期得以持续，又能维持合理的经济增长速度。

（二）干预外汇市场，维持本国货币汇率稳定

国际储备可用于干预外汇市场，影响外汇供求，将汇率稳定在一国政府所希望的水平。在布雷顿森林体系下，国际储备既作为支付手段弥补国际收支赤字，也作为干预资产维护汇率的稳定。1973年后，主要工业国家开始实行浮动汇率制，不再负有维持固定汇率的义务。因此，国际收支失衡与外汇市场干预对国际储备的要求在规模上出现了脱节。一国可以通过动用国际储备进行外汇市场干预，通过操纵汇率来实现国内经济目标。20世纪70年代以来，国际储备规模的变动比之前剧烈，说明各国利用储备对外汇市场干预的力度和频度都有增无减。当然，外汇干预只能在短期内对汇率产生有限的影响，无法从根本上改变汇率变动的长期趋势。再者，国际储备作为干预资产的效能，要以充分发达的外汇市场和本国货币的完全自由兑换为前提条件。对大多数发展中国家而言，汇率由官方制定，由此所造成的外汇供求缺口也通过外汇管制强制性地加以控制，而不通过动用国际储备来进行调节。因此，在这些国家，国际储备基本上不具备干预资产的功能。

一国持有国际储备的多少，表明其干预外汇市场和维持汇率稳定的能力。一国拥有雄厚的国际储备，不仅能为当局提供实际的干预资产，而且能通过增强市场人士对本国货币的信心，来维持本币在外汇市场上的稳定走势。一国所拥有的国际储备越雄厚，外汇市场对本国货币的信心就越充足，反过来也会促进本币汇率的稳定。

（三）充当对外举债的保证

国际储备充足，可以增强一国的资信，吸引外国资本流入，促进本国经济发展。国际金融机构和银行在对外贷款时，往往要事先调查借债国偿还债务的能力。一国持有的国际储备状况是资信调查、评价国家风险的重要指标之一。在国际上，有专门机构及重

要的金融杂志每年就各国借款资信进行评定，确定贷款的安全系数，一般包括经常账户收支趋势、外债还本付息占该国出口收入的比重以及国际储备状况等。由此可见，国际储备是向外国借款和还本付息的一项重要保证。

## 第二节　国际储备管理

国际储备管理，是指一国政府及货币当局根据一定时期内本国的国际收支状况和经济发展的要求，对国际储备的规模、结构及储备资产的运用等进行计划、调整、控制，以实现储备资产规模适度化、结构最优化、使用高效化的整个过程，是国民经济管理一个十分重要的组成部分。国际储备管理包括量的管理和质的管理两个方面。量的管理是指对储备规模的确定和调整，即通常所说的国际储备的水平管理或总量管理；质的管理是指对国际储备结构的确定和调整，也被称作国际储备的结构管理。

### 一、国际储备管理的原则

国际储备管理既是一种资产管理，也是一种政策选择。尽管因为各个国家的实际情况不同，管理的原则也有差别，但管理的一般原则都应该是保证储备资产的流动性、安全性和盈利性。

（一）流动性原则

国际储备作为一种保障性资产，首先必须保证能供国家货币当局随时使用，以调节国际收支、干预外汇市场，因此流动性是国际储备的第一特性。

（二）安全性原则

国际储备既是一种资产，更是一种储备，因此其安全性也十分重要。如果因为通货膨胀与汇率变动而使储备资产贬值，或是因为其他原因使储备资产损失，其结果将不只是国家财富的直接损失，而且国际储备的作用难以充分发挥。所以，国际储备管理还必须保障储备资产的内在价值具有相当的稳定性。

（三）营利性原则

国际储备作为一种资产，也应具有资产的一般性质，即能不断增值，这也是安全性的保证。因为风险是绝对的，安全是相对的。防止贬值风险的一个重要途径就是利用资产获利。因此，国际储备管理也必须同时考虑使这部分资产能不断增值。

### 二、国际储备的总量管理

一国对国际储备总量的管理，从根本上说，就是使国际储备的供应保持在最适度国际储备量的水平或区域上。

（一）国际储备的供给

国际储备的供给量取决于构成国际储备的四个要素的增减变化。而影响一国国际储备供给量的因素包括以下两类：第一类是决定一国出口创汇、换汇能力和对外投资收益的因素；第二类是决定和影响一国获得国际信贷能力的因素。这两类因素对国际储备供给量的影响具体体现在以下六个方面：

1.国际收支顺差

一国的国际收支出现盈余，意味着该国国际储备存量的增加。假定净误差和遗漏项为零，则国际储备的变动额=经常项目差额+资本项目差额，国际收支经常项目差额由资本项目差额来弥补。两项差额之和，反映在平衡项目上就是国际储备的变化额。

2.国际信贷

一国从国际上的取得政府贷款或国际金融机构贷款，以及中央银行之间的互惠信贷等均可以充当外汇储备。国际信贷可以通过国际收支发生额引起国际储备的变动，反映在借款国的国际收支平衡上是国际储备的增加，反映在贷款国的国际收支平衡上是国际储备的减少。

3.干预外汇市场所得外汇

这一项主要针对西方工业国而言，因为其货币可以自由兑换且构成国际储备货币体系。因此，当一国的货币汇率升势过猛，给国内经济及对外贸易带来不利影响时，该国货币当局就可进入外汇市场抛售本国货币，收购其他储备货币，所得外币一般列入国际储备中。

4.黄金存量

黄金储备的增加一般来自两条途径：一是在国内收购黄金并由中央银行贮藏；二是进入国际黄金市场购买。

5.特别提款权分配

特别提款权是IMF分配给成员国的一种国际支付手段，是国际储备的一个构成部分。

6.在IMF的储备头寸

其数额大小取决于各国的份额，而且其使用还受各种条件的限制。

（二）对国际储备的需求

对国际储备的需求主要来自以下几个方面：

（1）弥补国际收支逆差。当一国国际收支出现逆差时，必须动用国际储备来平衡，从而导致该国国际储备量的减少。

（2）干预外汇市场，维持本币汇率稳定。

（3）突发事件引起的紧急国际支付。这属于对国际储备的临时需要。

（4）国际信贷的保证，即以国际储备充当对外借贷和进行国际融资的信誉保证。

（三）影响国际储备适度规模的因素

一国究竟应该保持多少国际储备为宜，即应如何确定其最适度的国际储备呢？这需要对持有国际储备的利益和成本进行分析，即利用利益-成本分析法来讨论影响一国国际储备需求的因素。

1.持有国际储备的成本

如果一国不持有国际储备，所节约下来的外汇收入就可以用来进口经济发展所需要的资本品。因此，国际储备也代表着一国对外国实际资源的一定购买力，持有国际储备就意味着放弃当前对这部分国外资源的使用，亦即放弃了使用这部分国外资源来增加投资、促进经济增长的机会。这部分成本就表现为进口资本品的投资收益率。但同时，除了黄金外，其他储备资产会给持有国带来一定的利息收益。因此，在计算储备成本时需要将这部分利息收益扣除。持有储备的成本就是进口品的投资收益率与持有储备资产的收益率之间的差额。这一差额越大，表明持有储备的成本也越大。显然，储备需求与其持有成本呈反方向变化，亦即进口品的投资收益率越高，一国储备需求的水平就越低。一般而言，发展中国家存在严重的外汇瓶颈，外汇资金的投资收益率通常要高于发达国家，故持有储备的成本也就高于发达国家。

2.进入国际金融市场筹措应急资金的能力

当一国出现国际收支赤字而需要进行弥补时，当局可以动用国际储备，也可以向国际金融市场和国际金融机构筹借资金。原则上说，如果一国能够确保随时从国外筹措到应急资金，它就不需要持有任何国际储备。因此，一国筹借应急资金的能力越强，它所需要持有的国际储备就越少。

3.国际收支冲击的规模和类型

一国在考虑持有多少国际储备时，必须对将来可能出现国际收支赤字的概率和规模进行预测。一国的国际收支由于内外冲击而出现赤字的概率和规模越大，表明其国际收支状况越不稳定，所需采取的政策反应强度就越大，在一定比例的弥补与调整组合下，所需动用的国际储备也相应越多。

除了冲击出现的概率和规模外，一国的国际储备需求还与冲击的类型，即冲击的持续时间有密切关系。其对短期性冲击和长期性冲击所采取的对策是不同的。正如在第一章所指出的，短期性冲击所造成的国际收支赤字应通过资金筹措来弥补；而对于长期性赤字，最终要依靠政策来调整。因此，一国所面临的冲击越偏于短期性，其需要的国际储备就越多。

4.调整速度

在政策调整不可避免时，为减少快速调整带来的国内经济震荡，需要动用国际储备作为政策调整的辅助手段。从这一角度来看，调整速度和国际储备的变动有一定的替代性，从而使国际储备的需求与调整速度也有着密切的联系。在长期性失衡的情况下，调整速度越慢，所需要的国际储备就越多；反之，初始的调整规模大，所需的储备就可以少一些。确定动用储备的最佳规模的原则是：将调整的国内经济成本降到最低限度。概括起来，影响调整速度，从而影响储备需求量的因素主要有：

（1）边际进口倾向

快速调整几乎不可避免地要求减少进口，因为重新分配资源使其用于扩大出口，需要相当时日。从理论上说，在国民收入减少的数量既定的情况下，如果边际进口倾向较大，所引起的进口减少就比较多，对消除国际收支赤字的作用就较大，调整的代价就较低。由于储备需求与国际收支调整成本成正比，故其与边际进口倾向呈反方向变动。但有研究表明，储备需求是边际进口倾向的正函数。这可能是因为边际进口倾向的具体数据不易估测，人们一般用平均进口倾向来代替边际进口倾向。平均进口倾向是进口支出与国民收入之比，作为一国对外开放程度的标志，据此也可用来估量该国容易遭受外来冲击的影响程度。一国的平均进口倾向越大，表明外来冲击的作用也越强烈，用来缓和冲击的国际储备需求也越大。

（2）进出口供求弹性

不考虑供给弹性，如果一国的进出口需求富于弹性，一定的相对价格变动（如贬值）就会引起较多的进口支出下降和出口收入上升。这样，该国的调整成本就相应较小，调整速度可以快一些，而对储备的需求相对少一些。但对于有些国家，如以出口初级产品为主的发展中国家，出口还会面临出口弹性的限制，即使出口需求弹性很高，如果在短期内供给方面难以对价格变动做出反应，要迅速扩大出口也是很难的，快速调整的代价也很大，对于这类短期出口供给弹性很小的国家，就需要保持较高的国际储备水平。

（3）汇率制度

一般认为，汇率的变动越富有弹性，对快速调整就越有利。从理论上说，在完全自由浮动的汇率制度下，国际收支的调整均依汇率的自发波动来进行，国际收支将自动趋于平衡，由此可以不持有任何国际储备。国际储备需求与汇率制度的弹性程度呈负相关。但从实际情况来看，20世纪70年代布雷顿森林体系崩溃后，西方各国改行浮动汇率制以来，国际储备量不仅没有减少，反而增长很快。这是因为西方各国实际上实行的是一种管理浮动汇率制，在这种制度下，国际储备需求取决于当局的外汇干预程度。随着游资（Hot Money）的剧增，外汇市场的不稳定性大大增强，各国为稳定本国汇率而进行的外汇干预也就较从前不减反增。

（4）外汇外贸管制程度

在许多发展中国家，由于对其他调整政策的效果信心不足，当国际收支发生赤字时，不是通过向外汇市场提供外汇储备来弥补供求缺口，而是直接控制进口数量，通过外汇外贸的管制来限制外汇的使用。对外汇外贸管制严厉的国家，所需的国际储备要少一些，但管制严厉往往也是国际储备不足的反映。

（5）各国政策的国际协调

各国实行政策协调，可以减少对国际储备的需求。政策协调对储备需求的意义包括两方面：一是降低了国际收支失衡的程度，减少了对弥补手段的需求；二是当国际收支出现失衡时，避免了各国政策各行其是，增强了调整政策的效果，降低了调整成本，从而可以加快调整速度，减少储备需求。

5.进出口规模

由于储备最基本的用途是弥补国际收支赤字，所以它需要同一国对外贸易水平保持一定的比例关系，显然，进出口规模不同的国家所需要保持的储备水平是不一样的。对外贸易数额大，需要的国际储备就多，反之亦然。习惯上，人们用进口额来代表对外贸易规模，储备和进口额的比率是衡量一国储备充足与否的一个粗略指标。这一指标最初由美国著名金融学家罗伯特·特里芬（Robert Triffin）于1947年提出，并在他1960年出版的《黄金与美元危机——自由兑换的未来》一书后被普遍使用。特里芬分析了有关的历史资料，认为一国的国际储备应与它的进口额保持一定的比例关系，这一比例以40%为标准，以20%为底线，而在该比例低于30%时，即应开始对国际收支进行调节。一般认为，国际储备应能满足3个月的进口需要，即储备对年进口额的比率约为25%。世界银行也认为，足以抵付3个月进口额的储备水平是发展中国家的理想定额。但储备与进口额的比率并不是金科玉律。首先，在理论上，国际储备需求是一个包括许多变量的函数，仅仅用进口贸易这项变量来确定储备需求，有失偏颇。其次，各国的具体情况不同，所需要的储备水平也不一样，这是因为各国维持储备的代价和利益的差异是很大的。

许多发达国家由于实行浮动汇率，而且能够随时从国际金融市场上筹集到应急资金，所以即便在储备持有额降到了习惯上认为的谨慎标准线以下，仍不一定会发生问题。前面的分析表明，这些国家从理论上完全可以不持有储备。另外，主要发达国家均为储备货币发行国，它们还通过向其他国家源源不断地提供本国货币用于对外支付，直接弥补国际收支赤字，其国际储备需求就可以因此而减少。发展中国家的储备需求则有着不同的特点，发展中国家涉外经济的一些特征决定着发展中国家要持有较多的储备。如出口波动大，国际收支调整代价高，在国际资本市场上的融资能力较差等。另一些因素又导致发展中国家持有较少的储备，如发展中国家持有储备的机会成本高，对现期收入偏好较高，实行外汇管制等。当然，不同的发展中国家对储备的需求也存在差异。

但无论如何，贸易规模对国际储备额的决定是至关重要的，储备与进口额的比率是分析储备充足性的一个有益指标。一国可以根据本国的具体情况，进行收益成本分析，来确定适当的储备/进口额比率。但有些学者认为，最适度的国际储备不是一个具体的数字，而是一个区间值。国际储备只要保持在一定区间之内，就可以说是达到了适度储备水平。如果储备超过这一区间的高限，表示储备过多；低于这一区间的低限，则表示储备不足。用区间值来测算最适度储备水平，对储备的规模管理更具有实用价值。

## 三、国际储备的结构管理

一国对国际储备的管理除了需要使其具有适当的规模外，还应使其具有适当的结构，即最佳分布国际储备资产，使黄金储备、外汇储备、储备头寸和特别提款权四种形式的国际储备资产的持有量之间保持适当的比例关系。由于储备头寸和特别提款权在各国国际储备中的比重较低，作用也比较弱，而黄金储备虽然一直是国际储备的主要组成部分，但由于产量低、持有成本高、流动性差，它在国际储备中所占的比重有不断下降的趋势，因此，各国国际储备资产的最佳分布实际上是外汇储备中各种储备货币的比例安排和储备资产流动性结构的确定。

（一）储备货币种类的安排

储备货币种类的安排指确定各种储备货币在一国外汇储备中各自所占的比重。储备货币结构的管理需要是随布雷顿森林体系的崩溃而出现的。浮动汇率制下各主要货币之间比率的波动，造成了以不同货币持有储备资产的收益差异和不确定性。趋利避害是人类的自然本能，人们设计证券投资的组合都希望在获得一定预期收益率的情况下将风险降到最低限度，或者说在承担一定风险的条件下获取尽可能高的预期收益率。同样，各国货币当局也会根据资产管理的这一原则来安排外汇储备结构。

预期收益率等于名义利率加上该资产的预期升值率。不同储备货币的名义利率是容易确定的。然而，在收益率中重要的是一种资产对另一种资产的升值。在浮动汇率制下，这部分收益难以事先确定，由此也使得整个收益率具有不确定性。对于外汇储备，收益不确定的风险表现为一国货币当局将持有的储备资产转化为其他资产进行使用时面临购买力下降的可能性。例如，一国可以美元来持有储备资产，由此把以美元计值的风险降到最低限度。但如果该国的贸易伙伴主要是欧洲国家，则该国美元储备的购买力将随美元对欧洲国家货币的汇率升降而波动。因此，为了减少汇率风险，一国可以考虑设立与弥补赤字和干预市场所需的货币保持一致的储备货币结构。在这里，需要进一步说明的是：

（1）持有储备的目的之一是支付进口大于出口的部分，因此，一国外汇储备所面临的汇率风险主要在于该国进口大于出口的那些国家的货币，该国应当将储备集中在这些币种上。

（2）当分析贸易赤字的货币构成时，进口额应包括预期以各种货币清偿的还本付息支出净额。也就是说，一国以各种货币表示的债务净额（债务大于债权的部分）也是确定外汇储备结构的依据。

（3）有些学者认为，应以贸易结算货币构成作为确定储备结构的基础。实际上，如果一种储备货币升值，那么短期内所有以该种货币计价的进口商品价格都会上涨，但只有那些真正来自该储备货币发行国的进口产品才会在整个升值期间保持价格居高不下。因此，一国的储备构成应当集中在进口来源国和出口目标国的货币上，而不是贸易结算货币。

（4）储备的日常职能是充当外汇市场的干预手段，维持本国货币的汇率稳定。为此，一国货币当局必须确定一种干预货币。一国在储备中保有足够的干预货币，不仅可以避免兑换而产生的交易成本，还可以避免因兑换而产生的汇率风险。

减少外汇储备风险的另一种可行办法是实行储备货币多样化。目前，世界储备货币多样化的格局也是在浮动汇率制下各国货币当局避免风险、保持外汇储备购买力的决策结果。根据詹姆士·托宾（James Tobin）的投资组合选择理论，把各种相互独立的不同资产混合搭配进行投资所承担的风险，一般要低于投资于任何一种资产所承担的风险。因为一部分资产的亏损可以由另一部分资产的升值来抵冲，从而维持预期的收益率，或保证资产的价值不受损失。同样，一国货币当局实行储备货币多样化组合，也可以避免“将所有鸡蛋放在同一个篮子中”的风险，使整个储备资产的购买力保持不变。

通常认为，一国的国际储备可分为两部分：一部分基于日常弥补赤字和干预外汇市场的需要，称为交易性储备；另一部分基于不可预测的、突发的内外冲击，称为预防性储备。总的来看，交易性储备的货币构成应与弥补赤字和干预市场所需用的货币构成保持一致，而预防性储备则应按照分散原理进行投资。

（二）外汇储备资产形式的确定

确定外汇储备的资产形式，是外汇储备结构管理的又一重要内容。根据流动性，外汇储备资产可以分成三类：

1. 一级储备

这类储备的流动性最高但收益最低，风险基本上为零，平均期限为3个月。一级储备包括活期存款、短期国库券、商业票据等。活期存款可随时开出支票对外支付，因此流动性最高。储备货币发行国一般有发达的二级市场，短期国库券和商业票据很容易变现。由于这些资产的盈利性较差，各国货币当局往往根据特定时期短期对外支付的需要控制它们在储备资产中的比例。

2. 二级储备

二级储备指收益率高于一级储备、流动性低于一级储备但仍然较高的储备资产，平均期限为2～5年，主要是指中期国库券。由于各国货币当局很难准确预测短期对外支付额，所以必须持有一定比例的二级储备，以满足一级储备不足时的对外支付需要。

3. 三级储备

这类储备的收益率最高，但流动性最差，风险也最大，平均期限为4～10年，主要指各种长期投资工具。各国货币当局根据特定的债务结构，在确定了一级和二级储备规模之后，还可通过对外国政府债券和欧洲债券进行长期投资，持有部分三级储备，以此提高储备资产的盈利性。

从储备的职能角度出发，为了应对对外支付和市场干预，货币当局必须持有足量的一级储备；对于自然灾害等偶然发生的变动，还必须拥有一定数量的二级储备以备急用，剩余的部分才可以考虑进行长期投资。一般来说，国际收支逆差国要在其储备资产中保留较大比重的一级储备，而顺差国则保留较小比重的一级储备和较大比重的三级储备。

**拓展阅读**

**人民币成为国际储备货币之路知易行难**

2017年3月31日，国际货币基金组织发布了截至2016年12月的COFER（外汇储备构成）季度资料，首次披露在全球外汇储备中，人民币计价资产达845.1亿美元，占总外汇储备资产的1.07%。这有两方面的含义：其一，COFER首次单独列出人民币储备规模与占比，表明配置人民币储备资产的技术安排正在逐步推进，人民币已开始履行国际储备货币职能；其二，近1.1%的外汇储备占比显著低于人民币在SDR货币篮子的份额，表明人民币的国际储备货币之路知易行难。近期而言，人民币国际化仍处于调整期，提升人民币在外汇储备中的占比需要克服艰难险阻，砥砺前行。

人民币纳入SDR等同于IMF为人民币国际储备货币地位背书，意味着国际多边机构赋予人民币国际化地位的合法性和制度化的国际认可，有利于人民币提升国际储备货币地位。但是，国际市场对人民币计价资产需求的上升速度低于加入SDR之前的预期。全球央行持有人民币计价资产占全部外汇储备资产的1.07%；同期，美元、欧元和日元的占比分别为63.96%、19.74%和4.21%。显然，提升人民币的国际储备货币占比仍有巨大的空间，需要从跨境贸易和投资的不同视角探索人民币国际化的有效路径，释放加入SDR对人民币国际化的推动作用，实现跨境投资和金融交易对人民币国际使用的双轮驱动。

受汇率变化及全球贸易增长放缓的双重影响，人民币在国际支付货币中的份额和排名有所下降，离岸市场的人民币业务活动进入艰难的调整期。SWIFT的数据显示，自2016年4月起，人民币在国际支付货币中的排名由2014年11月的第五位下滑到第六位，到2017年2月，人民币在国际支付货币中的活跃程度（按金额）仍然低于美元、欧元、英镑、日元和加拿大元。

根据中国人民银行公布的数据，2017年2月，跨境贸易、直接投资人民币结算业务分别较上一年同期减少16.4%、52.3%。在人民币加入SDR后，货物贸易项下的人民币跨境使用规模有所缩小，资本项下的使用转趋活跃，但仍无法独立支撑人民币国际化。显然，在推动人民币资本项目跨境使用的同时，如何继续保持人民币在跨境贸易中占比的稳定增长是当前能否提升人民币国际化程度的关键。

提升人民币作为储备货币的地位，必须要提供更多的人民币投资工具，需要加快国内金融市场开放。与此同时，在保证经济安全的前提下，实现人民币国际化框架下国内货币金融与实体经济的良性互动，稳步推进资本市场开放，不断完善金融市场运行机制，提升人民币参与国际经济金融运行的深度和广度，满足全球各类投资者增持人民币资产的长远需求。

资料来源 鄂志寰. 人民币成为国际储备货币之路知易行难［N］. 经济观察报，2017-04-10.

问题：助推人民币成为国际储备货币，需要从哪几方面入手？

分析要点：（1）推动人民币国际化进程；（2）提高人民币在国际支付中的活跃度；（3）维持人民币在国际货币体系中的稳定地位。

本章小结

## 同步测试

同步测试

（一）选择题

1.一项资产能成为国际储备资产，应该具备（　　）三个基本条件。

A.可得性　　B.流动性　　C.盈利性　　D.普遍接受性

2.自有储备由（　　）四个子项目构成。

A.黄金储备　　B.外汇储备　　C.在国际货币基金组织的储备头寸

D.备用信贷　　E.特别提款权贷方余额

3.借入储备由（　　）三个子项目构成。

A.备用信贷　　B.二次收入　　C.互惠信贷

D.本国商业银行的对外短期可兑换资产

E.其他投资　　F.储备资产

4.国际储备管理的一般原则包括（　　）三个方面。

A.流动性原则　　B.安全性原则　　C.营利性原则　　D.可得性原则

（二）简答题

1.国际储备包括哪些基本内容？它与国际清偿力有何区别和联系？

2.国际储备管理的原则是什么？

3.影响一国外汇储备供给与需求的因素各有哪些？

4.如何进行国际储备的结构管理？

5.如何确定一国国际储备的适度规模？

# 第十章

# 国际货币合作

## 学习目标

［知识目标］

1.掌握国际金本位制的特点。

2.掌握布雷顿森林体系的主要内容及特点。

3.掌握牙买加体系的主要内容及主要特点。

4.理解牙买加体系的主要缺陷及改革构想。

［能力目标］

能够根据国际货币体系的演变及现状，分析国际货币体系改革的必要性和方向。

［素养目标］

引导学生理解当前国际货币体系正走向衰落，中国应进一步强化大国思维，推动人民币乘风破浪，加入国际货币核心圈。

## 引导案例

### 金砖银行：带来国际金融体系新气象

2014年7月，在巴西举行的金砖国家领导人第六次会晤中，金砖国家领导人正式宣布成立金砖国家新开发银行，建立应急储备安排。金砖国家新开发银行的主要业务限定于支持金砖国家以及其他新兴市场和发展中国家的基础设施建设、可持续发展项目。该银行的法定资本为1 000亿美元，其中初始认缴资本为500亿美元，由创始成员国平等出资。银行总部设于中国上海，同时在南非设立非洲区域中心。

布雷顿森林体系在历史上尤其是在第二次世界大战结束初期，对西方经济恢复和金融稳定起到了积极作用。然而，随着金砖国家等新兴市场国家的群体性崛起，世界经济发展开始“东高西低”，国际力量格局呈现出“南升北降”的趋势。国际金融危机的爆发和蔓延，充分暴露出现行国际金融体系的诸多缺陷与弊端。尤其是国际货币基金组织和世界银行未能进行与时俱进的改革，国际金融体系凸显出上层建筑与经济基础的严重脱节。鉴于对现行国际金融体系改革进程的失望，又无法找到替代国际货币基金组织和世界银行的机构，金砖国家抱团取暖，开始抵御西方退出量化宽松给新兴市场国家造成的冲击，通过自力更生的方式解决当前各国经济面临的内外风险，金砖国家新开发银行和应急储备安排应运而生。

资料来源 王远. 金砖银行：带来国际金融体系新气象［N］. 人民日报，2014-10-17.

金砖国家新开发银行是为走出布雷顿森林体系而设计的，是新兴市场国家为其他发展中国家谋利的首创。从战略意义上看，成立金砖国家新开发银行虽不能重塑国际金融秩序，但定会给现有不合理体系造成巨大冲击，倒逼现行国际金融体系和货币体系进行必要改革，最终实现国际经济秩序及国际规则的公平、公正、合理，推动世界经济包容、均衡、可持续发展。本章将介绍国际货币体系的演变、当前国际货币体系的缺陷及其未来的改革构想。

## 第一节 国际金本位体系

在开放经济条件下，各国经济存在着紧密的相互依存性。各国实现内外均衡目标的政策会通过各种经济活动相互影响。这种相互影响在一定程度上制约着一国实现内外均衡目标的努力。而且，随着国际贸易和金融全球化的发展，国际货币关系逐渐成为世界经济发展中一个日益重要和复杂的问题。它突出反映了各国间的各种矛盾，不但涉及各国的利益和经济发展，而且影响整个世界经济和国际金融体系的稳定与发展。因此，为了同时实现内外均衡目标，各国需要对一系列问题进行政策上的国际协调。国际政策协调主要是对货币金融领域中的最基本问题进行制度安排。这种制度安排就是国际货币体系，即国际上的货币安排。国际货币体系在国际金融领域具有基础性作用，同时它也是各国国内金融稳定与否的重要保证。

划分国际货币体系的标准主要是汇率制度和货币本位（储备货币）。汇率制度是国际货币体系的核心。根据汇率制度，可以将国际货币体系分为固定汇率制、浮动汇率制以及介于二者之间的各种汇率制度（如可调整的钉住汇率制、爬行钉住汇率制、有管理的浮动汇率制等）。货币本位是国际货币体系的基础，它涉及国际储备资产的性质。根据货币本位，可以将国际货币体系分为金本位制、不兑换纸币本位制和金汇兑本位制。

### 一、国际金本位制的主要内容

国际货币体系随着经济的发展而不断演变。国际货币体系的形成有两种方式：一种是依靠市场自发形成，其实现内外均衡的国际准则是市场体制和习惯长期缓慢发展的结果；另一种是人为设立，是借助政府间协定在短期内形成的国际协调与合作机制。按时间顺序，国际货币体系大体经历了三个阶段：国际金本位制、布雷顿森林体系和牙买加体系。

世界上首次出现的国际货币体系是国际金本位制，它大约形成于19世纪80年代，到1914年第一次世界大战爆发时结束。

（一）国际金本位制的含义

国际金本位制，是以黄金作为本位货币的一种制度。具体来讲，是指至少两个国家通过颁布法令，将其货币制度建立在黄金的基础之上而形成的一种国际货币体系。国际金本位制就是以各国普遍采用金本位制为基础的国际货币体系。国际金本位制是历史上第一个国际货币体系。19世纪80年代，世界上的主要资本主义国家都先后在国内实行了金本位制，这样国际金本位制就形成了。

根据货币与黄金的联系程度，金本位制包括金币本位制、金块本位制和金汇兑本位制三种不同的形态，其中金币本位制是典型的金本位制。

（二）国际金本位制的特征

在国际金本位制下，黄金充分发挥世界货币的职能，履行着国际支付手段、国际购买手段和社会财富的职责。国际金本位制是一种比较稳定的货币制度。国际金本位制具有以下特点：

1.汇率制度

在国际金本位制下，汇率制度为固定汇率制度。在金币本位制下，金币是用一定数量和成色的黄金铸造的，因此两国单位货币含金量之比即铸币平价成为决定两国货币汇率的基础。在现实中，虽然汇率受供求关系的影响而围绕铸币平价上下波动，但由于金币的汇率波动幅度相对较小，所以在金币本位制下汇率基本上是固定的。

在金块本位制和金汇兑本位制下，尽管流通中主要使用的是纸币，但是在这两种货币制度下，各国政府依法规定了纸币含金量，并且政府对汇率波动的幅度加以维护，因此，在金块本位制和金汇兑本位制下汇率基本上也是稳定的，但汇率的稳定程度低于金币本位制下的情况。

2.储备资产和国际结算

在国际金本位制下，英镑代替黄金成为世界货币、储备资产和国际结算最常用的支付手段。

在国际金本位制下，黄金充当国际货币，是最后的清偿手段，是价值的最后标准。但是，在1880—1914年实行金本位制的这段时间里，由于当时英国经济实力雄厚，是全球最大的贸易国和金融资产的提供者，而且由于纸币的使用更为方便，90%的国际贸易以英镑来计价和结算；加之在英国开设英镑账户，不仅可以随时兑换黄金，还可以获得利息，持有英镑比黄金更有利可图，所以当时绝大多数国家的中央银行储备的资产是英镑而不是黄金。这一时期的国际金本位制实际上是以黄金为基础、以英镑为中心的国际货币体系，其储备制度是黄金–英镑储备制度。

3.国际收支的调节机制

在国际金本位制下，国际收支具有自动调节机制，即存在着大卫·休谟的“价格–现金流动机制”。

由于此时国际收支具有自动调节功能，所以一国国际收支失衡时，一般不需要政府干预。但是为保证自动调节机制作用的发挥，一国必须遵循以下三项原则：

（1）各国货币当局应维持本国货币的法定含金量，承诺随时以固定官价无限制地买卖黄金。

（2）黄金数量与货币供给量之间存在着一种固定的数量关系，两者的紧密程度由通货发行的黄金准备比例高低决定。

（3）各国市场处于自由放任状态，黄金自由输出入，不受任何限制；物价随货币供应量可以灵活变动；物价变动又能充分影响商品进出口数量的变动。

## 二、国际金本位制下的内外均衡实现问题

国际货币体系是对各国实现内外均衡的一些基本问题所进行的制度安排。国际货币体系不同，意味着各国在实现内外均衡过程中需要遵循的准则不同，内外均衡目标的具体表现形式也会发生变化。因此，对国际货币体系的分析，需要从实现内外均衡的规则是否有效率、是否可以稳定地加以维持角度入手，来研究在特定的历史条件下各国际货币体系的本质。

（一）国际金本位制下内外均衡的表现形式

在国际金本位制下，外部均衡目标成为政府的首要实现目标，它体现为政府对本国货币金平价的维护，对本国货币汇率稳定的维持，即外部均衡目标具体体现为维持汇率稳定。

在国际金本位制下，各国货币都规定有含金量，外汇市场上的实际汇率就环绕着各国货币含金量之比所形成的金平价而在一定限度内上下波动。国际金本位制的这一特征，决定了各国政府被迫将维持货币价值的稳定放在首位。各国政府必须按固定比价保证本国货币与黄金的自由兑换。只有将本国货币汇率维持在金平价水平上，国际贸易与资本流动才能正常有序地进行。

从国际金本位制实行期间各国的实际经济状况来看，当时自由市场经济的弊端尚未充分暴露，经济中的失业、通货膨胀问题并不突出，而且尚未出现政府对经济进行调控的宏观经济理论。因此，内部均衡还未成为政府关注的政策目标。各国依靠市场的自发调节机制基本上保持了内外均衡。

（二）国际金本位制下内部均衡的实现机制

在国际金本位制下，内部均衡目标可以在政府不对经济进行干预的条件下，通过经济的自动调节机制，即“价格-铸币流动机制”而实现。

价格-铸币流动机制对经济的自发调整是建立在一系列前提基础上的，主要有：①政府严格按金本位制的要求实施货币政策；保持黄金的自由兑换、自由铸造、自由输出入；当国际收支因素影响黄金储备变动进而影响货币供给时，不得采取冲销措施，而任由价格的灵活调整使经济达到内外均衡。②不存在国际资金流动。③商品价格具有完全弹性。

当存在国际资金流动时，内外均衡自动实现的速度会加快。这是因为：一方面，国际收支失衡使汇率受供求关系的影响而发生变动，从而导致投机性资金流动，流动资金在进行投机时又产生了平衡国际收支的作用；另一方面，国际收支失衡会使国内利率随着货币供给量的变动而变化，而利率变化亦会导致投机性资金流动，资金的流动同样会

产生平衡国际收支的作用。以国际收支逆差为例，由于国际金本位制下汇率在黄金输送点之间变动，因此当出现国际收支逆差使本币汇率暂时下跌至黄金输出点以下时，投机者预期市场汇率必将回升，大量资金就会流入该国以谋取汇率差价；同时，国际收支逆差会引起货币供给收缩过程中的利率上升，这又会吸引意在获取利率差价的资金流入，这样该国的国际收支逆差就通过吸引资金流入而改善了。

因此，国际金本位制下的内外均衡实现机制具有三个方面的特点：

（1）自发性：完全依靠经济的自发力量实现，不需要政府对其采取专门的政策、措施进行干预。

（2）对称性：自动调节机制是在国际收支盈余国与赤字国同时发挥效力的，两国都承担调节责任，这种调节机制比较公平合理。

（3）稳定性：在自动调节过程中，汇率始终在黄金输送点之间变动，使内外均衡的实现始终在稳定的条件下进行，避免了汇率的剧烈波动等现象对经济的破坏性影响。

（三）对国际金本位制度下内外均衡实现机制的评价

国际金本位制对世界经济的发展起到了一定的促进作用，促进了生产的发展，保持了汇率的稳定，通过自动调节机制保持了国际收支平衡。但是，国际金本位制并不完善，在内外均衡实现机制上存在着很大的局限性，主要体现为：

（1）它要求各国政府遵守特定的“游戏规则”，即政府应严格按照金本位制的要求实施货币政策。政府不需要对经济进行干预；如果进行干预，也应以加速国际收支恢复平衡为目的；否则，自动调节机制就将难以发挥效力。然而，实际上，尤其是在国际金本位制实行的后期，各国违反这一规则的情况时常发生。在国际金本位制下，由于并不存在一个国际监督机构，因此这一现象影响了国际金融本位制度的存在和发展。

（2）它要求商品价格具有完全弹性，这样价格可以灵活调整，从而使经济始终处于充分就业状态，内部均衡一直得以维持。一国政府不必调整经济政策，即可利用自动调节机制实现内外均衡。然而，现实中商品价格不具有完全弹性。这一条件的缺失，导致在货币供应量变动以实现外部均衡的过程中，经济内部必然会出现严重的失业或者通货膨胀问题。在国际金本位制下，各国都将外部均衡作为政策的首要目标，而把内部均衡放在次要位置，服从外部均衡的需要。这样，随着经济的发展，商品价格黏性使各国政府的注意力越来越集中于内部均衡，国际金本位制下的内外均衡实现机制难以发挥作用。

（3）它要求世界黄金产量能满足经济发展对货币供给量的需要。在国际金本位制下，内外均衡的实现有其物质基础，即货币供给数量的增长依赖黄金数量的增长；否则，当世界黄金产量的增长满足不了世界经济的增长和维持稳定汇率的需要时，金本位制就难以经受各种冲击。另外，黄金分布的相对不均衡，尤其是世界黄金存量集中在极少数国家，由于其他国家的金本位制难以维持，也会使国际金本位制面临危机。

## 三、国际金本位制的崩溃

在第一次世界大战爆发前，由于世界黄金产量跟不上世界经济的增长，较发达的国家通过贸易顺差的持续积累和其他特权使黄金分布失衡，这就使其他国家的金本位制难以继续维持，因此，当第一次世界大战爆发时，各国便中止了银行券与黄金的兑换，禁止黄金出口，国际金本位制遂宣告瓦解。

在战争期间，各国发行的大量不可兑换纸币在战后大幅贬值，严重影响了世界经济的稳定。所以，在国际政局相对稳定后，各国便着手恢复金本位制。但此时所恢复的国际金本位制与一战前相比已大不相同了，黄金的地位被大大削弱。实际上，只有美国实行的是完整的金币本位制，而英法两国实行的是金块本位制，其他国家实际上实行的是金汇兑本位制。一战后的国际金本位制，实际上是一种国际金汇兑本位制。

在各国恢复金本位制的过程中，它们面临的世界黄金存量绝对不足与相对不均的局面并没有改变，而是加重了。此外，一战后，各国越来越重视内部均衡目标，如美国、法国明确表示将内部均衡目标置于外部均衡目标之上。各国越来越不遵守“游戏规则”，开始干预经济，这使自发调节机制难以发挥效力，国际金本位制的可信度大大降低了。

在国际金本位制的可信度下降的情况下，国际资金流动又起到了推波助澜的作用，日益演变成为对金本位制稳定的威胁。因为此时的货币制度实际上是一种金汇兑本位制，在国际收支出现逆差时，出于对政府的不信任态度，极易出现严重的资本外逃，资金流动会进一步恶化国际收支。在这种情况下，维持国际金本位制的困难加重。最终，当1929—1933年资本主义大危机到来时，在国际资金流动的冲击下，维持国际金本位制的规则不复存在，各国在一战后勉强维持的国际金本位制彻底崩溃了。

国际金本位制崩溃后，国际金融领域处于混乱状态，形成了英镑、美元和法郎三个相互对立的货币集团。各国纷纷加强外汇管制。1936年9月，英、法、美三国为了恢复国际货币秩序，达成了一项“三方货币协议”(Tripartite Agreement)，以维护汇率乃至货币关系的稳定。然而由于法郎受到投资冲击和第二次世界大战的爆发，该协议很快瓦解。但是，该协议通过国际合作谋求货币关系相对稳定的做法为二战后布雷顿森林体系的建立提供了可贵的经验。

## 第二节　布雷顿森林体系

在第二次世界大战即将结束的时候，为避免出现1929—1939年那样长达10年的混乱的世界经济秩序，同盟国开始着手拟订战后的经济重建计划。重建工作以美英两国为主，目标在于寻求国际经济合作和全球经济问题的解决。1944年7月，44个国家的700多位代表出席了在美国新罕布什尔州（New Hampshire）布雷顿森林城（Bretton Woods）召开的国际金融会议，这次会议确立了新的国际货币体系——布雷顿森林体系。

### 一、布雷顿森林体系的主要内容和特点

布雷顿森林体系的建立反映了主要西方国家之间力量对比的变化，美国取代英国在世界经济体系中占据中心地位，这一历史条件的变化真实地反映在了对现实内外均衡的

制度安排上。在设计新的国际货币体系时，英、美两国分别提出了各自的方案，即美国的“怀特计划”和英国的“凯恩斯计划”，这两个不同的方案意在争夺国际金融领域的主导权。鉴于美国在政治和经济上的实力，美国的“怀特计划”对布雷顿森林体系的建立发挥了主导作用，形成了一个美国居于统治地位的新的国际货币体系。

（一）布雷顿森林体系的主要内容

布雷顿森林体系的主要内容可以概括为如下三个方面：

（1）建立一个永久性的国际金融机构，即国际货币基金组织（IMF），以促进国际货币合作。国际货币基金组织为二战后国际货币体系的核心，它的各项规定构成了国际金融领域的基本秩序，为国际货币政策协调提供了适当的场所。它还对各成员国的汇率政策进行监督，为成员国提供短期融通资金，在一定程度上维持着国际金融形势的稳定。

（2）实行“双挂钩制度”，即美元与黄金挂钩、各国货币与美元挂钩，也就是实行以黄金-美元为基础的、可调整的固定汇率制。在这一体系下，规定了35美元1盎司的黄金官价，各国政府可随时用美元向美国政府按这一比价兑换黄金。各国货币则与美元保持可调整的固定比价，称为可调整的钉住汇率（Adjustable Pegged Exchange Rates）。各国货币对美元的波动幅度为平均上下各1%，各国货币当局有义务在外汇市场上进行干预，以保持汇率的稳定。只有当一国国际收支发生“根本性不平衡”时，才允许升值或贬值。平价的变动要得到国际货币基金组织的同意。但在实践中，平价变动若小于10%，一般可自行决定。只有当平价变动大于10%时，才需国际货币基金组织的批准。由于各国货币均与美元保持可调整的固定比价，因此，各国货币之间实际上也保持着可调整的固定比价，整个货币体系就成为一个具有固定汇率的货币体系。在这种情况下，平价的单方面变动就显得比较困难。

（3）取消对经常账户交易的外汇管制，但允许对国际资金流动进行限制。在20世纪30年代国际金本位制崩溃后，各国都采取了严格的外汇管制措施，这使国际经济交流受到严重损害。为了改变这一状况，布雷顿森林体系要求各国尽快放开对经常账户交易的管制。但是，鉴于两次世界大战间国际资金流动的投机色彩特别浓厚，给国际货币体系的稳定带来了非常大的冲击，因此布雷顿森林体系允许对国际资金流动进行控制，各国均严格限制资金的国际流动。

在布雷顿森林体系下，美元成为一种关键货币，它既是美国本国的货币，又因为它是储备货币和国际清偿力的主要来源而成为世界货币。美元的这一特殊地位反映了布雷顿森林体系建立的历史条件，使这一体系下的内部均衡实现问题具有独特性。

（二）布雷顿森林体系的特点

作为第一个人为设立的国际协调与合作机制，布雷顿森林体系具有显著的特点。

1.制度内容上的特点

（1）在货币制度上，布雷顿森林体系实际上实行的是国际金汇兑本位制。因为美元以固定比价与黄金直接兑换，而各国货币与美元可以按固定汇率进行兑换；根据各国货币法定平价的对比，普遍地与美元建立固定比例关系。

（2）在汇率调节机制上，布雷顿森林体系人为规定汇率波动的幅度。汇率的波动是在国际货币基金组织的监督下，由各国干预外汇市场来调节，汇率不再自动调节国际收支。

（3）在国际储备上，在布雷顿森林体系下，储备资产是黄金、美元和特别提款权，其中黄金与美元并重。美元是主要的储备货币。

2.体制上的特点

（1）建立了永久性的国际金融机构。第二次世界大战前的国际货币制度并没有一个统一的国际组织进行组织和监督。而布雷顿森林体系建立了国际货币基金组织、国际复兴开发银行等永久性国际金融机构。通过国际金融机构的组织、协调和监督，保证统一的国际金汇兑本位制各项原则、措施的推行。

（2）签订了有一定约束力的《国际货币基金协定》。金本位制对汇率制度、黄金输出入没有一个统一的规定，货币区也只是在规定的地区实施宗主国、联系国的法令。二战后的《国际货币基金协定》是一种国际协议，对会员国具有一定的约束力。它的统一性在于把几乎所有的资本主义国家都囊括在国际金汇兑本位制之下；它的严整性在于对维持货币制度运转的有关问题做了全面规定，并要求各国遵守。

（3）根据《国际货币基金协定》，建立了现代国际货币管理所需的各项制度，如国际收支调节制度、国际信贷监督制度、国际金融统计制度、国际汇率制度、国际储备制度、国际清算制度等。

因此，二战后的国际货币体系同历史上的国际货币制度相比，有了明显的改进，主要表现为：建立了世界性的组织机构，制定了具有一定约束力的国际协议，建立了统一的、完整的规章制度。

## 二、布雷顿森林体系下的内外均衡实现问题

（一）布雷顿森林体系下的内外均衡的表现形式

在布雷顿森林体系下，内部均衡成为政府所关注的主要经济目标，这是由于理论和实践两方面的原因造成的。从实践方面来看，自由市场经济的弊端日益显现，尤其是在20世纪30年代经济大危机后，各国经济中的失业与通货膨胀问题日益突出，维持经济的稳定与发展成为政府的首要任务；从理论方面来看，20世纪30年代以来，以凯恩斯主义为基础的宏观经济理论日益成熟，为政府积极干预经济提供了理论基础和指导。在以上两方面因素的作用下，内部均衡目标凸显出了其重要地位，布雷顿森林体系在建立时也宣布促进各国经济的稳定与发展是其重要宗旨。

布雷顿森林体系采取的是固定汇率制，并且限制国际资金的流动，因此外部均衡就直接体现为实现经常账户平衡，以维持汇率的稳定。但是，由于布雷顿森林体系是一个以美国（美元）居于主导地位的国际货币体系，美国与其他国家的地位及其权利、义务大不相同，这就决定了它们的内外均衡实现机制不同，从而使布雷顿森林体系下内外均衡的具体表现形式更加复杂。

（二）布雷顿森林体系下的内外均衡实现机制

由于布雷顿森林体系实行“双挂钩制度”，因此，其内外均衡实现机制具有两个特点：

（1）内外均衡实现机制以政策调节为主，因为货币供给与黄金失去联系，原有的自动调节机制已不复存在，并且各国把实现内部均衡作为主要经济目标，无法再容忍自动调节机制对内部均衡的冲击。

（2）内外均衡的实现存在不对称性，这首先体现为美国与其他国家不同的内外均衡实现机制。

首先，从储备货币国和非储备货币国来看，在维持内外均衡方面具有不对称性。对储备资产发行国而言，在外部均衡方面，美国既要保持美元与其他货币之间的固定比价，又要保持美元与黄金之间的固定比价。对前者而言，当美国在与其他国家进行交易而出现国际收支不平衡（如逆差）时，它可以简单地以输出美元的方式弥补逆差，以此来维持固定的汇率而不必对本国经济进行调整，因为美元是一种国际货币，而其他国家则不能这样做。对后者而言，由于美国的黄金储备总量是有限的，这就要求控制美元发行总量，尤其是控制美元向国外的输出总量。可见，对美国来说，它的外部均衡目标实际上体现为控制美元向国外的输出总量。从内部均衡的实现来看，由于维持固定汇率的责任由非储备货币国承担，美国不必对外汇市场进行干预，这使美国可以将货币政策完全用于实现国内经济均衡上。但是这样，在固定汇率制度下，美国的货币政策同时给非储备货币国家的国内经济带来了影响。

美国可以把内部均衡目标作为主要经济目标。当美国与其他国家交易而出现国际收支逆差时，可以简单地以输出美元的方式来弥补逆差，无须采用紧缩的调整政策，从而不会对国内经济造成不利影响。但是，对非储备货币国家来说，则必须把外部均衡目标置于内部均衡目标之上，外部均衡的实现是以牺牲内部均衡为代价的。

其次，对其他国家而言，它们在实现内外均衡问题上也存在着不对称性，这体现为国际收支盈余国与国际收支逆差国在国际收支调节上的不对称性。国际收支逆差国负有调整责任。尽管布雷顿森林体系设计了一套调整方法——短期内的国际收支逆差由国际货币基金组织提供贷款，而长期的国际收支逆差（即国际收支的“根本性不均衡”）则通过汇率变动进行调整，然而，由于国际货币基金组织提供的资金有限，并且使用有严格的限制条件，因此很难满足各国的需要。在布雷顿森林体系运行过程中，汇率调整是罕见的，因为“根本性不均衡”是个非常抽象的概念，难以具体掌握。同时，对国际资金流动的严格管制，使各国无法利用国际金融市场融资，因此，支出增减型政策便成为逆差国对长期性逆差进行调整以实行内外均衡的主要政策工具，但该政策在调整外部均衡时必然会对内部经济产生消极影响。

而与其相反，国际收支盈余国可以积累美元储备并用它向美国换取黄金，此时国内经济可以完全不进行调整，这种外部均衡调整的不对称性进一步加重了逆差国的困难。由于实现内外均衡过程中的这种不对称性，各国在与他国的经济交往中纷纷追求国际收支顺差，积聚美元储备。因此，对一般国家而言，它们的外部均衡目标具体体现为通过国际收支顺差积累美元。

布雷顿森林体系特有的内外均衡实现机制，使美国与其他国家之间的外部均衡目标的表现不一致，它们之间的矛盾构成了布雷顿森林体系的根本缺陷，并最终造成了该体系的崩溃。

（三）从内外均衡问题角度看布雷顿森林体系的根本缺陷

1.特里芬两难（Triffin Dilemma）

通过对布雷顿森林体系下内外均衡实现机制的分析可以看出，美国与其他国家的外部均衡目标是完全不同的。美国的外部均衡目标体现为控制美元向国外的输出总量，保证美元与黄金之间的固定比价和可兑换，以维持美元信心和提供足够清偿力；而其他国家的外部均衡目标体现为通过国际收支顺差积累美元，这就要求美元大量向境外输出。显然，这两者之间是完全矛盾的，这种矛盾使得美元处于一种进退两难的境地：为了满足世界各国经济发展的需要，美元储备必须不断增长，但黄金储备却无法不断增长，这导致无法维持美元同黄金的兑换性。美元的这种两难，是美国耶鲁大学教授罗伯特·特里芬于20世纪50年代首先提出的，故又称为特里芬两难。

特里芬两难指出了布雷顿森林体系的内在不稳定性及危机发生的必然性，那就是随着流出美元的日益增加，美元同黄金的可兑换性必将日益受到人们的怀疑，这最终必然会诱发人们对美元可兑换性的信心危机，从而造成整个布雷顿森林体系的崩溃。特里芬两难充分体现了理论的高度预见性，最终布雷顿森林体系就因为这一根本缺陷而走向崩溃。

2.汇率过于僵化，国际收支失衡调节乏力，且调节责任不对称

美国的国际收支逆差可以通过输出美元来弥补，而汇率的调整责任则由他国来承担。对于国际收支失衡，调整责任则由逆差国承担。对于短期逆差，国际货币基金组织提供的贷款有限，且贷款条件过高；长期性逆差因概念难以把握，又无法通过汇率变动来调节。利用支出增减型政策调节国际收支逆差会形成国内经济停滞、失业增加的不良局面。这给逆差国带来了巨大负担。综上，造成储备货币国和其他国家、国际收支逆差国和顺差国之间的利益分配不公。

## 三、布雷顿森林体系的崩溃

（一）维持布雷顿森林体系的条件

以美元为中心的国际货币制度能在一个较长的时期内顺利运行，是与美国雄厚的经济实力和充足的黄金储备分不开的。要维持布雷顿森林体系的运转，必须具备三个基本条件：

1.美国国际收支保持顺差，美元的对外价值稳定

若其他国家的通货膨胀严重，出现国际收支逆差，则经国际货币基金组织同意，该国货币可以贬值，重新与美元建立固定比价关系。这并不影响美元的国际地位。但若美国出现国际收支持续性逆差，美元对外价值长期不稳，美元则会丧失其中心地位，危及布雷顿森林体系存在的基础。

2.美国的黄金储备充足

在布雷顿森林体系下，美元与黄金挂钩，外国政府或其中央银行可以其持有的美元向美国兑换黄金。美国要履行35美元兑换1盎司黄金的义务，必须拥有充足的黄金储备。若美国的黄金储备流失过多，储备不足，难以履行兑换义务，则布雷顿森林体系难以维持。

3.黄金价格维持在官价水平

在布雷顿森林体系下，若美国的黄金储备充足，在市场价格发生波动的情况下，美国可以通过抛售或购进黄金加以平抑；若美国的黄金储备不足，无力进行市场操作和平抑金价，则美元比价就会下降，国际货币制度的基础也会随之动摇。

在布雷顿森林体系运行的早期，各国都需要从战争废墟中恢复经济，因此迫切需要美元，而此时美国因国际收支逆差所输出的美元数量有限，因此世界上面临着“美元荒”的局面。随着美国国际收支的持续逆差，各国手中持有的美元数量激增，“美元荒”变为“美元灾”，人们对美元的信心日益丧失。当人们对美元与黄金之间的可兑换性产生怀疑时，就会抛售美元，抢购美国的黄金和经济处于上升阶段的国家的硬货币，这便触发了美元危机。布雷顿森林体系的瓦解过程，就是美元危机不断爆发—拯救—再爆发直至崩溃的过程。

（二）布雷顿森林体系崩溃的原因

1.制度自身的缺陷

以美元为中心的国际货币制度崩溃的根本原因是这个制度本身存在着不可解决的矛盾。在这一制度下，美元作为国际支付手段与国际储备手段，发挥着世界货币的职能。

一方面，美元作为国际支付手段与国际储备手段，要求其币值稳定，才会在国际支付中被其他国家所普遍接受。而美元币值稳定，不仅要求美国有足够的黄金储备，而且要求美国的国际收支必须保持顺差，从而使黄金不断流入美国而增加其黄金储备；否则，人们在国际支付中就不愿接受美元。

另一方面，全世界要获得充足的外汇储备，又要求美国的国际收支保持大额逆差；否则，全世界就会面临外汇储备短缺、国际流通渠道中的国际支付手段短缺的局面。但随着美国国际收支逆差的增大，美元的黄金保证又会不断减少，美元又将不断贬值。第二次世界大战后，从美元短缺到美元泛滥，是这种矛盾发展的必然结果。

2.美元危机与美国经济危机频繁爆发

资本主义世界的经济此消彼长，美元危机是导致布雷顿森林体系崩溃的直接原因。

（1）美国的黄金储备减少。1950年朝鲜战争爆发后，美国借联合国的名义，组织“联合国军”参战，导致海外军费剧增，国际收支连年逆差，黄金储备源源外流。1960年，美国的黄金储备下降到178亿美元，已不足以抵补当时的210.3亿美元的流动债务，出现了美元的第一次危机。60年代中期，美国卷入越南战争，国际收支进一步恶化，黄金储备不断减少。1968年，美国的黄金储备已下降至121亿美元，而同期的对外短期负债为331亿美元，引发了第二次美元危机。到1971年，美国的黄金储备（102.1亿美元）仅是它对外流动负债（678亿美元）的15.05%，此时美国已完全丧失了承担美元对外兑换黄金的能力。于是，尼克松总统不得不于1971年8月15日宣布停止承担美元兑换黄金的义务。1973年，美国爆发了最为严重的经济危机，黄金储备已从二战后初期的245.6亿美元下降到110亿美元。没有充分的黄金储备做基础，严重地动摇了美元的信誉。

（2）美国通货膨胀加剧。1961年，美国发动越南战争，导致其财政赤字庞大，不得不依靠发行货币来弥补，由此又造成通货膨胀；加上两次石油危机，石油价格上涨而增加了美国的支出。此外，由于失业补贴增加、劳动生产率下降，政府的支出急剧增加。美国消费者物价指数上涨率1960年为1.6%，1970年上升到5.9%，1974年又上升到11%，这给美元的汇价带来了巨大冲击。

（3）美国国际收支持续逆差。第二次世界大战结束时，美国利用在战争中积聚起来的经济实力和其他国家的经济被战争削弱的机会，大举向西欧、日本和世界其他国家输出商品，使美国的国际收支持续出现巨额顺差，其他国家的黄金储备大量流入美国，各国逐渐出现“美元荒”。二战后，随着西欧各国经济的增长、出口贸易的扩大，其国际收支由逆差转为顺差，美元和黄金储备增加。美国由于对外扩张和侵略战争，国际收支开始由顺差转为逆差，美国资金大量外流，形成“美元过剩”。这使美元汇率承受着巨大的冲击和压力，不断出现下浮的波动。

（三）布雷顿森林体系的最终崩溃

1.美元停止兑换黄金

大规模的美元危机最早爆发于1960年，其后在1968年、1971年、1973年多次爆发。每次美元危机爆发的原因都是相似的，即人们对美元与黄金之间的可兑换性产生怀疑，由此引发大量投机性资金在外汇市场上抛售美元，酿成风暴。在每次美元危机爆发后，美国与其他国家也都采取了互相提供贷款、限制黄金兑换、美元贬值等一系列协调措施，但都不能从根本上改变特里芬两难所揭示的布雷顿森林体系在实现内外均衡的制度安排上的缺陷，因此只能收到暂时的效果。

1971年7月第七次美元危机爆发，尼克松政府于8月15日宣布实行“新经济政策”，停止履行外国政府或其中央银行可用美元向美国兑换黄金的义务。这意味着美元与黄金脱钩，支撑国际货币制度的两大支柱有一根已倒塌。

2.取消固定汇率制度

1973年3月，西欧又出现抛售美元、抢购黄金和马克的风潮。3月16日，欧洲共同市场9国在巴黎举行会议并达成协议，联邦德国、法国等国家对美元实行“联合浮动”，彼此之间实行固定汇率。英国、意大利、爱尔兰对美元实行单独浮动，暂不参加共同浮动。此外，其他主要西方货币也都实行了对美元的浮动汇率。至此，二战后支撑国际货币制度的另一支柱，即固定汇率制度也完全垮台。这宣告了布雷顿森林制度的最终解体。

布雷顿森林体系是特定历史条件下有关内外均衡实现机制的一种制度安排，这一特定的历史条件主要是美国在世界经济中的垄断地位以及国际资金流动的缺乏。美国的垄断地位使得美元可以在国际货币体系中成为等同于黄金的关键性货币，国际资金流动的缺乏则使可调整的钉住汇率制易于维持。在布雷顿森林体系运行的相当长的一段时间里，这两个条件都是存在的，因此在这段时间内布雷顿森林体系有效推动了世界经济的发展。当这些条件随着时间的推移而逐步弱化并最终消失时，布雷顿森林体系的动摇和崩溃也就难以避免了。如何适应新的历史条件，确定新的实现内外均衡的制度安排，就成为建立新的国际货币体系的尝试中所要解决的问题。

## 第三节　牙买加体系

现行的国际货币体系是牙买加体系，是以美元为中心的国际储备货币多元化的浮动汇率体系。实行双挂钩体制的布雷顿森林体系的内在不稳定性，导致了国际货币体系的危机，加速了国际货币体系的改革。1976年1月，国际金融会议在牙买加首都金斯敦举行，讨论修改《国际货币基金协定》的条款，最后达成了《牙买加协定》。1978年3月，国际货币基金组织理事会通过决议，正式宣布实行浮动汇率制和取消黄金唯一国际支付手段的地位，一个以《牙买加协定》为基础的新的国际货币体系——牙买加体系（Jamaica System）开始形成。

### 一、牙买加体系的形成

在以固定汇率制为主要特征的布雷顿森林体系崩溃之后，国际货币金融关系动荡不安，美元的国际地位不断下降，出现了国际储备资产多元化的状况，许多国家开始实行浮动汇率制，汇率波动剧烈，全球性国际收支失衡现象日益严重，西方发达国家之间以及发达国家与发展中国家之间的矛盾重重、斗争激烈。1972年7月，为研究国际货币制度改革问题，国际货币基金组织成立了“国际货币体系改革及有关问题委员会”，成员由11个主要工业国和9个发展中国家组成，所以该委员会又称“二十国委员会”。1974年6月，该委员会提出了一份“国际货币制度改革大纲”，针对汇率、国际资本短期流动、国际储备资产、黄金等问题提出了一些原则性的相关建议，并建议国际货币基金组织在“二十国委员会”结束后，另成立临时委员会，继续探讨有关国际货币制度的改革问题。根据这个建议，1974年7月，国际货币基金组织设立了“国际货币制度临时委员会”来接替“二十国委员会”的工作。1976年1月8日，“国际货币制度临时委员会”在牙买加首都金斯敦举行的第5次会议上，讨论修订了《国际货币基金协定》，会议集中讨论了扩大和重新分配份额、处理黄金官价和国际货币基金组织库存的黄金、修改国际货币基金组织有关汇率的规定三个问题。经过激烈争论，会议针对增加份额、黄金的作用、汇率体系和发展中国家的资金融通等问题达成了具体协议，即《牙买加协定》。在该次会议上达成的协议，需要由国际货币基金组织对相关条文修改后方能付诸实施，国际货币基金组织执行董事会于同年3月完成了协定条文和修改草案，同年4月通过了《国际货币基金协定第二次修正案》，于1978年4月1日起正式生效。由此，逐渐形成了现在的国际货币关系的新格局，即“牙买加体系”。

## 二、牙买加体系的基本内容

（一）承认浮动汇率制的合法性

会员国可以自由选择、决定汇率制度，国际货币基金组织承认固定汇率制和浮动汇率制并存，会员国的汇率政策应受国际货币基金组织的监督，并须与国际货币基金组织协商；实行浮动汇率制的成员国应根据条件逐步恢复固定汇率制，并避免采取损人利己的货币贬值政策；在认为国际经济条件已经具备时，经总投票权的85%多数通过，国际货币基金组织可以决定采用“稳定的但可调整的货币平价制度”，即恢复固定汇率制度。

（二）削弱与消除黄金的货币作用

经修改后的基金条款决定：废除黄金条款，取消黄金官价，用特别提款权逐步代替黄金作为国际货币体系的主要储备资金；取消会员国之间及会员国与国际货币基金组织之间以黄金清算债权债务的义务；各会员国中央银行可按市价从事黄金交易，国际货币基金组织不在黄金市场上干预金价；国际货币基金组织持有的黄金应逐步加以处理，其中1/6（2 500万盎司）按市价出售，以其超过官价（每盎司42.22美元）部分作为援助发展中国家的资金；1/6由原缴纳的会员国按官价买回，剩余的黄金须经总投票权85%的多数通过，决定向市场出售或由各会员国买回。

（三）以特别提款权作为主要的储备资产

在未来的货币体系中，应以特别提款权作为主要的储备资产，并作为各国货币定值的基础。凡有特别提款权账户的成员国，可以用特别提款权进行借贷以及偿还国际货币基金组织的债务，国际货币基金组织要加强对国际清偿能力的监督。

（四）增加基金组织的份额

会员国在加入国际货币基金组织时要缴纳一定的份额，其中25%以可兑换货币认缴，75%以本国货币认缴。对于各会员国应缴纳的份额，每隔5年进行一次检查，并在必要时，对会员国缴纳的份额进行调整。份额单位原以美元计算，后改为特别提款权。国际货币基金组织创立初期，各会员国缴纳的份额总计为76亿美元，其中美国占36%，达27.5亿美元。随着会员国的不断增加，份额先后经过多次调整。2010年12月15日，IMF最高决策机构理事会批准了关于IMF份额和治理改革的方案。新一轮改革带来了意义深远的变化：一方面，IMF份额翻番，从约2 384亿SDRs增加到约4 768亿SDRs；另一方面，超过6%的份额将从代表性过高的成员国转移到代表性不足的新兴市场和发展中国家。2023年12月18日，IMF宣布，正式决定增资50%，总份额资源达到约7 152亿SDRs。

（五）加强对发展中国家的资金融通

用在市场上出售黄金超过官价部分的所得收入建立信托基金，向最穷困的发展中国家以优惠条件提供贷款，帮助它们解决国际收支方面的困难；同时，扩大国际货币基金组织的信用贷款总额，由占会员国份额的100%提高到145%，并增加“出口波动补偿贷款”的比重，由占份额的50%增加到75%。

总的来看，牙买加体系确认了浮动汇率制的合法性，允许成员国自由选择汇率制度；废除了黄金官价，降低了黄金在国际货币体系中的作用；确定以特别提款权为主要的储备资产，将美元本位改为特别提款权本位；加强了对发展中国家的资金融通。牙买加体系体现了国际储备多元化、汇率制度多元化、国际收支调节多样化三个方面的新变化，有利于世界经济的发展。

首先，以浮动汇率制为主的多种汇率制度并存，具有很大的灵活性和较强的适应性。一方面，能及时地反映各会员国客观经济条件的变化，保证各国的货币币值得到恰当而充分的体现，有利于国际贸易、国际金融及其他经济活动的进行。另一方面，多种汇率制的灵活性和适应性能够使一国的宏观经济政策更具有效性和独立性，有利于本国经济的发展和国际收支的改善；也有利于各国节约利用外汇资源，减少为维持汇率稳定所必须保留的应急性外汇储备。

其次，多种货币储备体制较好地解决了“特里芬两难”。在牙买加体系中，由于实行了国际储备多元化，美元已不再是唯一的国际储备货币和国际清算及支付手段，这样，即使美国国际收支不断出现顺差，不再向外投放美元，也不会导致国际清算能力的不足。又由于美元早已与黄金脱钩，这样即使美国的国际收支持续逆差，导致各国的美元储备超过美国的黄金储备，也不会发生各国用美元储备向美国挤兑黄金的现象。这一状况对世界经济的稳定发展是十分有利的。

最后，国际收支调节机制的多元化在一定程度上适应了世界经济发展不平衡的需要。各国的经济条件不同，经济发展阶段存在差异性，导致国际收支失衡的原因可能大相径庭，因而采取的调节手段和措施应各有千秋。牙买加体系下的多元化国际收支调节机制适应了各国经济发展过程中的这一要求。

## 三、牙买加体系的主要特点

牙买加体系是对布雷顿森林体系的改革。现行的牙买加体系，在它确立的早期有如下特点：

（一）黄金非货币化

黄金脱去了国际货币的外衣，不再是各国货币的平价基础，也不能用于官方之间的国际清算。

（二）浮动汇率合法化

在牙买加体系下，各国货币当局不再规定维持本币与外币汇率的波动界限，汇率主要根据外汇市场的供求状况自发形成与浮动，或实行有管理的浮动。

（三）汇率制度多样化

在牙买加体系下，以浮动汇率制为主的汇率制度得到发展。国际货币基金组织1976年通过的《国际货币基金协定第二次修正案》，允许各国自由安排汇率制度，既可以自由浮动，也可以有管理地浮动；既可以单独浮动，也可以联合浮动；既可以钉住单一货币浮动，也可以钉住特别提款权或一篮子货币浮动。

（四）国际储备资产多元化

《牙买加协定》规定，未来的国际货币体系要走向特别提款权本位，加强特别提款权的作用，但事实上特别提款权在各国国际储备中的比重并没有增加。在牙买加体系下，美元仍旧是最主要的国际货币，但地位已经下降，德国马克、日元的国际货币地位逐步加强，出现了以美元为首的国际储备资产多元化的局面。

（五）国际收支调节形式多样化

在牙买加体系下，国际收支的调节可以通过汇率机制、利率机制、国际货币基金组织的干预和贷款、国际金融市场的媒介作用、有关国家变动外汇储备等多种方式或渠道来进行。

## 四、牙买加体系的积极作用

牙买加体系比较客观地反映了布雷顿森林体系崩溃以后国际货币体系的新格局，在一定程度上适应了不少国家按“市场主导”原则自主选择经济、货币政策模式的客观要求。尽管牙买加体系是解决布雷顿森林体系解体后的一系列问题的一种权宜之计，甚至事实上它是对当时国际上处理黄金、汇率问题的某些做法的一种事后法律认可，但牙买加体系的产生，还是比布雷顿森林体系有了很大的改进，适应了世界经济发展的需要，对国际贸易和世界经济的正常运转起到了重要的作用。

首先，牙买加体系是以实施浮动汇率制为主的货币制度，浮动汇率制不仅可以比较灵敏、准确地反映出不断变化的国际经济状况，而且可以调节外汇市场的供求关系，从而促进国际贸易和世界经济的发展。浮动汇率制对国际经济的这种有利影响主要表现为：

（1）各主要国家货币的汇率可以根据市场的供求状况自发调节，可以灵敏地反映瞬息万变的宏观经济情况。

（2）可以缓解市场上大量游资对硬货币的冲击。硬通货国家不负有类似固定汇率制下维持汇率稳定的义务，因此也就不会出现该国外汇储备大量流失的状况，同时起到了阻止输入国际通货膨胀的作用，从而有利于维持国际外汇市场和国际货币秩序的稳定。

（3）灵活的以浮动汇率制为主的汇率体制可以使一国的宏观经济政策更具独立性和有效性。

（4）可以促进国际金融业务创新和发展。在浮动汇率制下，为避免风险、促进竞争，国际金融领域出现了许多新型的业务和金融工具，推动了国际贸易、金融和投资的发展。

其次，牙买加体系实际上是储备货币多元化的国际货币制度，基本上克服了布雷顿森林体系下基准通货国家与依附国家相互牵连、对单一货币即美元过度依赖的弊端，缓解了国际清偿力不足的压力，在一定程度上摆脱了以前的美元“两难”困境。牙买加体系实现了国际储备多元化和汇率制度浮动化，即使发生美元贬值，也不一定会影响到各国货币的稳定性，基本上割断了基准通货与依附国家或挂钩国家货币之间的必然牵连，使一国汇率的形成和国际储备资产的运作更趋合理。

最后，牙买加体系采取多种调节机制相互补充的办法来调节国际收支，在一定程度上改变了布雷顿森林体系调节失灵的状况。布雷顿森林体系调节成员国国际收支失衡的渠道主要有两条：第一条，当成员国发生暂时性的国际收支失衡时，通过国际货币基金组织的贷款援助来调节；第二条，当成员国的国际收支出现根本性失衡时，通过改变货币平价、变更汇率来调节。事实证明，由于调节渠道和力度有限，调节机制失灵，曾长期出现全球性国际收支失衡的现象。而在牙买加体系下，除可以继续依靠国际货币基金组织的贷款和变动汇率外，还可以通过利率及国际金融市场的媒介作用、国际商业银行活动、外汇储备的变动等方式进行调节。此外，多种调节手段还可以结合起来运用，在一定程度上克服了布雷顿森林体系调节机制失灵的困难，从而对世界经济的健康发展起到了积极作用。

## 五、牙买加体系的主要缺陷

牙买加体系在对世界经济发展产生积极促进作用的同时，亦带来许多消极影响。最为明显的后果是汇率的剧烈波动，由此助长了外汇市场的投机，引发了国际金融市场的动荡和混乱，也直接影响到国际借贷关系的发展，还增加了进出口贸易的外汇风险损失。牙买加体系以多样性、灵活性、适应性为特征取代了原来整齐划一的国际货币体系，但它却明显缺乏制约及协调能力，是一种比较松散的国际货币体系。正是在这个意义上，牙买加体系实则“无体系”。

美元虽然随着布雷顿森林体系的解体而遭受重创，但此后它仍在国际货币体系中处于主导地位。牙买加体系摧毁的只是美元对黄金及各国货币“双挂钩”的独断专权，并没有剥夺美元世界货币的功能。实际上，美元仍然是最主要的世界货币，只不过在布雷顿森林体系中它是唯一的世界货币，而在早期的牙买加体系中，美元和马克、日元一同成为世界货币。马克、日元作为后起之秀改变了美元一统天下的金融局面，虽然它们一再向美元发起冲击，但终究没能后来居上，未能与美元平分秋色。20世纪90年代初，德国马克占各国官方储备的20%，日元占近10%，而美元仍占50%多的份额。当时不少人认为，随着日元大幅升值、德国马克坚挺以及美元大幅贬值，美元、马克、日元三种货币有望并驾齐驱。但事实并非如此，德国和日本的经济实力短期内很难与美国抗衡，后来日元的大幅震荡就证明了这一点。随着美国克林顿政府新经济政策的实施、日本经济泡沫的破裂、德国在高新技术竞争中的相对滞后，日元、马克日益难抵美元的强势。

现行的牙买加体系毕竟是布雷顿森林体系解体后国际金融领域较为动荡时期的产物，从建立伊始就有许多不完善之处，诸如它只是对当时既成事实的各国普遍实施的各种不同浮动汇率制的一种认可，并没有建立起新的稳定的国际货币制度及其执行机构，没有重视稳定国际汇兑的基础问题或平价问题等。随着复杂多变的国际经济关系的发展变化，牙买加体系的某些弊端日益暴露出来。这些弊端主要表现为：

首先，汇率变动频繁剧烈，给国际贸易、国际投资和各国经济带来了不利影响。其具体表现在：①汇率频繁变动，给进出口核算及国际贸易带来困难；②汇率频繁变动，助长了外汇市场上的投机活动，引发和加快了资本流动，造成国际财富不合理的转移及再分配，加剧了国际金融市场的动荡和混乱；③汇率变动不定，容易引发债务危机，从而影响国际贸易的正常开展和国际金融形势的稳定；④汇率急剧变动，会使物价、工资以及就业发生大的变化，从而对贸易与经济产生不利影响。同时，汇率经常下浮，容易导致通货膨胀。

其次，国际储备货币多元化，不利于国际经济活动的顺利开展。牙买加体系是多种货币储备体系，具有内在的不稳定性。国际储备资产多元化，缺乏统一的、稳定的货币标准，会相对增加国际储备的数量和加大管理的难度，增加遭受外汇风险的机会，从而不利于充分、合理地运用有限的国际资源。

最后，国际收支调节机制仍不健全，全球性国际收支失衡现象日益严重。尽管在牙买加体系下国际收支调节的渠道与措施比之前增多且可组合运用，但在该体系运行多年来，全球性的国际收支失衡问题非但没有得到妥善解决，反而日趋严重，充分暴露出该体系的缺陷。对于国际收支不平衡的国家，不论是顺差国还是逆差国，应该采取的调整措施、合适的国内经济政策的确定、国际政策协调以及实施国际监督等，牙买加体系并没有提出具体的可操作方案，因而国际货币关系长期处于较为混乱的状态，这也说明现行的国际货币体系还没有建立起完善的国际收支调节机制。

从上述分析可以看出，现行的牙买加体系还有许多不适应国际经济健康发展需要的弊端，必须进行进一步的改革，建立起合理的、稳定的国际货币新秩序。

## 六、牙买加体系的改革构想

鉴于现行国际货币体系的种种弊端，就国际货币体系的改革问题已经形成了多种方案与构想，在此简单归纳如下：

（一）储备货币国际化

罗伯特·特里芬认为，现行的国际货币体系存在种种弊端，其根源在于用少数国家的关键通货作为国际储备货币。将这种关键的国家货币作为国际储备货币的做法必然会给其货币充当世界储备货币的国家以金融特权，加剧本来就不平等的贫富国家之间的不平等关系。同时，用作世界储备货币的国家必须应对持久的巨额逆差，以平衡本国货币在世界上的供求关系，这样必然会使自己的通货充斥世界市场，最终导致这种货币的不可兑换性。

2023年4月，国际货币基金组织公布了全球外汇储备的占比情况。统计数据显示，截止到2022年第四季度，美元在全球外汇储备中的占比达到了58.36%，依然是外汇储备中占比最多的，欧元占比20%，日元占比5.5%，人民币占比2.69%。

根据摩根士丹利2024年4月的报告，预计到2030年，人民币在全球外汇储备中的占比将上升到5%的水平，成为美元、欧元之后的第三大国际储备货币。

目前，全球贸易往来大多仍以美元作为结算货币，如石油、天然气、黄金、铁矿石等，这就意味着大多数国家不得不保留大量的外汇储备。毫不夸张地讲，即便到了今天，美元依旧是当今世界最强大的货币。

（二）改革国际货币基金组织和世界银行

国际政治经济学家萨米尔·阿明认为，货币基金组织和世界银行的改革方向应当是将前者转变为拥有真实的世界货币发行权的世界中央银行，这种真实货币将取代美元，保证汇率的稳定，并为发展中国家提供“在增长中调整”所需的清偿能力。把世界银行变成一种基金，使它能够从德国和日本等国吸收国际资本，并注入发展中国家。这种意在推动发展中国家经济增长的资本流动调节同时会迫使美国减少其巨额的经常项目赤字，加强欧洲、日本和美国之间的金融政策协调，使其朝着允许汇率相对稳定的方向发展，从而消除正在进行中的全球单极化的消极影响。以上构想的实质反映了发展中国家对美元霸权、对发达国家主导国际货币体系的不安，希望发达国家更多地分摊货币危机的损失等。

（三）设立“托宾税”控制资本流动

詹姆士·托宾提出建立世界金融体系的“新大厦”，乔治·索罗斯也同意这一主张。他们坚持全球自由化，建议重新设立“托宾税”来控制资本流动，即对所有与货币兑换有关的国际证券和外汇即期交易征收税率统一的国际税，以交易成本的提高来降低国际资本流动的不稳定性，并降低国际证券价格和汇率的波动性。托宾将国际交易税形容为“向国际金融的车轮撒沙子”。其优势在于降低汇率的脆弱性，削减国际金融市场对国家政策的影响力，维护政府在决定预算和货币政策方面的权力。

这些关于国际货币体系改革的设想最大的缺陷在于站在全球的高度，起点太高，范围太广，忽略了货币改革要以经济为基础。在经济发展极不均衡的今天，如此激进式的改革方法只能将发展中国家置于更不利的地位。

## 七、牙买加体系的启示

牙买加体系的局限性以及对牙买加体系的改革给我们带来了如下启示：

（一）应当降低国际货币对美元的依赖

美元的影响力下降将有利于减少美国对其他国家的剥削，降低美国政策对他国的影响，即逐渐消除美元的“金融霸权”。只要美元仍旧执行世界货币的职能，美国就可以无偿占有大量铸币收益，这是强国对弱国的剥削。只要美元的地位仍不被动摇，世界各国的货币政策就得受美国的影响。

解决这一问题最直接的方法就是创建国际或区域间共同货币，替代美元作为国际主要货币。但在当今的国际经济环境下，除了欧元及欧元区以外，其他地区是很难实现的，主要是因为各国的经济差异太大，无法创建以经济为保障的共同货币。而国际货币基金组织创建的特别提款权由于在本质特征、创设条件和分配方面的限制，其尚不能成为国际货币合作中的国际本位币。因此，在这种情况下，进行区域货币合作、形成货币区之间的相互制衡就显得尤为重要。

（二）建立货币区以减少浮动汇率制带来的弊端

地理位置相邻、经济结构相似的国家结成区域经济集团，开展区域货币合作，有助于直接或间接节省交易成本，提高市场透明度，促进区内贸易和市场一体化，消除汇率波动的影响，降低汇率和价格的不确定性及资本的风险成本，提高货币政策的有效性，减少通货膨胀等。欧元的出现及其整体良好的运行，是最好的说明。

随着区域货币合作的开展，会相应地产生区域中央银行，以协调本区域的经济政策。这些超国家的中央银行的出现会逐渐削弱国际金融机构的作用，区内的中央银行会监督成员国的经济事务，而且区域货币合作会降低危机发生的可能性。这会大大减少国际金融机构处理国别事务的工作量；同时，国际金融机构与区域中央银行的协作效率会更高。

（三）区域货币合作能为我们提供一种渐进式的改革路径

这种渐进式的改革路径为：寻求稳定—区域经济合作—区域货币合作—经济与货币趋同—单一货币区。有可能在世界形成几个大的类似欧元区的货币区，实现区域间货币与经济的趋同，最终产生世界货币。

目前的牙买加体系在各国的不断博弈中已经形成了这样的发展趋势：世界货币体系被分割成多个货币区。欧元区的形成及其整体良好的运行，为我们提供了一个渐进式的货币改革路径，值得借鉴。

**拓展阅读**

**数字货币能改变国际货币体系吗?**

数字技术与国家货币政策体系、国际货币体系未来之间的联系备受市场关注。由国家发行的央行数字货币，今后是否会成为占据主导地位的重要货币形式？这一前景是否会影响国际货币体系的形态？2021年10月22日，在上海举行的由中国金融四十人论坛（CF40）主办的第三届外滩金融峰会上，多位与会人士就数字货币对国际货币体系的影响展开了讨论。

日本央行原行长白川方明表示，许多大规模支付的货币已经在形式上实现了数字化，只有现金尚未被数字化。考虑到小额支付相对于大额支付的体量比例，数字货币的崛起本身无法从根本上改变国际货币体系的形态。

白川方明还表示，在未来10～20年内，不太可能出现全球小额支付市场这种革命性的场景。小额支付行为的特征决定了很难出现真正的全球小额支付市场。例如，在使用现金支付方面，各国之间的交易支付环境差异巨大。小额支付形态的转变过程，反映的是其背后的社会的转变。在每个国家，大额支付体系都已经形成了独具特色的生态系统，这种生态系统有弊有利。如果离开了全球货币体系，那么数字化的全球货币想要从根本上改变全球小额支付体系是不大可能的。

中国社科院学部委员余永定表示，中国政府在数字货币方面的考虑也非常谨慎。虽然中国人民银行发行了少量的数字货币，但只是试验性质的，而且也不会把这一举措与人民币国际化等问题联系在一起。在中国，数字支付系统现在是遍地开花，人人都会用支付宝和微信支付，但这距离数字货币受到广泛认可和使用，还有很远的距离。无论如何，小心为上。

加州大学伯克利分校经济学教授巴里·艾肯格林表示，央行数字货币即将到来，而中国人民银行是其中的先行者。但是，在可预见的将来，央行数字货币不会改变现有国际货币体系的结构和运行方式。

“如果要让央行数字货币能够跨境用于国际交易，就必须保证各币种的互换性，各币种需要运行在同一个区块链上。那么由谁来管理这个区块链？或者，也可以另设一套基础设施，让运行在不同区块链上的央行数字货币利用这套基础设施进行互换，那么又要由谁来管理这套另设的基础设施？”艾肯格林称，120家央行在同一个区块链上，就基础设施架构和管理方式等问题达成一致的场景遥不可及。

资料来源　侯嘉成. 多位原央行行长与学者共论：数字货币能改变国际货币体系吗［EB/OL］.［2021-10-22］. https：//www.thepaper.cn/newsDetail_forward_15020821.

问题：结合本章内容，思考数字货币为什么不能改变国际货币体系。

分析要点：国际货币体系是对各国实现内外均衡的一些基本问题所进行的制度安排，数字货币无法改变全球小额支付体系、不能被广泛认可与使用、各数字货币发行国难以就区块链问题达成一致，决定了数字货币不会改变现有的国际货币体系。

本章小结

## 同步测试

同步测试

（一）选择题

1. 现行的国际货币体系是（　　）。

A. 国际金本位制　　B. 布雷顿森林体系

C. 牙买加体系　　D. 浮动汇率体系

2. 国际金本位制下内外均衡的实现机制具有（　　）三个方面的特点。

A. 自发性　　B. 对称性　　C. 浮动性　　D. 稳定性

3. 布雷顿森林体系最重要的特点包括（　　）。

A. 灵活性　　B. 自发性　　C. 双挂钩制度

D. 汇率多样性　　E. 其他投资　　F. 储备资产

4. 牙买加体系的主要特点，除了黄金非货币化、汇率制度多样化以外，还包括（　　）。

A. 汇率稳定化　　B. 浮动汇率合法化

C. 国际储备资产多元化　　D. 国际收支调节形式多样化

（二）简答题

1. 什么是国际货币体系？

2. 简述国际金本位制在内外均衡实现机制上的特点。

3. 简述布雷顿森林体系的主要内容和特征。

4. 试从内外均衡实现机制的角度分析布雷顿森林体系的根本缺陷。

5. 牙买加体系的主要内容与特点有哪些？

6. 评析牙买加体系所存在的主要缺陷。

7. 国际货币体系改革的方向是什么？

# 第十一章

# 区域货币合作

## 学习目标

[知识目标]

1. 掌握区域货币一体化的含义与类型。
2. 掌握最优货币区理论的主要内容。
3. 了解欧洲货币合作的发展历程。
4. 了解欧洲主权债务危机。

[能力目标]

能够运用最优货币区理论，分析国际货币合作的必要性与意义。

[素养目标]

通过对区域货币合作内容的学习，培养学生的团队协作精神，增强共同体意识。

## 引导案例

### 深化亚洲金融合作，发挥双边货币互换的积极作用

2024年3月27日，中国人民银行行长潘功胜在博鳌亚洲论坛2024年年会分论坛"深化亚洲金融合作"上表示，继续发挥双边货币互换的积极作用。潘功胜指出，双边货币互换是金融安全网的重要组成部分。双边货币互换既可促进双边贸易和投资，又是全球金融安全网有益的补充。如在国际金融市场动荡或一些国家发生银行业危机期间，主要经济体央行之间通过双边货币互换提供紧急的流动性支持，可有效缓解全球金融市场的波动。潘功胜介绍，随着亚洲经济一体化的深入，亚洲的本币结算需求增加，双边货币互换合作规模不断扩大。目前，东盟与中日韩（10+3）在区域内的双边货币互换规模已超3 800亿美元。"中国人民银行目前已与29个国家和地区的中央银行或货币当局签署了双边本币互换协议，互换总规模逾4万亿元人民币，有效促进了跨境贸易和投资。"潘功胜表示，中国人民银行对部分国家的双边货币互换也构成了IMF牵头的国际纾困救助努力的重要组成部分。中国人民银行愿与亚洲各经济体继续深化货币合作，促进双边贸易和投资的便利化，为维护区域金融稳定贡献力量。

资料来源 佚名. 央行行长潘功胜：继续发挥双边货币互换积极作用［EB/OL］.［2024-03-27］. https：//baijiahao.baidu.com/s？id=1794655238158788111&wfr=spider&for=pc.

中日韩与东盟的货币合作可以带来双赢及多赢，那么，具备什么条件的国家之间适宜货币合作？国际货币合作的形式又有哪些？本章将对上述问题及相关的国际实践展开分析。

# 第一节 最优货币区理论

## 一、区域货币一体化

随着经济一体化的发展，货币一体化特别是区域货币一体化，开始引起众多国家的兴趣，也日益成为国际金融界关注的焦点。

区域货币一体化，是指一定范围内的有关国家和地区在货币金融领域所进行的协调与合作。根据区域内货币合作程度的不同，区域货币一体化可分成三种类型：区域货币合作、区域货币联盟和通货区。

区域货币合作，是指有关国家和地区在相关货币金融领域实行的协商、协调乃至共同行动；区域货币联盟，则是区域货币合作的深入发展，是通过某些法律文件或共同遵守的国际协议，就有关货币金融的某些重大问题进行的合作；通货区，是区域货币联盟的高级形式，其特征是成员国货币之间的名义比价相互固定，将一种占主导地位的货币作为各国货币汇率的共同基础，主导货币与成员国货币相互间可充分地自由兑换，存在一个协调和管理机构，成员国的货币政策主权受到削弱。

与货币一体化密切相关的理论就是最优货币区（Optimal Currency Areas，OCA）理论。最优货币区理论最早由罗伯特·蒙代尔（Robert A.Mundell）提出，后经罗纳德·麦金农（Ronald I.McKinnon）等人得以发展，经历了由单一标准分析方法向多种标准分析方法的转变。20世纪70年代后，最优货币区理论研究的重点转向了对加入一个货币区的收益与成本分析上。

## 二、最优货币区的单一指标法

（一）要素流动性分析

1961年，蒙代尔提出了最早的一种最优货币区理论。蒙代尔提出将生产要素的流动性作为确定最优货币区的标准，所以他的这一理论又被称为要素流动论。蒙代尔认为，一个国家国际收支失衡的主要原因是发生了需求转移。在由两个经济实体构成的简单模型（两个区域或两个国家）中，最初两个经济实体都处于充分就业和国际收支平衡状态，当人们将对B国的商品需求转移到A国的商品上时，就会引起两国之间收付的不平衡，导致B国的失业和A国的通货膨胀。如果B国货币汇率下跌将有助于减轻B国的失业，A国货币汇率上升有助于减轻A国的通货膨胀压力；但若A、B是同一国家内的两个区域，它们使用同一种货币，则汇率变动无助于解决A区域的通货膨胀和B区域的失业问题，除非这两个区域都使用自己的区域货币。蒙代尔指出，浮动汇率只能解决两个不同通货区之间的需求转移问题，而不能解决同一通货区内不同地区之间的需求转移问题；同一通货区内不同地区之间的需求转移问题只能通过生产要素的流动来解决。因此，他认为，若要在几个国家之间保持固定汇率，并保持物价稳定和充分就业，必须要有一个调节需求转移和国际收支的机制，这个机制只能是生产要素的高度流动。当生产要素在某一区域内能够自由流动，而该区域与外部之间存在着生产要素的流动障碍时，生产要素具有流动性的区域，就适合建立一个货币区。在这个区域内，成员国之间实行单一货币或实行固定汇率，而与区域外国家实行浮动汇率，其效率是最优的。由此，确定最优货币区的标准是生产要素的流动性。生产要素流动论是对浮动汇率制的扬弃，在肯定浮动汇率制的同时，提出货币区内应实行单一货币或固定汇率的主张。

（二）经济开放性分析

1963年，麦金农在蒙代尔的最优货币区理论的基础上提出了确定最优货币区的另外一个标准，即经济开放度。所谓经济开放度，是指一国生产消费中的贸易商品对非贸易商品的比率。麦金农认为，贸易关系密切的经济开放国家适合组成单一的货币区，在区域内实行固定汇率，而对与其贸易关系不密切的国家实行浮动汇率。其理由如下：

（1）在一个高度开放的经济区域中，如果运用汇率手段调整国际收支失衡，首先会引起进口商品的价格上涨，进而会导致所有商品的价格上涨。如果限制商品价格上涨，就会引起需求收缩和失业率上升。

（2）由于“货币幻觉”减弱，在本币贬值后，人们会要求提高名义工资，以维持实际工资，从而造成产品成本的上升，抵消了货币贬值的作用。

（3）经济开放度越高，对进口商品的依赖度越高，需求弹性越小，相应地对汇率调整的幅度要求越大。因此，高度开放的经济区域应该组成相对封闭的货币区，这对宏观经济目标的实现更为有利。

（三）低程度产品多样化分析

1969年，彼得·凯南（Peter Kenen）提出将低程度的产品多样化作为确定最优货币区的标准。凯南认为，产品多样化程度高的国家，由于存在不同产品国外需求的相互交叉，可以消除进口需求整体冲击带来的影响，对国际收支和失业的影响较小，不需要汇率机制的调节，这些国家更适合实行固定汇率。而低程度产品多样化的国家则不能，它们适合加入汇率灵活安排的独立货币区。

（四）国际金融一体化程度分析

1969年，詹姆斯·伊格拉姆（James Ingram）提出应以金融一体化程度作为确定最优货币区的标准。伊格拉姆认为，在区域内部金融高度一体化的条件下，由国际收支不平衡而引起的哪怕是利率的微小变动，也会在一体化组织内部导致相当规模的资本流动；自动平衡功能可以使区域内各国的收支恢复平衡，从而避免汇率波动。

（五）政策一体化程度分析

1970年，爱德华·托尔（Edward Towcr）和托马斯·威莱特（Thomas Willett）提出应以政策一体化作为确定最优货币区的标准。一个具有不太完善的内部调节机制的货币区能否成功，关键在于其成员国对通货膨胀和失业的看法，以及对两个指标之间交替能力的认识是否具有合理的一致性。其建议应以政策合作作为国际收支的平衡机制，建立一个超国家的、统一的中央银行和统一的财政制度。

（六）通货膨胀率相似性分析

1970年和1971年，哈伯勒（G.Harberler）和弗莱明（J.Fleming）分别提出了以通货膨胀率的相似性作为确定最优货币区的标准。他们指出，通货膨胀率是导致经常项目失衡的主要原因，尽管国别之间通货膨胀率相近并不能保持经常性的平衡，但固定汇率不能在通货膨胀率相差很大的情况下得以长期维持，所以，通货膨胀率趋同是形成货币联盟的一个必要条件。

### 三、对货币区的成本与收益分析

20世纪60年代至70年代中期，学者们对最优货币区理论的讨论大多集中在最优货币区的构成条件上。

进入20世纪70年代，最优货币区理论关注的重点开始转向对货币联盟的成本-收益分析上。在20世纪70年代中后期至80年代中期，这一领域涌现出了一大批文献。

根据对有关资料的分析，加入货币区的收益可归纳如下：①降低交易成本；②固定汇率降低了不确定性，并能排除伙伴国之间的投机性资本流动；③节省了成员国的外汇储备，降低了其储备成本；④货币一体化能促进经济政策的一体化；⑤可以减轻高通货膨胀率国家的通货膨胀，从而促使成员国的通货膨胀率趋于一致。

加入货币区的成本则包括：①单个国家失去了货币和汇率政策的自主权；②国家财政政策的决策权会受共同货币政策的影响和限制；③有可能加剧失业；④有可能恶化本已存在的地区失衡。

可见，固定汇率与浮动汇率的争论促成了最优货币区理论的产生，而经济理论的发展和欧洲货币合作的持续进行则进一步促进了最优货币区理论的发展。

## 第二节 欧洲货币合作

### 一、欧洲货币合作的历史背景

（一）欧洲货币合作是欧共体成员国自身发展的需要

1968年7月，欧共体最早的六个成员国（即法国、联邦德国、意大利、荷兰、比利时、卢森堡）之间的内部关税已全部削减完；欧共体成员国间建立了共同的对外农产品关税壁垒，提前实现了建成农业共同市场的目标。各成员国经济的相互依赖程度进一步加深，并由此引发成员国之间由于计价货币不同、汇率波动而导致的经济摩擦。在这样的背景下，建立一种旨在消除摩擦的区域性货币合作机制，就成为欧共体成员国自身发展的共同需要。

（二）欧洲货币合作是欧共体成员国摆脱美元危机不利影响的需要

1944年7月，美国凭借其强大的政治、经济实力，建立了以美元为中心的世界货币体系，即布雷顿森林体系，由此确立了美元的霸权地位。布雷顿森林体系下双挂钩制的有效运行是建立在美国强大经济实力基础之上的，它要求美元的对外价值必须保持稳定，并要求美国必须保持充足的黄金储备，用以应付外国政府或其中央银行用美元兑换黄金的要求。但从20世纪50年代初起，美国的经济实力开始下降，国际收支连年逆差，导致黄金逐渐流失，美元的国际信用与地位开始削弱，甚至出现了频繁不断的美元危机，最终导致1973年初布雷顿森林体系的瓦解。在欧洲人看来，既然国际货币难以在矛盾冲突如此之大的国际舞台实现，那么在经济和政治利益比较一致、内部矛盾不太尖锐的欧洲各国应该可以率先开展货币合作。

（三）欧洲货币合作已经具备了丰厚的物质基础

到20世纪70年代，欧洲共同体成员国已经拥有雄厚的外汇储备，各成员国的经济状况逐渐好转，从而为欧洲货币体系的建立奠定了良好的基础。到1970年，欧共体六个成员国的黄金和外汇储备增长到300亿美元，从而为建立地区性货币体系提供了相当雄厚的物质基础。自1976年以来，欧共体九个成员国（1973年，丹麦、英国、爱尔兰加入欧洲共同体）的经济状况均有所好转。1978年，欧共体国家的物价上涨率有了一定的减缓，九国平均通货膨胀率从1974年的13.4%下降到1978年的6.8%，各成员国之间通货膨胀率的差距也在缩小，各国的国际收支情况也有不同程度的改善。这一切都表明，在20世纪70年代末，欧共体成员国的经济状况良性趋同，为创建欧洲货币体系准备了较为充分的条件。

## 二、欧洲货币合作的发展历程

欧洲货币合作的发展历程可简单归纳如下：在各成员国货币运行的基础上，建立欧洲货币体系，包括创立欧洲货币单位，实行欧洲汇率稳定机制，建立欧洲货币合作基金；然后过渡到货币区内的单一货币——欧元，并且建立单一的中央银行、集中的外汇储备和高度协调一致的区域内货币政策。

（一）《罗马条约》

欧洲货币一体化的进程，最早可追溯到1950年欧洲支付同盟的成立。《罗马条约》由法国、联邦德国、意大利、荷兰、比利时、卢森堡6国于1957年3月签订，自1958年1月1日起生效，标志着欧洲经济共同体的正式成立。

（二）《魏尔纳报告》

20世纪60年代末，随着关税同盟和共同农业政策的实现，欧共体成员国对建立统一的货币体系、推进货币一体化的要求越来越迫切。1969年12月，欧共体各国首脑在海牙举行会议，决定筹建欧洲经济与货币联盟。1970年5月，欧共体拟定了筹建联盟的初步计划，该计划由以卢森堡首相兼财政大臣皮埃尔·魏尔纳（Pierre Werner）为首的工作组审议；同年10月，该工作组向欧共体总部提交了报告，即《魏尔纳报告》。

《魏尔纳报告》对欧洲货币体系的创建和欧洲货币联盟的实现具有重要意义。报告中规划了一个10年过渡期，过渡期分为三个阶段：第一阶段从1971年年初到1973年年底，主要目标是缩小成员国货币汇率的波动幅度，着手建立货币合作基金以干预外汇市场的活动，加强货币与经济政策的协调。第二阶段从1974年年初至1976年年底，主要目标是使成员国的经济货币政策趋于一致，特别强调使成员国的汇率变动政策趋于一致，成员国不能自行决定平价变动；各国货币间的汇率进一步稳定甚至固定下来；集中各成员国的部分外汇储备，由合作基金转变为共同外汇储备基金；资本流动逐步自由化。第三阶段从1977年年初到1980年年底，共同体将成为一个商品、劳务、人员和资本自由流动的经济统一体，固定汇率制向发行单一货币发展，共同外汇储备基金向建立联合中央银行发展。

1974年，欧共体在原来记账单位的基础上，设计出了“欧洲记账单位”（European Unit of Account，EUA），它是由9个成员国货币按其国内生产总值和对外贸易比重组成的各国货币复合体，即一篮子货币，充当成员国间的结算工具，并与黄金脱离了联系。而于1973年4月设立的“欧洲货币合作基金”（European Monetary Cooperation Fund，EMCF），主要用于成员国在外汇市场的干预活动，以促进汇率的稳定及管理成员国中央银行间的信贷。

（三）布鲁塞尔会议及欧洲货币体系的正式生效

1978年7月，在欧共体不来梅首脑会议上，法国和联邦德国作为发起国，提出了建立欧洲货币体系（European Monetary System，EMS）的正式建议，会议发表了《不来梅宣言》。

法德两国在不来梅会议上的正式提议得到了其余成员国的支持。1978年12月，在布鲁塞尔召开的欧洲理事会通过了最终决议，拟定在1979年1月1日开始实行欧洲货币体系。联邦德国、法国、比利时、丹麦、卢森堡和荷兰六个成员国同意参加这个体系，意大利和爱尔兰稍后也宣布同意加入。英国暂不参加欧洲货币体系，但是英国同意保证英镑对其他共同体成员国货币的汇率稳定。

欧洲货币体系于1979年3月13日宣布正式生效。该货币体系的主要内容有：创建欧洲货币单位“埃居”（ECU），确定稳定汇率机制，建立欧洲货币基金。欧共体在此基础上又重新开始了货币合作。欧洲货币体系的建立，对成员国之间货币汇率稳定发挥了积极作用，为发行统一货币积累了经验与条件。

（四）《德洛尔报告》

欧洲货币体系的建立，标志着欧洲货币合作已进入稳定发展的阶段。1985年12月，欧共体卢森堡会议通过了《单一欧洲法案》，规定在1992年年底之前建立欧洲统一大市场。1988年6月底，欧洲共同体首脑汉诺威会议确定了关于欧共体进一步货币合作的计划，该计划由以主席德洛尔为首的欧共体委员会负责制订。1989年4月，德洛尔向12国财政部部长提出了《关于欧共体经济与货币联盟》的报告（又称《德洛尔报告》）。1989年6月，在欧洲理事会马德里会议上，成员国首脑通过了这个报告，决定于1990年7月1日开始实施经济与货币联盟。其中，货币联盟包括：货币完全和不可取消地自由兑换；资本在充分一体化的金融市场上自由流动，以及无波动幅度、不可改变的固定汇率机制。报告还提出了建立统一中央银行的设想，标志着欧洲货币体系又跃上了新台阶。

（五）《马斯特里赫特条约》

1991年12月，欧共体12国首脑在荷兰的马斯特里赫特开会，就欧共体建立内部统一大市场后进一步建立政治联盟和经济与货币联盟问题达成协议。会议通过了《政治联盟条约》和《欧洲经济与货币联盟条约》，统称《马斯特里赫特条约》。该条约对实现欧洲统一货币的措施和步骤做了具体安排并提出了时间表，规定最迟于1998年7月1日建立独立的欧洲中央银行，最迟于1999年1月1日实行单一货币，建立统一货币体系。

《马斯特里赫特条约》的签订使"欧洲联盟"取代了"欧洲共同体"，该条约的签订是欧洲货币体系发展道路上的一个重要里程碑。条约对欧洲货币联盟进程进行了更全面、更详尽的部署和安排。欧洲货币联盟的最终目标是在欧共体建立一个负责制定和执行货币政策的中央银行并发行统一的货币。为实现这一目标，条约要求分三步走：

第一阶段，从1990年7月1日到1993年12月31日，主要任务是所有成员国货币加入欧洲货币体系的汇率机制，形成欧洲统一大市场，实现商品、人员和资本的自由流动，并建立相应的监督机制。

第二阶段，从1994年1月1日到1997年，进一步实现各国宏观经济政策的协调，建立独立的不受政治干预的欧洲货币管理体系或欧洲中央银行体系，作为欧洲中央银行的前身，负责统一制定货币政策，进一步缩小成员国之间的汇率波动幅度。

第三阶段，从1997年到1999年1月1日，在这段时间内最终建立统一的欧洲货币和独立的中央银行，即最迟于1999年实现欧洲货币的统一。

1999年1月1日到2002年1月1日为欧元启动的过渡阶段。ECU完成了它的历史使命，退出了历史舞台。欧洲货币联盟正式成立，第一批成员国货币同欧元实行固定汇率制。过渡期间的欧元仍只是一种记账货币，与成员国货币同时流通，因此在很大程度上仍只是一种准平行货币。1999年1月1日，在实行欧元的欧盟国家中实行统一货币政策，2002年7月欧元成为欧元区唯一合法货币。

欧元使欧盟获得了走向更紧密联合发展道路的基础。欧元不仅是一种货币单位，其重要性还在于它淡化了欧洲地区的疆域和国别概念，是欧洲各国团结的标志。随着500亿枚欧元硬币和150亿张欧元纸币进入流通领域，12个欧元国世代使用的本国货币将结束其历史使命，这一伟大壮举似乎正在昭示"欧罗巴合众国"时代的到来。

## 三、欧洲主权债务危机

（一）欧洲主权债务危机的开端与蔓延

2009年12月，全球三大评级公司下调希腊主权信用评级，希腊的债务危机随即愈演愈烈，但金融界认为希腊经济体系小，债务危机的影响不会扩大。

欧洲其他国家也开始陷入危机，包括比利时这些外界认为较稳健的国家，及欧元区内经济实力较强的西班牙，都预报未来三年预算赤字居高不下；希腊已非危机主角，整个欧盟都受到债务危机的困扰。2010年1月，穆迪警告葡萄牙若不采取有效措施控制赤字，将调降该国债信评级。2010年2月，西班牙财政部指出，西班牙2010年整体公共预算赤字恐将占GDP的9.8%。2010年2月5日，债务危机引发市场惶恐，西班牙股市当天急跌6%，创下15个月以来的最大跌幅。德国等欧元区的龙头国都开始感受到危机的影响，因为欧元大幅下跌，加上欧洲股市暴挫，整个欧元区正面对成立11年以来最严峻的考验，有评论家更推测欧元区最终会以解体而收场。

（二）欧洲主权债务危机的形成原因

欧洲主权债务危机爆发的外部原因主要有：

1.金融危机中政府加杠杆化使债务负担加重

金融危机使得各国政府纷纷推出刺激经济增长的宽松政策。高福利、低盈余的欧元区国家无法通过公共财政盈余来支撑过度的举债消费。

2.全球三大评级机构不断下调希腊等国的主权信用评级

2011年7月末，标普已经将希腊主权信用评级从2009年年底的A-下调到了CC级（垃圾级），意大利的评级展望也在2011年5月底被调整为负面，同年9月份和10月初标普和穆迪又一次下调了意大利的主权信用评级。

欧洲主权债务危机爆发的内部原因包括：

1.产业结构不平衡，实体经济空心化，经济发展脆弱

以希腊为例，在欧盟国家中，希腊经济发展水平相对较低，资源配置极其不合理，以旅游业和航运业为主要支柱产业。希腊对旅游业及其相关的房地产业加大了投资力度，其投资规模超过了自身能力，导致负债提高。

2.人口结构不平衡，逐步进入老龄化

欧元区人口年龄结构从正金字塔形逐步向倒金字塔形转变，人口占比的峰值从1990年的25~29岁上移至2007年的40~44岁，而且这一趋势仍在进行，未来老龄化问题将进一步恶化。

3.刚性的社会福利制度

2010年前后，欧盟各国的社会福利占GDP的比重有趋同的趋势，许多国家由占比小于20%逐渐上升到20%以上，其中希腊和爱尔兰较为突出。2010年希腊社会福利支出占GDP的比重为20.6%，而社会福利在政府总支出中的占比更是高达41.6%。这在经济发展良好的时候并不会出现问题，但在外部冲击下，本国经济增长停滞时，就出现了问题。

4.法德等国在救援上的分歧令危机处于胶着状态

法国是坚决支持对危机国实施救援的，因为法国银行持有相当数量的欧元区债券，如果这些国家违约的话，法国的损失将非常惨重。德国是欧元区第一大经济体，其经济发展强劲很大程度上得益于严格的成本控制。德国人长期忍受着福利削减、工资不上涨的痛苦，要让他们去拯救那些享受高福利、高工资的国家，民众显然会心有不甘。为了获得更高的民众支持率，德国政府在做决定时必须考虑民众的呼声。但是如果不救的话，又会使本国银行业出现流动性危机，甚至导致大量银行倒闭，危及到本国经济，这个局面是谁都不愿意看到的。

除了上面分析的外部与内部原因外，从深层次来看，欧元区主权债务危机的形成，还有以下两个原因：

1.欧元区体系深层次的制度性缺陷

在欧元区内部，货币政策由欧洲央行统一行使，而财政政策却由各主权国家制定和实施，这种分散的财政政策和统一的货币政策之间的失衡导致成员国失去了熨平危机的宏观经济调控手段——货币政策。财政政策与货币政策是一个主权国家调节经济运行的两个最基本、最核心的工具，只有二者松紧搭配，才会有效地对经济运行实施调节。由于欧元区实施统一的货币政策，各国缺少了利率和汇率两大工具的支持，为了走出由美国次贷危机所引发的经济衰退泥潭，各成员国只能借助扩张性财政政策来刺激经济复苏。

2.欧元区各国经济发展不均衡

欧元区建立后，各国经济结构存在很大差别，尽管都是欧元区国家，但各国的预算状况千差万别。各国经济发展所处的不同阶段也使财政政策难以有效协调，但为了建立更为庞大的组织，拥有27个成员国的欧盟极力拉拢那些希望加入进来但经济状况却不容乐观的国家。加入欧元区后，各国自身的优势与劣势逐渐显现出来，如希腊这样的国家没有资源优势，没有领先的创新优势，而德国、法国这样的大国就垄断了对外出口，强势国家与弱势国家之间的矛盾越来越突出。以往在维护欧元与欧洲一体化的更高诉求下，这些矛盾经过欧洲政治精英们的努力得以调和，但全球金融危机的爆发，使这些问题得以凸显，外围国与核心国之间的财政政策与货币政策存在着明显的不相适应，欧元区无法满足成员国不同的货币政策偏好，外围国无法利用货币贬值快速形成对外盈余，也无法维持当前的财政赤字，使其陷入一种结构性的衰退，并且还面临债务膨胀，外围国与核心国间的差距越拉越大。同时，经济发展不平衡还会造成搭便车行为的出现，希腊无节制的信贷最后需要德国这样的大国来埋单，这种只靠成员国的相互救济方法单一且不持续，使得欧元区的救助机制极难建立，危机爆发之初矛盾并未及时得到解决，导致欧洲主权债务危机愈演愈烈。

（三）危机救助过程

2010年5月10日，欧盟批准了总额7 500亿欧元的希腊援助计划。7 500亿欧元的救助资金构成：欧元区成员国出资4 400亿欧元，欧盟委员会出资600亿欧元，IMF出资2 500亿欧元。

2011年7月22日，欧盟领导人召开紧急峰会，就希腊救助问题进一步达成共识，欧盟领导人同意向希腊提供1 000亿欧元新融资；暂定将欧洲金融稳定基金（EFSF）的期限从7.5年延长至最少15年，将EFSF的贷款利率下调至3.5%。EFSF将能够通过向政府提供贷款来对金融机构进行资本重组，EFSF相关条款也适用于爱尔兰和葡萄牙。

2011年3月12日，欧元区成员国领导人在布鲁塞尔峰会上就全面应对欧债危机的方案达成一致。峰会通过了《欧元公约》，为欧元区国家设定了四大经济改革目标，即增强经济竞争力、促进就业、巩固财政和维护金融稳定。公约旨在促进欧元区各国经济平衡发展，避免成员国爆发债务危机进而危及整个欧洲货币体系的局面再度出现。在

2013年启动永久性稳定机制，该机制的实际融资能力将进一步上升至5 000亿欧元，其使用范围和现行的稳定基金相同。

除英国和捷克以外的25个欧盟成员国在2012年3月2日举行的欧盟春季峰会上正式签署了《欧洲经济货币联盟稳定、协调和治理公约》，又称"财政契约"，以加强各成员国的财政纪律。根据"财政契约"中的自动惩罚规定，欧盟最高司法机构欧盟法院将有权对结构性赤字超过国内生产总值0.5%的国家进行处罚，最高金额不超过该国国内生产总值的0.1%。欧元区国家的罚款将缴入欧元区永久性救助机制——欧洲稳定机制，非欧元区国家的罚款将被纳入欧盟一般预算。

## 第三节　东亚货币合作

东亚货币合作是在多种因素的共同作用之下提出的，在国际金融领域发生的巨大变化增强了东亚货币合作的现实紧迫性，这一变化趋势具有内在的客观必然性和不可逆转性。

### 一、东亚货币合作的历史背景

（一）亚洲金融危机的发生使非传统安全问题备受关注

1997年发生了亚洲金融危机后，有关非传统安全的问题进一步引起了人们的关注和重视。非传统安全问题主要是指与非军事因素有关的安全问题，包括经济安全、政治安全、社会安全、人的安全以及环境安全等，具体表现为资源枯竭、生态恶化、环境污染、跨国犯罪、毒品、SARS、艾滋病、禽流感等。上述问题的出现，给人类的生存和健康带来了极为严重的威胁。特别是在亚洲金融危机爆发后，人们对经济与社会的稳定及安全对人类生活的深刻影响有了更为清醒与全面的认识。金融危机不仅动摇了经济增长的基础、恶化了人民生活的条件，也动摇了政治体制和社会稳定的基础。金融市场的安全关系到整个经济体系的安全，而经济体系的安全则影响到人的安全甚至是国家的安全。

（二）亚洲金融危机的爆发说明了一个国家或地区金融安全的重要性

金融全球化与金融自由化在通过来自外部的竞争推动一国金融的现代化和国际化的同时，也导致全球整个金融体系潜在风险的加大，极易导致市场破坏力量的膨胀。其中，巨额国际资本的流动和大规模的国际金融投机活动超出大多数国家的控制能力，尤其是金融体系开放程度较高但尚不够健全的新兴市场国家以及金融发展水平较低的发展中国家，更缺乏足够的抵御能力。一遇到宏观经济波动或其他冲击，银行体系的潜在风险将会很容易地转化为现实，轻则导致较高比例的坏账，重则引发金融危机。这种情况在东亚和拉美表现得尤为明显，近年来由于日本泡沫经济崩溃引发的金融危机、墨西哥金融危机、东南亚金融危机以及巴西金融危机，无不与经济全球化、经济金融化、金融全球化和金融自由化对这些国家金融体系产生的效应密切相关。与此同时，还应当密切关注发达国家与相对落后国家在维护金融安全能力上的不对称性。这种不对称性主要是由发达国家和相对落后国家在金融发展水平上的差异造成的。维护金融安全的能力是通过金融发展来实现的，对发展中国家而言，近年来，金融在一国经济和社会发展中的地位大大提高，其重要性也大大增强，金融发展开始承担起前所未有的历史重任。

（三）金融全球化的发展趋势进一步强化了金融合作的重要性

金融全球化的发展进一步强化了国际金融体系中强国主导的格局，导致世界大多数国家特别是东亚地区相对弱小国家的金融主权弱化，从而导致其政治主权弱化。相对弱小国家在金融发展过程中被迫面对维护金融全球化、金融自由化的利益与维护国家主权的平衡问题，金融合作的重要性越来越明显。

由于金融霸权的存在，金融全球化、金融自由化即使有效地提高了金融资源的配置效率，也是远非均衡与普遍的。因此，对发展中国家而言，防止金融侵略与防止军事侵略具有同等重要的意义，且前者比后者更隐蔽、更迅速，更难以防御。因此，反对金融霸权，防止金融侵略，维护金融安全，将具有与传统上以反对政治和军事霸权、防止军事侵略、维护领土与军事安全为主体的国家安全同等甚至是更为重要的意义。

（四）欧洲货币的统一为东亚货币合作提供了较好的借鉴模式

1999年1月1日，欧洲经济与货币联盟第三阶段的正式启动标志着欧元的诞生。2002年1月1日，欧元硬币和纸币开始在欧元区流通并成为完全意义上的现代货币，欧元最终生成。欧元标志着人类历史上主权国家第一次放弃各自的国家货币，将其货币主权让渡给一个新创立的超国家机构而共同拥有一个新创立的单一货币。欧元启动是一个可载入世界金融史册的重大事件，正如蒙代尔所指出的："欧元的诞生或许是在第一次世界大战结束之后，美元取代英镑成为国际支配货币以来，国际货币体系最重大的事件。"它不仅对欧盟成员国的经济产生了重大影响，也对国际金融市场与国际贸易体系的运行和发展产生了深远的影响，还对世界经济政治格局产生了不可估量的影响。欧洲货币统一将进一步推动全球区域经济集团一体化的发展进程，加强区域内的货币合作。欧元的启动将使世界经济格局呈现出较为明显的两极化发展趋势，将出现欧元与美元共同主导国际金融市场的新型国际货币体系。在欧美两大经济体之间展开的对金融霸主的争夺，必将进一步加剧国际金融市场的动荡，使欧美以外的国家遭受损失的可能性增强。探寻一条可以使一国或一地区经济稳定发展、能够较好地回避金融风险的道路，是新兴市场国家和广大发展中国家不得不认真思考的重大问题。欧元给人们带来的一个重要启示是：区域货币联盟、区域货币一体化、区域性的中央银行将是当代国际货币体系改革的主要方向之一。

## 二、东亚货币合作的发展进程

亚洲货币合作的历史最早可以追溯到1967年8月东南亚国家联盟即东盟（Association of Southeast Asian Nations，ASEAN）成立之时。

（一）建立"亚洲货币基金"的构想

1997年9月，日本财务副大臣神原英资在国际货币基金组织和亚洲开发银行会议上提出了建立"亚洲货币基金"（Asian Monetary Fund，AMF）的构想。倡议建立一个由日本、中国（包括台湾和香港）、韩国和东盟6国参加的组织，由日本政府出资500亿美元，其他参加成员出资500亿~600亿美元，与独立于国际货币基金组织之外的区域进行金融合作。但该倡议一经提出，就遭到美国和国际货币基金组织的反对，东亚国家也没有取得一致的共识，因此日本的这一建议没有被采纳。

（二）“马尼拉框架协议”

1997年11月，14个亚太经济体的财政与央行代表在马尼拉亚太地区高级财政金融会议上，提出了一个加强地区金融合作的设想，又称“马尼拉框架协议”。该协议确立了包括四方面内容的合作机制：①建立防止金融危机的地区预警机制，补充IMF在全球发挥的预警作用；②邀请国际金融机构协助改善区内经济体的财政结构，发展成熟的债券市场，并加强各监督机构的沟通与合作；③邀请IMF提供短期财务安排作为特殊储备，并支持IMF检查区内成员在特殊情况下的资金申请程序；④通过一项合作融资安排，弥补IMF对有关国家援助资金的不足，发放援助贷款的条件与金额视情况而定。

（三）“新宫泽构想”

1998年10月，日本又以大藏大臣宫泽喜一的名义提出了“新宫泽构想”，倡议建立总额为300亿美元的亚洲基金，其中150亿美元是对东南亚各国恢复经济的中长期资金援助，用于援助企业进行债务重组、强化社会安全网络、应对惜贷等问题；其余的150亿美元用于满足其短期资金需求，其中的一半作为美元短期金融援助的预备费（韩国50亿美元、马来西亚25亿美元）。2000年2月2日，“新宫泽构想”为印度尼西亚、韩国、马来西亚和菲律宾提供了总计210亿美元资金，其中135亿美元为中长期贷款，75亿美元为短期贷款。此外，“新宫泽构想”还为马来西亚、菲律宾和泰国提供了22.6亿美元的贷款担保。

（四）建立“东亚货币基金”的倡议

1999年10月18日，时任马来西亚总理马哈蒂尔提出建立“东亚货币基金”（East Asian Monetary Fund，EAMF）的倡议。他主张先从东亚开始签订多边协议，然后逐渐扩展到亚洲其他国家和地区。“东亚货币基金”的规模比AMF小，是一个完全属于东亚地区的基金。

（五）亚洲借款安排

2000年，韩国经济学家提出了亚洲借款安排（Asian Arrangements to Borrow，AAB）的建议。根据此建议，每个成员国可以根据其贷款协议的上限获得贷款。AAB的运行机制类似于IMF的借款总安排（General Arrangements to Borrow，GAB）。AAB是一个区域性的多边借款协议，它不需要建立一个正式的机构，而是以参与方的信贷安排为基础。为防止道德风险问题，AAB将把借款的上限与各方签订的信贷协议相联系。

（六）东盟“10+3”监督进程

东盟“10+3”监督进程的第一次财长会议于1999年4月召开。会议的主题是加强东亚地区的金融合作。为了促进持续的增长，与会者一致同意加强政策对话和区域合作，还包括对资本流动的监管、自动和支持机制以及国际金融体制改革。东盟“10+3”

的监督进程与东盟的监督进程相似，在监督进程的框架协议下，13国财长和秘书长将一年集会两次讨论政策协调问题。

（七）《清迈倡议》的签订

根据《东亚合作联合声明》确定的重点，“10+3”各成员积极参与区域金融合作的实际行动。2000年5月，在泰国清迈召开的第二次“10+3”财长会议通过了《清迈倡议》（Chiang Mai Initiative），即将东盟内部原有的货币互换机制扩展到中、日、韩三国，在“10+3”之间逐步建立双边货币互换网络，以便在有关国家出现短期资金困难时进行援助，防范金融危机的发生。会议决定每年定期举行“10+3”财长会议，讨论地区经济形势和财金合作的问题。其中，涉及金融合作的协议有：①充分利用东盟“10+3”的组织框架，加强有关资本流动的数据及信息交换；②扩大东盟的货币互换协议，同时，在东盟与中国、日本和韩国三国之间构筑双边的货币互换交易网和债券交易网。《清迈倡议》标志着东亚国家在区域金融合作方面迈出了实质性的步伐，它是“10+3”框架下加强东亚资金资助和支持机制的良好开端。

（八）东盟互换安排（ASA）和双边互换网络和回购协议（BSA）

2000年8月，“10+3”的各国中央银行又将多边货币互换计划的规模由2亿美元扩展到10亿美元。货币互换协定的诞生唤起了人们对加强东亚区域货币合作的热情，一年以后，这一构想取得了实质性的进展：扩展了东盟互换安排（ASEAN Swap Arrangement，ASA）和双边互换网络和回购协议（Network of Bilateral Swaps and Repurchase Agreements，BSA）。

1.东盟互换安排

1997年，5个东盟国家，即印度尼西亚、马来西亚、菲律宾、新加坡和泰国同意签订互换协议，对国际收支困难的成员国提供流动性支持。2000年11月，互换协议已扩展到所有的东盟成员，并且总额从2亿美元增加到10亿美元。

2.双边互换网络和回购协议

BSA是以美元和参与方货币互换的形式提供短期流动性援助的一种工具。2000年11月，东盟“10+3”财长会晤后，中国、日本、韩国开始与东盟国家商讨BSA事宜。

（九）东盟“10+3”的早期预警系统

2001年5月9日，在美国夏威夷举行了第四次“10+3”财长会议，在本次会议公告中提到了东盟“10+3”的早期预警系统。亚洲开发银行正推行一种科学的技术援助，以便支持东盟“10+3”的合作力量，从而促进早期预警系统的发展，并有助于及时发现新兴工业化国家宏观经济、金融和公司部门的脆弱性，以防范金融危机的发生。

（十）亚洲债券基金的设立

2003年6月2日，东亚及太平洋地区中央银行行长会议组织（EMEAP）正式宣布与国际清算银行合作建立亚洲债券基金（ABF）。2003年6月22日，由亚太地区11个经济体的中央银行共同出资10亿美元的亚洲债券基金正式开始运作。亚洲债券基金的设想最早由泰国前总理他信于2002年10月提出。亚洲债券基金的宣告成立，标志着亚洲区域金融合作进入新的阶段。其有利于改善本地区的融资结构，维护亚洲经济金融稳定以及促进新的国际金融秩序的建立。

（十一）区域外汇储备库的建立

2005年在伊斯坦布尔召开的第八次“10+3”财长会议就改善《清迈倡议》框架下的货币互换机制达成了具体可操作性的共识。2007年5月在日本东京召开的第十次“10+3”财长会议同意建立外汇储备库，由各成员国分别划出一定数量的外汇储备作为区域储备基金，以帮助危机国家应对短期流动资金的困难。2010年3月，总规模为1 200亿美元的区域外汇储备库正式签约生效。

2012年5月，在菲律宾马尼拉举行的第十五次“10+3”财长和央行行长会议决定，进一步加强区域金融安全网建设，将“清迈倡议多边化”（CMIM）机制下的区域外汇储备基金规模扩大一倍，由原来的1 200亿美元增至2 400亿美元，并提高与国际货币基金组织贷款规划的“不挂钩比例”。

2015年5月，第十八次“10+3”财长和央行行长会议在阿塞拜疆巴库举行，会议要求进一步做好“清迈倡议多边化”（CMIM）机制实际运行准备工作，再次强调东盟与中日韩宏观经济研究办公室（AMRO）升级为国际组织的重要性，重申“10+3”各方应尽快履行内部核准程序，早日完成升级进程。会议肯定了亚洲债券市场倡议为区域本币债券市场发展所做出的贡献。

（十二）亚洲基础设施投资银行成立

2013年10月2日，中国国家主席习近平提出筹建倡议；2014年10月24日，包括中国在内的21个首批意向创始成员国的财长和授权代表在北京签约，共同决定成立亚洲基础设施投资银行（简称“亚投行”）。

截至2019年4月下旬，亚投行成员总数达97个，成为成员数仅次于世界银行的全球第二大多边开发机构。截至2023年9月，亚投行成员数量增至109个。2016年1月16日上午，亚洲基础设施投资银行开业仪式在北京举行。

亚投行的主要业务是推动亚洲地区国家的基础设施建设和可持续发展。在全面投入运营后，亚投行将运用多种支持方式为亚洲乃至全球的基础设施项目提供融资支持——包括贷款、股权投资以及提供担保等，以促进包括交通、能源、电信、农业和城市发展在内的各个行业投资。亚投行正式成立并开业，将有效增加亚洲地区的基础设施投资，多渠道动员各种资源特别是私营部门资金投入基础设施建设领域，推动区域互联互通和经济一体化进程，也有利于改善亚洲发展中成员国的投资环境，创造就业机会，提升其中长期发展潜力，给亚洲乃至世界经济增长带来积极提振作用。

同时，亚投行的成立对全球经济治理体系的改革、完善也具有重大意义，顺应了世界经济格局调整演变的趋势，有助于推动全球经济治理体系朝着更加公正、合理、有效的方向发展。

**拓展阅读**

### 中国–东盟货币合作不断深入

2000年5月，在泰国清迈召开的东盟和中日韩（10+3）财长会议上，与会各方共同签署了建立区域性货币互换机制的协议——《清迈倡议》。根据《清迈倡议》，“10+3”国家在自愿的基础上分别向“共同外汇储备基金”投入一定数额的资金，当某个成员国发生外汇流动性短缺或出现国际收支问题时，其他成员将集体为其提供应急外汇资金，以稳定地区金融市场，缓解金融危机。在《清迈倡议》的框架下，2002年10月，中国人民银行与马来西亚国家银行签署了货币互换协议，拉开了中国–东盟货币合作的序幕。此后，中国–东盟双边货币合作的内容不断丰富，领域不断拓宽，结构不断优化，逐步建立了以双边本币互换、双边本币结算、基础设施建设和外汇市场直接挂牌为核心的一整套合作框架。

2009年以来，为进一步加强区域金融合作，中国–东盟货币互换协议逐步升级为双边本币互换协议。目前，中国人民银行已经与马来西亚、印度尼西亚、新加坡、泰国和老挝5个东盟国家签署了双边本币互换协议。2009—2021年，中国–东盟双边本币互换协议规模由1 800亿元人民币增至8 000亿元人民币，规模扩大了3.4倍。

随着双边本币互换协议规模的不断扩大，中国–东盟双边货币合作的意愿与层次日益提升。2020年和2021年，中国人民银行先后与老挝国家银行和柬埔寨国家银行签署双边本币合作协议，将本币结算范围扩大至两国已放开的所有经常项目和资本项目。近10年来，中国–东盟国家跨境本币结算规模不断扩大，结算结构不断优化，已从单一的经常项目结算转变为以资本项目结算为主、经常项目结算为辅的结构。

中国–东盟货币合作的顺利开展，离不开人民币跨境支付体系、清算行和代理行等基础设施建设提供的运行保障。截至2021年年底，东盟10国均已加入人民币跨境支付系统（CIPS），参与CIPS的金融机构达到90家。在清算行方面，2013年以来，中国人民银行陆续在新加坡、马来西亚吉隆坡、泰国曼谷、菲律宾马尼拉和老挝万象确立了人民币清算行。在代理行方面，截至2021年年底，东盟已有266家商业银行与122家中国的商业银行确立了人民币结算代理行关系。整体上看，通过CIPS、清算行和代理行，中国–东盟构建了一整套相对完善的资金流动设施，有效保证了中国–东盟之间的资金双向流动。

2010年以来，中国政府一直致力于推进中国–东盟双边货币银行间市场直接挂牌交易。目前，人民币对新加坡元、泰铢、马来西亚林吉特都实现了在中国外汇交易中心直接挂牌交易；人民币对越南盾、柬埔寨瑞尔、印度尼西亚卢比实现了在银行间区域市场直接挂牌交易。银行间外汇市场直接挂牌交易，提升了人民币与东盟国家货币汇率形成机制的透明度，降低了双边贸易过程中的汇率风险，节约了进出口企业汇兑成本，为中国–东盟经贸关系的顺利推进提供了有力保障。

资料来源　李欢丽，刘昊虹．中国–东盟货币合作不断深入［J］．中国金融，2022（24）．

问题：根据材料分析，中国–东盟货币合作属于哪种类型的区域货币一体化？

分析要点：区域货币一体化有区域货币合作、区域货币联盟和通货区三种类型。目前，中国–东盟已建成了以双边本币互换，双边本币结算，包括人民币跨境支付体系、代理行、清算行等在内的基础设施建设和外汇市场直接挂牌为核心的一整套合作框架，属于区域货币合作。

本章小结

## 同步测试

同步测试

（一）选择题

1. 区域货币一体化可分成（　　）三种类型。

A. 区域货币合作　　B. 区域货币联盟

C. 牙买加体系　　D. 通货区

2. 欧洲主权债务危机爆发的外部原因主要包括（　　）两个方面。

A. 金融危机中政府加杠杆化使债务负担加重

B. 汇率多样化

C. 全球三大评级机构不断下调希腊等国的主权信用评级

D. 稳定性不足

3. 欧洲主权债务危机爆发的内部原因主要包括（　　）四个方面。

A. 产业结构不合理，实体经济空心化，经济发展脆弱

B. 人口结构不合理

C. 刚性的社会福利制度

D. 法德等国在救援上的分歧令危机处于胶着状态

E. 汇率波动幅度过大

F. 储备资产不足

4. 亚投行的主要业务包括（　　）。

A. 推动亚洲地区国家的基础设施建设和可持续发展

B. 推动国际货币基金组织改革

C. 促进全球经济发展与合作

D. 促进世行集团改革

（二）简答题

1. 简述区域货币一体化的含义与类型。

2. 简述最优货币区理论的主要内容。

3. 欧洲货币合作的发展历程是怎样的？

4. 谈谈你对欧洲主权债务危机的认识。

5. 亚洲国家应当如何进一步寻求有效的货币合作？

# 参考文献


[1] 杨长江，姜波克．国际金融学［M］．5版．北京：高等教育出版社，2019.
[2] 沈国兵．国际金融［M］．3版．北京：北京大学出版社，2018.
[3] 牛晓健，姜波克．国际金融学［M］．4版．上海：立信会计出版社，2016.
[4] 吕江林．国际金融［M］．3版．北京：科学出版社，2015.
[5] 奚君羊．国际金融学［M］．上海：上海财经大学出版社，2008.
[6] 裴平．国际金融学［M］．3版．南京：南京大学出版社，2006.
[7] 马君潞，陈平．国际金融［M］．北京：科学出版社，2005.
[8] 潘英丽，马君潞．国际金融学［M］．北京：中国金融出版社，2002.
[9] 宿玉海，卫娴．国际金融学［M］．北京：经济科学出版社，2013.
[10] 贾新民，崔晓燕．国际金融［M］．北京：经济科学出版社，2016.
[11] 张忠宝，贾新民．国际金融［M］．北京：经济科学出版社，2008.
[12] 董彦岭，张忠宝．国际金融［M］．北京：经济科学出版社，2004.